U0573081

BLUE BOOK

智 库 成 果 出 版 与 传 播 平 台

东莞蓝皮书

BLUE BOOK OF DONGGUAN

东莞制造业高质量发展报告
（2024）

ANNUAL REPORT ON HIGH-QUALITY DEVELOPMENT OF
MANUFACTURING INDUSTRY OF DONGGUAN (2024)

主　编／张卫红
副主编／黄　琦　张出兰　张志民　胡青善

社会科学文献出版社
SOCIAL SCIENCES ACADEMIC PRESS (CHINA)

图书在版编目（CIP）数据

东莞制造业高质量发展报告 . 2024 / 张卫红主编；
黄琦等副主编 . --北京：社会科学文献出版社，2024.
9. --（东莞蓝皮书）. --ISBN 978-7-5228-4041-3

Ⅰ. F426.4

中国国家版本馆 CIP 数据核字第 2024BF1559 号

东莞蓝皮书

东莞制造业高质量发展报告（2024）

主　　编／张卫红
副 主 编／黄　琦　张出兰　张志民　胡青善

出 版 人／冀祥德
组稿编辑／任文武
责任编辑／王玉霞
文稿编辑／吴尚昀
责任印制／王京美

出　　版／社会科学文献出版社·生态文明分社（010）59367143
　　　　　地址：北京市北三环中路甲 29 号院华龙大厦　邮编：100029
　　　　　网址：www.ssap.com.cn
发　　行／社会科学文献出版社（010）59367028
印　　装／天津千鹤文化传播有限公司

规　　格／开　本：787mm×1092mm　1/16
　　　　　印　张：21.75　字　数：325 千字
版　　次／2024 年 9 月第 1 版　2024 年 9 月第 1 次印刷
书　　号／ISBN 978-7-5228-4041-3
定　　价／138.00 元

读者服务电话：4008918866

主要编撰者简介

张卫红　现任东莞市社会科学界联合会党组书记、主席，东莞市社会科学院院长，《东莞社会科学》编辑委员会主任。曾任东莞市纪委常委、监察局副局长、预防腐败局副局长、东莞市监察学会副会长，《东莞纪检监察》总编辑。长期从事党建工作研究，在国家、省（区、市）级报刊杂志发表文章数十篇。

黄　琦　东莞市社会科学院副院长、教授，广东省习近平新时代中国特色社会主义思想研究中心研究员、广东省邓小平理论研究会理事、广东省区域发展蓝皮书研究会副会长。承担国家、省、市社科基金规划项目，中组部、国家发改委重点课题等50多项，在《人民日报》等报刊发表论文50多篇；获"广东省优秀社科普及专家"荣誉称号。

张出兰　管理学博士，东莞市社会科学院经济研究中心副主任、助理研究员。主要研究方向为科技管理、技术创新、产业发展等。近年来，主持和参与完成东莞市哲学社会科学规划课题、各类调研报告等40余项，出版专著1部。研究成果曾获广东社会科学学术年会优秀论文二等奖、三等奖，东莞市哲学社会科学优秀成果三等奖等。

张志民　经济学博士，东莞市社会科学院经济研究中心副主任、助理研究员。主要研究方向为经济增长、产业经济、区域经济。先后主持广东省社会科学界联合会重点研究课题 1 项、东莞市文化精品项目 1 项、东莞市各类市级课题 30 余项。研究成果曾获广东社会科学学术年会优秀论文一等奖、东莞市哲学社会科学优秀成果一等奖、二等奖。

胡青善 东莞市社会科学院经济研究中心副主任、助理研究员。主要研究方向为城市更新、产业园区建设运营与管理、数字经济等。先后主笔或参与撰写了东莞市哲学社会科学规划课题、调研报告、研究报告数十篇，先后获得省市各类社会科学学术奖 20 余项，公开发表文章 20 余篇。

摘 要

《东莞制造业高质量发展报告（2024）》由东莞市社会科学院主持编撰。本书紧紧围绕中央战略决策，全面系统地梳理、汇编近年来有关东莞制造业高质量发展的有价值研究成果，较为全面地反映东莞构建现代化产业体系、推动制造业高质量发展的生动实践。全书共分七大部分，包括总报告、产业链篇、产业发展篇、科技创新篇、数字化转型篇、产业园区篇、企业培育篇，聚焦推动制造业高质量发展，从多角度、多层面提出了东莞推动新型工业化、建设现代化产业体系的思路和对策，为未来东莞进一步优化产业结构、推动转型升级、加快培育壮大新质生产力，推动经济高质量发展贡献力量。

本书总报告分为四大部分，分别是"以新质生产力引领东莞现代化产业体系建设的重要意义""东莞新质生产力发展态势""新质生产力视角下东莞现代化产业体系建设存在的短板和不足""东莞培育壮大新质生产力构建现代化产业体系的思路对策"。总报告指出以新质生产力引领现代化产业体系建设是推动东莞高质量发展的必由之路、是破解东莞发展困境的内在要求、是厚植东莞发展优势的必然选择。东莞新质生产力发展呈现创新能力逐步攀升、产业体系加速构建、产业生态不断优化、资源要素愈加丰富等主要特点。同时，新质生产力视角下东莞产业体系建设还存在创新引领作用有待进一步发挥、新兴产业培育有待进一步强化、科技产业融合有待进一步深化等问题。东莞应准确把握新质生产力的内涵特点和核心要求，不断完善发展新质生产力的政策体系、创新体系、产业体系、要素体系，以新型工业化推

动现代化产业体系建设，奋力创建高质量发展的科创制造强市。

产业链篇围绕东莞产业链安全性稳定性问题，从优化制造业产业链供应链韧性、产业安全发展等角度进行研究。本篇认为，在产业链韧性方面，东莞传统产业的产业链韧性较好，而高技术制造业、先进制造业产业链韧性不足，且制造业贸易链韧性不强；在产业安全发展方面，东莞制造业安全发展指数总体呈波动性倒"U"形上升趋势。为此，东莞应大力实施产业链供应链图谱刻画行动和安全链建设计划，持续提升制造业现代化水平、提升对外开放水平、提升制造业增值能力，推动产业链增强安全性稳定性。

产业发展篇从培育壮大新兴产业和传统产业转型升级角度，详细梳理了东莞制造业发展现状，提出了进一步发展的对策建议，并以东莞高端装备制造业为例，提出高端装备制造业发展的思路对策。本篇认为，目前东莞新兴产业发展呈现"两级支撑、多点开花"的良好局面；东莞六大传统优势产业在全市工业总产值中占据显著地位，产值和利润呈现稳步增长态势。同时，新兴产业发展也存在自主核心技术储备不足、盈利能力偏低、竞争力不足、产业链供应链存在一定的安全隐患等突出问题；传统优势产业在产业集群发展、企业竞争力以及政策支持等关键领域有待进一步提升。为此，东莞应通过进一步完善产业规划政策体系、加大资源统筹整合力度、优化政务营商环境、提升产业创新能力和竞争能力等举措，推动新兴产业和传统产业实现更高质量发展。东莞高端装备制造业发展具有龙头骨干企业多、细分领域实力强、"隐形冠军"不断涌现的突出特点，但是也面临产业链配套分散、专业人才缺乏、关键核心技术不足、土地资金等资源要素供给趋紧等亟待解决的问题。东莞应通过进一步完善高端装备制造业产业链、加强关键核心技术联合攻关、充分集聚高端资源、强化资源要素支持等举措，推动高端装备制造业高质量发展。

科技创新篇在全面梳理东莞推动科技创新的做法成效及创新体系建设的基础上，围绕创新重大科技项目组织模式、松山湖科学城与光明科学城共建创新共同体等前沿问题进行深入探讨，并提出思路对策。本篇认为，目前东莞在科技创新方面呈现创新投入稳步提升、创新主体地位不断增强、创新型经济快速发展、创新资源不断集聚、创新能力大幅提升、科技体制改革不断深化的态势，具有注重规划政策引领、注重科技产业融合、注重试点示范带动、注重重大平台打造等主要特点，但还存在源头创新能力有待提升、重点领域核心关键技术有待突破、重大平台引领作用有待发挥、科技成果转移转化能力有待加强等短板。东莞要通过进一步完善科技创新的政策体系、投入体系、载体体系、产学研融合体系、科技人才体系以及科技成果转化体系等措施推动健全完善科技创新体系。近年来，东莞通过组织实施重大科技项目，对核心技术集中攻关、创新人才快速聚集、产业结构优化调整等发挥重要推动作用，但还存在项目指南全局性有待提高、项目监测灵活性有待加强、项目支持多样性有待拓展、项目验收指标科学性有待提高等问题。东莞应借鉴先进城市的经验，建立市级专项调度机制、夯实重点领域研发项目、聚焦产业化目标导向、创新组织服务模式等，逐步探索建立具有东莞特色的科技项目组织模式。松山湖科学城与光明科学城是大湾区综合性国家科学中心先行启动区，两个科学城具有构建创新共同体的初步基础，但也存在同质化竞争致使共同创新目标难以形成、创新要素流通不畅、区域协调机制不健全等现实困境，两个科学城应尽快建立常态化协调沟通机制、构建融合联动的建设管理机制、加强创新资源供给保障机制，推动创新共同体建设。

数字化转型篇全面梳理了东莞数字经济与实体经济融合的现状，并就以数字技术、数字化能力推动东莞产业链韧性升级和产业数字化转型提出意见建议。本篇认为，目前东莞发展数字经济成效显著，但存在产业数字化发展较为滞后、数字产业化支撑不强、数字基础设施建设不足、数字经济人才较为短缺等突出问题，应通过健全工作机制高效推进数字化转型、完善主体培育政策激发企业数字化转型活力、优化生态体系强化全要素支撑等措施推动东莞数字经济与实体经济深度融合。针对东莞制造业数字化能力进行了问卷调查，结果显示东莞制造企业数字技术能力、数字重构能力、数字组织能力较为突出，数字战略能力、数字管理能力水平一般，存在企业数字化战略引领能力不强、数字化基础薄弱、数实融合程度不高、数字人才培养机制不健全等问题。东莞应进一步加强数字化战略的引领能力、建设数字化人才高

地、纵深推进工业数字化、打造数字化协同生态、提升数据安全与共享能力。

产业园区篇针对东莞目前土地资源紧张突出问题，提出了低效镇村工业园改造的实施对策，针对新型产业社区建设提出了思路对策。同时，按照加快推动先进制造业与现代服务业深度融合的要求，聚焦东莞市人力资源服务型产业园区高质量发展提出了思路对策。本篇通过对东莞村（社区）的全面摸底调研，构建了东莞低效镇村工业园空间识别体系，对东莞683个村（社区）进行研究分类，并围绕强化顶层设计、完善政策体系、创新实施路径、落实行动计划等方面对低效镇村工业园提质增效提出对策建议。在东莞新型产业社区建设方面，总体上看目前东莞产业社区数量呈增长态势、综合服务型园区占比偏大、基地产出效益较高，但也存在产业结构相对单一、产业链较短、配套设施不完善、人才缺乏等问题，应围绕产业空间、生活空间、文化空间和交通空间构建新型产业社区发展模式，按照多元化、多维混合、模块化的模式构建新型产业社区组织形式，在建设方面应加强统一规划、注重空间功能打造、强化产业链条整合互补、优化办公配套环境。东莞人力资源服务产业园按照"一区多园"模式规划建设，近年来通过实施"园聘行动""莞链计划""毓秀计划"等有力支持东莞制造业发展，但在发展中面临人才吸引力不强、政策资金支持力度不够、产业集聚规模不大、经济社会效益不够突出、创建国家级园区积极性不够等问题，东莞应聚焦创建国家级人力资源服务产业园的目标，健全多元化投入机制、制定完善服务标准和评估体系、引进培育高端服务机构、支持成果转移转化、完善功能配套，促进现代服务业与先进制造业深度融合。

企业培育篇总结梳理了东莞推动专精特新企业、创新型企业培育的经验做法，提出了进一步发展的对策建议，并深入研究了营商环境与企业高质量发展的关系，为推动企业高质量发展提供意见建议。本篇认为，近年来东莞专精特新企业培育成效显著，但是也存在"小巨人"企业数量偏少、要素资源制约严重等问题，应从加大"小巨人"企业培育力度、加大产业空间供给力度、加大技术研发支持力度、加大人才培养引进力度、加大企业融资支持力度、充分利用资本市场、推动产业链融通发展、提升企业现代化治理能力、营造浓厚发展氛围等方面着手,推动专精特新企业高质量发展。同时,对东莞创新型企业培育进行研究,认为东莞培育创新型企业存在企业增量的边际效益逐步减少、创新体系积累能量不足、基层服务意识水平不够、城市间竞争压力加剧等问题,应从加强顶层设计、以抓研发促"高""新"、构建梯度培育体系、强化全链条科技招商等维度,谋划东莞迈入新发展阶段培育创新型企业体系的实施路径和方法,助力传统优势产业转型升级和战略性新兴产业快速发展。为研究城市营商环境对企业发展的影响,构建了城市营商环境评价指标体系,对全国 GDP 超万亿元城市进行比较研究,指出东莞存在劳动力素质偏低、土地资源紧缺、投融资环境有待优化、生产性服务业发展滞后、公共配套服务不足等主要问题和短板制约,东莞应完善重点产业优质企业的扶持政策体系,加大高素质人才的培育招引力度,全面优化研发创新环境,加快发展生产性服务业,补齐公共配套服务短板,从而加快构建市场化、法治化、国际化营商环境,更好推动企业高质量发展。

关键词: 新质生产力 制造业 高质量发展 东莞

目 录 ⏏

Ⅰ 总报告

Ⅱ 产业链篇

Ⅲ 产业发展篇

Ⅳ 科技创新篇

Ⅴ 数字化转型篇

Ⅵ 产业园区篇

皮书数据库阅读**使用指南**

总报告

B.1
新质生产力视角下东莞现代化
产业体系建设研究

黄 琦 张出兰 张志民*

摘 要： 新质生产力是推动高质量发展的内在要求和重要着力点。东莞市是制造业大市，以新质生产力引领东莞现代化产业体系建设具有重要意义。本文在详细梳理东莞新质生产力发展态势的基础上，指出新质生产力视角下东莞建设现代化产业体系还存在创新引领作用有待进一步发挥、新兴产业培育有待进一步强化、科技产业融合有待进一步深化的问题，并从建立完善产业政策体系、产业创新体系、产业发展体系、要素支撑体系等方面，提出了东莞构建现代化产业体系的对策建议。

关键词： 新质生产力 现代化产业体系 东莞

* 黄琦，东莞市社会科学院副院长、教授，主要研究方向为马克思主义理论、党史党建等；张出兰，博士，东莞市社会科学院经济研究中心副主任、助理研究员，主要研究方向为科技创新、科技管理、产业发展等；张志民，博士，东莞市社会科学院经济研究中心副主任、助理研究员，主要研究方向为产业经济、区域经济等。

生产力是一切社会发展的最终决定力量，推进现代化建设最重要的是发展高度发达的生产力。① 党的十八大以来，习近平总书记统筹中华民族伟大复兴战略全局和世界百年未有之大变局，深刻总结新时代生产力发展规律、我国经济建设规律和我国经济发展的成功经验，围绕发展新质生产力做出一系列重要论述，深刻阐明了"什么是新质生产力""为什么发展新质生产力""如何发展新质生产力"等重大理论问题，进一步创新和发展了马克思主义生产力理论，是马克思主义中国化时代化最新理论创新成果，是习近平经济思想的重要组成部分，为我国推动经济高质量发展、赢得发展主动权提供了科学的理论指引和行动指南。

近年来，东莞立足制造业当家这一实际，聚焦高质量发展这一首要任务和经济建设这一中心工作，紧扣"科技创新+先进制造"这一城市特色，坚持以科技创新为引领，以先进制造业为突破，以提升产业链供应链竞争力为目标，加快推动科技自立自强和产业转型升级，取得了显著成效。特别是2024年，东莞聚焦加快发展新质生产力、推进新型工业化作出了一系列工作部署，市委十五届七次全会暨市委经济工作会议指出"要把握新型工业化机遇，统筹推进'立新柱''抓创新''促转型'，以科技创新引领现代化产业体系建设，加快发展新质生产力，不断擦亮'科技创新+先进制造'城市特色"②；2024年市政府工作报告提出"聚焦传统产业转型升级和新质生产力培育两大主线，加快推进新型工业化"③ 的工作任务；2024年市政府在《关于加快推进新型工业化 高质量建设国际科创制造强市的实施意见》（东府〔2024〕1号）中做出"依靠科技创新壮大新质生产力"④ 的工作

① 《黄坤明同志在广东省高质量发展大会上的讲话实录（2024）》，广东省人民政府网站，http：//www. gd. gov. cn/gdywdt/gdyw/content/post_ 4363825. html。
② 《中共东莞市委十五届七次全会暨市委经济工作会议召开》，《东莞日报》，东莞纪检监察网，http：//dgjj. dg. gov. cn/dgjj/zhyw/202401/ed429fc68d1b4266b4e74d5168b7f6cd. shtml。
③ 《2024年东莞市政府工作报告》，东莞市人民政府办公室网站，http：//www. dg. gov. cn/gkmlpt/content/4/4152/mpost_ 4152327. html#694。
④ 《关于加快推进新型工业化 高质量建设国际科创制造强市的实施意见》，东莞市人民政府办公室网站，http：//www. dg. gov. cn/gkmlpt/content/4/4142/post_ 4142045. html#683。

部署。可见，依靠科技创新，加快培育壮大新质生产力、推进新型工业化、建设现代化产业体系已成为当前东莞推动高质量发展的重要内容和必由之路。

一　以新质生产力引领东莞现代化产业体系建设的重要意义

习近平总书记指出，"要以科技创新引领产业创新，积极培育和发展新质生产力。立足实体经济这个根基，做大做强先进制造业，积极推进新型工业化，改造提升传统产业，培育壮大新兴产业，超前布局建设未来产业，加快构建以先进制造业为支撑的现代化产业体系"。[1] 新质生产力和现代化产业体系二者具有密切的关系。一方面，新质生产力为现代化产业体系建设提供新动能、新产业、新业态；另一方面，现代化产业体系为新质生产力在实践领域搭建了重要的平台载体、提供了丰富的应用场景、实现了更高质量的价值创造。因此，要加快培育壮大新质生产力，必须建设与之相适应的现代化产业体系；要建设现代化产业体系，必须依靠新质生产力为其赋能。

（一）以新质生产力引领现代化产业体系建设是推动东莞高质量发展必由之路

高质量发展是全面建设社会主义现代化国家的首要任务，[2] 发展新质生产力是推动高质量发展的内在要求和重要着力点。[3] 东莞是国际知名的制造业大市，制造业规模位居全国前列，2023 年东莞规上工业增加值为 5171.00

---

[1] 《习近平主持召开新时代推动中部地区崛起座谈会强调：在更高起点上扎实推动中部地区崛起》，中国政府网，https://www.gov.cn/yaowen/liebiao/202403/content_6940500.htm。

[2] 《高举中国特色社会主义伟大旗帜，为全面建设社会主义现代化国家而团结奋斗》，载《习近平著作选读》，第 23 页。

[3] 《习近平 2024 年 1 月 31 日在中共中央政治局第十一次集体学习时的讲话》，《学习强国》，https://www.xuexi.cn/lgpage/detail/index.html?id=11688654304696996764&item_id=11688654304696996764。

亿元,① 占地区生产总值的比重已达45%,2024年第一季度东莞地区生产总值同比增长5.5%、工业增加值同比增长10.1%。② 作为制造业大市,东莞有责任、有信心、有能力坚定走好以新质生产力引领现代化产业体系建设的新路子。东莞必须深刻理解和准确把握新质生产力的内涵特征,着力引进培育更高素质的劳动者,推广应用更高技术水平的劳动资料,延伸拓展更广范围的劳动对象,立足东莞科技产业发展实际,把科技创新作为第一动力,加快推动传统优势产业转型升级,大力发展战略性新兴产业,前瞻布局未来产业,以新质生产力为引领,构建现代化产业体系,实现制造业规模、结构、效益的提升。

（二）以新质生产力引领现代化产业体系建设是破解东莞发展困境的内在要求

绿色发展是高质量发展的底色,新质生产力本身就是绿色生产力。③ 与传统上依靠大量资源投入、大量资源能源消耗的发展方式不同,新质生产力具有绿色发展、集约发展、可持续发展的特征。长期以来,东莞一直依靠人力、土地等传统要素驱动经济发展,在特定历史时期虽然取得了显著成效,但是随着资源环境约束趋紧,传统增长模式的弊端逐渐显现。为此,东莞必须按照新质生产力的要求,以科技创新引领产业创新,推动发展方式从原来的要素驱动型向创新驱动型转变,推动制造业向以高端化、智能化、数字化、绿色化为代表的先进制造业转型发展。同时,通过城市更新,大力实施"三旧改造""工改工",为产业发展腾挪出更多空间,打造更多现代化产业园区、新型产业社区,吸引更多高端人才,有效弥补高质量发展中存在的短板和不足。

① 《2023年东莞市经济运行简况》,广东省人民政府网站,http://www.gd.gov.cn/zwgk/sjfb/dssj/content/post_ 4357845. html。
② 《2024年一季度东莞市经济运行简况》,东莞市统计局网站,http://www.gd.gov.cn/zwgk/sjfb/dssj/content/post_ 4417698. html。
③ 《习近平在中共中央政治局第十一次集体学习时强调:加快发展新质生产力扎实推进高质量发展》,中国政府网,https://www.gov.cn/yaowen/liebiao/202402/content_ 6929446. htm。

（三）以新质生产力引领现代化产业体系建设是厚植东莞发展优势的必然选择

近年来，受国内外不利因素影响，东莞经济发展出现一定程度的波动，主要表现为出口订单减少、主导产业持续受到打压等。面对各种不利因素叠加影响，东莞沉着应对，迅速精准出台一系列支持科技创新和先进制造业发展的政策措施，有力有效确保了产业链供应链安全稳定。实践证明，只有坚持和发展以科技创新为核心的新质生产力，加快构筑现代化产业体系，才能在激烈的国际竞争中赢得主动、占得先机。为此，东莞应准确把握全球科技产业发展态势，抢抓全球新一轮科技革命和产业链重构的重大机遇，围绕新质生产力布局产业链，围绕产业链部署创新链，围绕创新链部署人才链和资金链，以科技创新赋能产业升级，不断提高产业链供应链的韧性和竞争力，推动东莞产业向全球价值链中高端攀升。

二　东莞新质生产力发展态势

新质生产力理论深刻强调了科技创新在发展新质生产力中的重要作用，阐明了科技创新和产业创新的关系，明确了建设现代化产业体系的路径和目标，为东莞推动经济高质量发展提供了根本遵循、指明了前进方向。近年来，东莞深入学习贯彻党的二十大精神和习近平总书记视察广东重要讲话、重要指示精神，认真落实省委"1310"具体部署，聚焦"科技创新+先进制造"城市特色，全力推动科技产业互促双强，取得了显著成效。

（一）创新能力逐步攀升，为新质生产力发展提供强大动能

近年来，东莞大力实施创新驱动发展战略，深入推进国家创新型城市建设，全力参与大湾区国际科技创新中心、综合性国家科学中心建设，全链条科技创新体系不断完善，创新创业环境不断优化，高端创新资源不断集聚，科技体制改革不断推进，以科技创新引领高质量发展成效凸显。科技部中国

科技信息研究所发布的《国家创新型城市创新能力评价报告 2023》显示，东莞创新能力排在全国第 22 位，位列广东省第 3、全省地级市第 1。①

1. 科学基础设施集群式发展

一是中国散裂中子源装置建设成果丰硕。截至目前，中国散裂中子源大科学装置已完成 10 轮运行，注册用户超 5000 人，完成课题 1000 余项，② 在超级钢、金属玻璃、高分子聚合物、磁性材料、纳米功能材料等领域取得了一批重要科研成果。二是重大科学装置加快布局建设。三是高水平实验室建设成效显著。松山湖材料实验室是广东省首批启动建设的省实验室之一，近年来在材料科学关键领域和重点方向不断取得新进展。目前申请专利 968 项，实施重大科研项目 211 项，产业化公司 36 家，③"材料科学"首次进入 ESI 全球前 1%。④

2. 科技创新能力逐年提高

一是研发经费投入逐年增加。2022 年，东莞全社会研发投入 458.72 亿元，同比增长 5.59%。R&D 经费投入强度为 4.1%，比 2022 年提高 0.1 个百分点，居全省第 2 位。⑤ 2023 年，东莞全社会研发经费投入强度继续保持 4.1%⑥的水平。二是创新主体地位不断增强。从国家高新技术企业数量来看，2023 年东莞市国家高新技术企业超过 10100 家，⑦ 比 2021 年增加 2713 家。从规上工业企业来看，规上工业企业有研发机构企业数从 2021 年的

① 《2023 国家创新型城市榜单出炉，东莞位列全省第三》，东莞市人民政府网站，http://www.dg.gov.cn/zwgk/jggk/gzfkgk/content/post_ 4146649.html。
② 《湾区观察 | 从"大国重器"看东莞科创跃升》，百度百家号，https://baijiahao.baidu.com/s? id＝1782522636583138322&wfr＝spider&for＝pc。
③ 松山湖材料实验室网站，https://www.sslab.org.cn/。
④ 《东莞市 2023 年国民经济和社会发展计划执行情况与 2024 年计划草案的报告》，东莞市发展和改革局网站，http://dgdp.dg.gov.cn/attachment/0/239/239383/4155871.pdf。
⑤ 《盘点 2023 年东莞科技创新十件大事》，https://static.nfapp.southcn.com/content/202401/19/c8520434.html。
⑥ 《东莞市 2023 年国民经济和社会发展计划执行情况与 2024 年计划草案的报告》，东莞市发展和改革局网站，http://dgdp.dg.gov.cn/attachment/0/239/239383/4155871.pdf。
⑦ 《2023 年东莞市国民经济和社会发展统计公报》，东莞市统计局网站，http://tjj.dg.gov.cn/gkmlpt/content/4/4186/mpost_ 4186070.html#832。

6577 家增加到 2022 年的 7082 家,[①] 占规上工业企业（13844 家）的比重为 51.2%；规上工业企业研发经费支出从 2021 年的 405.61 亿元增长到 2022 年的 410.99 亿元,[②] 占全社会 R&D 经费投入的 89.6%。三是科技创新成果结构明显优化。2023 年，东莞全市国内专利授权量 81117 件、发明专利授权量 12826 件,[③] 发明专利授权量占国内专利授权量的比重为 15.81%，比 2021 年提升 3.45 个百分点。四是科技成果转移转化水平显著提高。2023 年东莞技术合同成交 414 项，比 2021 年增加 58 项，合同成交金额 92.4 亿元，比 2021 年增加 24.61 亿元。[④]

3. 科技体制改革纵深推进

一是推动科技资金使用管理机制改革。东莞市制定了《科技发展专项资金管理办法》，在科技金融方面出台了《东莞市创新创业种子基金实施方案》，在科技项目方面出台了《东莞市重大科技项目实施办法（试行）》《东莞市科技计划项目管理办法》等，在奖励激励方面出台了《东莞市关于推动科技奖励的若干措施》等专项管理办法，从资金、项目、激励等方面全面推进科技管理的改革和创新。二是推动科研平台载体的建设运营管理方式改革。结合东莞市科研机构、孵化器发展实际，优化调整了企业研发机构、科技企业孵化器建设的资助导向，修订出台《东莞市新型研发机构管理暂行办法》《东莞市科技企业孵化载体孵化效能提升支持暂行办法》等办法，进一步突出了建设绩效评估奖励，引导企业研发机构、科技企业孵化提升建设质量。三是推动科技人才服务机制改革。制定出台了《东莞市引进战略科学家团队组织实施办法（试行）》《东莞市扶持科技人才创业实施管理办法（试行）》等政策措施。同时，东莞全力支持配合大湾区建设工作，围绕境外高端人才和紧缺人才个人所得税财政补贴，出台了《东莞市粤港

---

① 《东莞统计年鉴 2023》。

② 《东莞统计年鉴 2023》。

③ 《2023 年东莞市国民经济和社会发展统计公报》，东莞市统计局网站，http：//tjj. dg. gov. cn/gkmlpt/content/4/4186/mpost_ 4186190. html#832。

④ 《2023 年东莞市国民经济和社会发展统计公报》，东莞市统计局网站，http：//tjj. dg. gov. cn/gkmlpt/content/4/4186/mpost_ 4186190. html#832。

澳大湾区个人所得税优惠政策财政补贴实施办法（暂行）》，对于进一步吸引高端人才和紧缺人才来东莞创业和发展具有重要意义。

（二）产业体系加速构建，为新质生产力发展提供可靠载体

2023年4月，习近平总书记在广东考察时强调，"广东要始终坚持以制造业立省，更加重视发展实体经济，加快产业转型升级，推进产业基础高级化、产业链现代化，发展战略性新兴产业，建设更具国际竞争力的现代化产业体系"[①]。2023年，广东省委书记黄坤明来莞调研时，明确要求东莞在推动高质量发展上下苦功夫、做大文章、出新成效，加快打造科创制造强市，为推动全省高质量发展和推进粤港澳大湾区建设作出更大贡献。[②] 东莞必须准确把握习近平总书记赋予广东的新使命任务，深刻理解省委对东莞的期盼和要求，以培育壮大新质生产力为引领，加快构建现代化产业体系，不断开创东莞高质量发展新局面。

1.制造业发展政策体系不断完善

近年来，东莞坚持制造业立市不动摇，不断强化顶层设计，注重规划引领，健全完善制造业发展政策体系，有力支撑了制造业高质量发展。比如，2018年东莞制定了《重点新兴产业发展规划（2018—2025年）》，聚焦新一代信息技术、高端装备制造、新材料、新能源、生命科学和生物技术五大重点新兴产业领域和重点突破的十大产业，积极构建重点新兴产业发展新格局。2020年东莞制定《现代产业体系中长期发展规划纲要（2020—2035年）》，提出建成"全球先进制造业创新领航城市"的中长期战略目标。2022年，东莞出台《关于推动数字经济高质量发展的政策措施》，提出推动产业数字化和数字产业化。2023年市政府"一号文"再次聚焦制造业，出

---

① 《习近平在广东考察时强调 坚定不移全面深化改革扩大高水平对外开放 在推进中国式现代化建设中走在前列》，中共中央党校（国家行政学院）网站，https：//www.ccps.gov.cn/xtt/202304/t20230413_157615.shtml。

② 《黄坤明到东莞调研 认真学习贯彻习近平总书记视察广东重要讲话重要指示精神 以高质量发展加快打造科创制造强市》，广东省人民政府网站，http：//www.gd.gov.cn/gdywdt/gdyw/content/post_4155026.html。

台了《关于坚持以制造业当家 推动实体经济高质量发展的若干措施》，从"大产业、大平台、大项目、大企业、大环境"五大方面，搭建推动制造业高质量发展的"四梁八柱"。2024 年，以政府 1 号文印发了《关于加快推进新型工业化 高质量建设国际科创制造强市的实施意见》及配套措施，聚焦传统产业转型升级和新质生产力培育两大主题主线，巩固壮大东莞市实体经济根基。

2. 全力培育优质企业梯队

在总部企业培育方面，截至 2022 年东莞已累计认定 4 个批次共 54 家"东莞市总部企业"（其中约 60% 为制造业企业），其中 5 家企业获评制造业单项冠军。[①] 在推动"倍增企业"培育方面，已累计推动 210 家企业实现了倍增，倍增企业工业增加值在规上工业企业增加值中的占比从 18.8% 提升到 27.5%。[②] 在"专精特新"企业培育方面，截至 2023 年，东莞市有国家级专精特新"小巨人"企业 170 家，数量居全省第 3、全省地级市第 1；同时，累计培育"专精特新"中小企业 3010 家，数量居全省第 2。[③] 在制造业单项冠军企业培育方面，截至 2024 年 5 月东莞已累计培育了国家级制造业单项冠军企业 15 家、省级 54 家、市级 94 家，[④] 形成了国家、省、市三级制造业单项冠军企业体系。

3. 加快推动制造业转型升级

在"机器换人"方面，据初步统计，自 2014 年实施"机器换人"以来到 2021 年底，东莞全市共推动自动化改造项目 4567 个，涉及企业总投资约 432 亿元，项目新增设备 13.02 万台（套）。[⑤] 在推动数字化转型方面，2023 年东莞成功入选国家级中小企业数字化转型城市试点，出台了《东莞市推

---

① 数据来源：东莞市工业和信息化局。

② 《聚焦"一号文"｜东莞市工信局：推动一批高成长性企业倍增》，东莞市黄江镇人民政府，http://www.dg.gov.cn/dghjz/gkmlpt/content/4/4144/mpost_4144021.html#2586。

③ 数据来源：东莞市工业和信息化局。

④ 《新质生产力拉满，东莞制造再出圈！10 家莞企加冕国家级冠军》，百度百家号，https://baijiahao.baidu.com/s?id=1799034030511507391&wfr=spider&for=pc。

⑤ 数据来源：东莞市工业和信息化局。

动设备大规模更新和消费以旧换新实施方案》，加快推动制造业数字化转型。目前，东莞拥有华为、思爱普（SAP）等 2 个制造业数字化转型赋能中心，全市有超 7200 家规上工业企业开展了数字化改造工作,[①] 2023 年新增智能工厂（车间）157 家，新建 5G 基站近 1.2 万座。[②] 在构建绿色制造体系方面，东莞积极推动陶瓷、纺织等行业领域绿色融合发展，目前东莞已建成 29 个国家级绿色工厂、6 个绿色供应链。[③]

4. 产业集聚集群优势明显

东莞构建了"4+5"产业集群培育体系，战略性支柱产业集群包括新一代电子信息、高端装备制造、纺织服装鞋帽、食品饮料等产业，战略性新兴产业集群包括软件与信息服务、新材料、新能源、生物医药及高端医疗器械、半导体及集成电路等产业，目前已形成了"万、千、百"亿级的产业集群发展梯队。2022 年，东莞市规模以上电子信息制造业工业增加值达到 1677.23 亿元,[④] 占规模以上工业增加值的比重达 36.49%，东莞智能移动终端集群成功入选第一批国家先进制造业集群。规模以上电气机械及设备制造业工业增加值达到 1202.73 亿元,[⑤] 占规模以上工业增加值的比重提升至 26.17%，东莞参与的"广深佛莞"智能装备集群成功入选第二批国家先进制造业集群。在新材料制造业方面，2022 年其规模以上工业增加值达到 305.02 亿元,[⑥] 占规上工业增加值的 6.64%，在电子信息材料、新能源材料、生物医用材料、先进复合材料等领域具备一定的生产研发能力。在新能源产业方面，根据 2023 年胡润研究院发布的《2023 年胡润中国新能源产业集聚度城市榜》，东莞新能源产业集聚度排在全国第 12 位，稳居全国第一

---

① 《中小企业数字化转型城市试点调研交流活动在莞举行》，东莞时间网，https://pub.timedg.com。
② 《东莞市 2023 年国民经济和社会发展计划执行情况与 2024 年计划草案的报告》，东莞市发展和改革局网站，http://dgdp.dg.gov.cn/attachment/0/239/239383/4155871.pdf。
③ 《东莞：高质量建设国际科创制造强市》，https://static.nfapp.southcn.com/content/202402/18/c8607633.html。
④ 《东莞统计年鉴 2023》。
⑤ 《东莞统计年鉴 2023》。
⑥ 《东莞统计年鉴 2023》。

方阵，同时东莞还是新能源产业中小企业集聚度最高的五个城市之一。[①] 在生物医药产业方面，目前东莞松山湖已集聚 400 多家生物医药企业，[②] 同时还依托散裂中子源成功研制我国首台硼中子俘获治疗肿瘤装置（BNCT）。

（三）生产要素创新配置，为新质生产力发展提供坚实支撑

生产要素创新配置是发展新质生产力的重要前提之一。近年来，东莞聚焦制造业当家，推动实体经济高质量发展，不断加大土地、人才、数据、技术、资本等生产要素的优化配置力度，为打造具有国际竞争力的科创制造强市提供强有力的资源要素保障。

1.提升土地资源利用质效

近年来，东莞针对土地开发强度大、土地利用率不高等突出问题，深入实施产业拓空间行动，统筹联动增量和存量空间，通过整备收储、"工改工"拆除、存量盘活、提容等多种方式大力整备连片产业用地，拓展了一大批连片土地、优质产业用地空间，承载了一大批重大优质项目。目前，东莞整备连片用地 7506 亩，处置闲置用地 1243.8 亩，增加工业厂房建筑面积332.3 万平方米，启动建设超 1000 万平方米的高品质低成本产业空间。同时，还识别划定了 60 个现代化产业园区，首批 10 个现代化产业园区示范样板有序推进。[③]

2.狠抓人才资源引进培育

近年来，东莞坚持把人才作为第一资源，接连吹响"是人才，进莞来"的引才号角，连续实施"十百千万百万"人才工程，推动东莞市人才队伍规模不断扩大、结构不断优化，东莞连续两年荣获"中国年度最佳引才城市奖"。同时，全力推动高水平大学建设，积极支持东莞理工学院创建高水

① 《东莞新能源产业集聚度很高！居全国第一方阵》，https：//baijiahao. baidu. com/s？id＝1769297939743299991&wfr＝spider&for＝pc。

② 《近 200 家企业赴会寻合作，松山湖生物医药产业加力"强链拓圈"》，东莞市人民政府网站，http：//www. dg. gov. cn/jjdz/tpxw/content/post_ 4122173. html。

③ 《东莞市 2023 年国民经济和社会发展计划执行情况与 2024 年计划草案的报告》，东莞市发展和改革局网站，http：//dgdp. dg. gov. cn/attachment/0/239/239383/4155871. pdf。

平理工科大学，香港城市大学（东莞）获教育部批准正式设立，大湾区大学（松山湖校区）教学区域基本建成。目前，东莞全市人才总量315.7万人，新增战略科学家团队1个，[①] 国家自然科学基金本土杰青实现零的突破，国家卓越工程师创新研究院实现了实体化运作。

3. 加快培育发展数字经济

近年来，东莞抢抓数字经济发展新机遇，以数字经济激活高质量发展新动能，推动数字产业化、产业数字化工作取得显著成效。2023年，东莞成功成为全国、广东省中小企业数字化转型试点城市；规模以上软件和信息服务业企业实现营收463亿元，同比增长47.4%；跨境电商全年进出口总额907.2亿元，同比增长10.8%；积极推动企业首席数据官（CDO）及数据管理能力成熟度（DCMM）建设，大力推动工业数据资产登记东莞市节点建设。2023年东莞在全国城市（包括直辖市）数字经济竞争力指数中排第18位。[②]

4. 推动技术要素高效配置

东莞不断健全完善"众创空间—孵化器—加速器"科技孵化育成体系，促进科技成果加快形成新质生产力。目前，全市拥有新型研发机构35家，其中省级18家。全市各级工程技术研究中心累计1562家，其中国家级1家、省级560家、市级1001家；各级重点实验室累计277家，其中国家级1家、省级14家、市级262家。科技企业孵化器98家，其中国家级28家、省级19家、市级51家；众创空间41家，其中国家级22家、省级7家、市级12家。[③]2023年，东莞成功争取国内首个中拉技术转移中心落户。

---

① 《东莞市2023年国民经济和社会发展计划执行情况与2024年计划草案的报告》，东莞市发展和改革局网站，http://dgdp.dg.gov.cn/attachment/0/239/239383/4155871.pdf。

② 《一图读懂 | 《东莞市数字经济发展报告（2023年）》，东莞工商联网站，https://mp.weixin.qq.com/s?__biz=MzAwNDIzMjcxMw==&mid=2653190689&idx=4&sn=1d0b98d5b522b53f4fe741c122b4c094&chksm=80ffd947b7885051e7f61d9674499f38faa73417ffee53036d0986849bbeaee3cadb34b72147&scene=27。

③ 《2023年东莞市国民经济和社会发展统计公报》，东莞市统计局网站，http://tjj.dg.gov.cn/tjzl/tjgb/content/post_4186190.html。

5. 持续强化财政金融赋能

近年来，东莞市财政每年安排 30 亿元"科技东莞"专项资金，推动科技发展和产业升级。2020 年东莞一次性安排了 50 亿元"保企业、促复苏、稳增长"专项资金；2022 年，安排了新一轮 50 亿元稳增长资金，并出台了"稳工业 22 条""拓市场 20 条"等政策措施，确保产业链供应链安全稳定。同时，东莞还设立了总规模 100 亿元的战略性新兴产业基金，聚焦重点战略性新兴产业和领域，吸引社会资本投向市重大项目和重点工作。尤其是 2023 年，东莞聚焦产业招商和产业培育，构建了总规模 2000 亿元的高质量发展基金体系，统筹发挥财政引导和国资引领作用，力争形成总规模不低于 2000 亿元的政策型、市场型产业基金集群。

三 新质生产力视角下东莞现代化产业体系建设存在的短板和不足

虽然东莞在培育新质生产力、推进现代化产业体系建设上取得了一定成效，但是对照新质生产力的内涵、特征，对照建设现代化产业体系的目标、要求，对比先进城市的经验、做法，东莞在科技创新、产业培育、要素支撑等方面还存在一定的短板和不足。

（一）创新引领作用有待进一步发挥

一方面，东莞市基础研究和应用基础研究的投入水平有待提升。目前，东莞虽然研发经费支出逐年增加、研发投入强度逐年提高，但是对比先进城市，东莞基础研究和应用基础研究的投入还是明显不足。比如，《东莞市基础研究行动计划（2024—2026 年）》提出"到 2026 年，全社会基础研究经费投入占研发（R&D）经费比重达 1.5%"的工作目标，而 2022 年，广州市基础研究经费已达 120.97 亿元，[①] 占同期研发经费内部支出的 12.24%；

---

① 《广州统计年鉴 2023》。

深圳市基础研究经费支出也达到了 80.90 亿元，[①] 占同期研发经费内部支出的 4.3%。另一方面，东莞市科技成果转移转化水平有待提高。相比先进城市，东莞科技成果转移转化水平还有待提高。以技术合同项目数和成交金额为例，2022 年东莞市技术合同项目数为 397 项，技术合同实现金额 93.70 亿元。[②] 而同期，广州市技术合同登记成交额达到 2645.54 亿元，[③] 深圳市技术合同成交额为 1575.68 亿元。[④] 东莞与广州、深圳等先进城市差距比较明显。

（二）新兴产业培育有待进一步强化

一是重点产业之间的发展规模和水平不平衡现象突出。2022 年，东莞规模以上先进制造业工业增加值为 2559.29 亿元，其中高端电子信息制造业增加值 1345 亿元、占 52.55%，先进装备制造业增加值 847.27 亿元、占 33.11%，高端电子信息制造业和先进装备制造业合计占先进制造业工业增加值的比重为 85.66%。其他先进制造业与高端电子信息制造业和先进装备制造业规模差距较大，多极引领、多点支撑的现代化产业体系尚未真正形成。二是产业关键核心技术"卡脖子"现象仍然存在。目前，东莞电子信息制造业虽然规模较大，但产业核心电子元器件、软件、芯片、面板等领域的自主研发水平较低，关键零部件、关键原材料、核心技术、关键设备等严重依赖进口，还处于价值链中低端。三是产业创新重点指标有待突破。东莞在国家级专精特新"小巨人"企业数量、国家级制造业创新中心数量、国家制造业单项冠军企业数量等几个含金量高的指标上还有待进一步突破。2023 年，工信部公布了第五批国家级专精特新"小巨人"企业名单，东莞有 81 家企业上榜，东莞累计有 172 家专精特新"小巨人"企业。但相比广

---

① 《深圳统计年鉴 2023》。

② 《东莞统计年鉴 2023》。

③ 《广州技术合同登记成交额连续五年全省第一》，广州市人民政府网站，https://www.gz.gov.cn/ysgz/xwdt/ysdt/content/post_ 8949991. html。

④ 《再创第一！深圳年度技术合同成交额居计划单列市首位》，https://static.nfapp.southcn.com/content/202302/28/c7406706. html。

州（248 家）①、深圳（752 家）等②先进城市，东莞专精特新"小巨人"企业数量还有待增加。同时，东莞还没有国家级制造业创新中心，国家级制造业单项冠军企业数量（15 家）③ 也与广州（31 家）④、深圳（95 家)⑤ 有一定差距。

（三）科技产业融合有待进一步深化

目前东莞推动数字化转型工作进入了攻坚阶段，尤其是中小企业数字化转型难度较大，突出表现在大部分中小企业创新投入意愿不高，不敢投入或找不到方向，技术创新或技改目标仍然是"机器换人"，面对数字化转型，大多数中小企业存在"不会转、不想转、不敢转"的情况。同时，受近年来经济下行、市场订单不足、资金吃紧等因素的影响，中小企业数字化转型意愿进一步减弱。

四　东莞培育壮大新质生产力构建现代化产业体系的思路对策

进入新征程，东莞应准确把握新质生产力的内涵特点和核心要求，不断完善发展新质生产力的政策体系，以科技创新为引领，夯实制造业根基，不断壮大与新质生产力相适应的新型要素，以发展新质生产力为路径，推动现代化产业体系建设，奋力创建高质量发展的科创制造强市。

---

① 《已培育 248 家"小巨人"企业！广州开启 2024 年度"进阶小巨人"培育》，羊城派百家号，https：//baijiahao. baidu. com/s？id=1786326229427781213&wfr=spider&for=pc。
② 《特有数丨全国大中城市第一！深圳这群"小巨人"领跑全国》，深圳特区报百家号，https：//baijiahao. baidu. com/s？id=1786326229427781213&wfr=spider&for=pc。
③ 《国家级"单项冠军"企业，东莞有 15 家!》，南方+百家号，https：//baijiahao. baidu. com/s？id=1799036953310596757&wfr=spider&for=pc。
④ 《七家穗企入选第八批国家级制造业单项冠军 广州制造业企业"夺冠"记》，广东省科学技术厅，http：//gdstc. gd. gov. cn/kjzx_ n/gdkj_ n/content/post_ 4391533. html。
⑤ 《向新而行 以质致远——2024 年深圳经济高质量发展月度述评之四》，深圳新闻网，http：//www. sznews. com/news/content/mb/2024-05/30/content_ 30980587. htm。

（一）加强政策引导，健全推动新质生产力发展的产业政策体系

发展新质生产力是一项复杂的系统工程，涉及科技创新、产业发展、要素保障等各个方面，东莞必须加强政策引领，注重统筹谋划，完善推动新质生产力发展的体制机制，着力打通制约新质生产力发展的堵点卡点，形成推动新质生产力发展的政策合力。

一是完善促进新质生产力发展的产业创新政策体系。东莞应针对基础研究、成果转化等短板，强化政策供给。要健全完善基础研究政策，目前《东莞市基础研究行动计划（2024—2026）》已完成了向社会征求意见，要结合实际，尽快出台发布，明确东莞市基础研究和应用基础研究的总体思路、基本原则、发展目标、主要任务等重点内容，推动东莞市基础研究与应用基础研究水平不断提高。要以东莞建设珠三角国家科技成果转移转化示范区为契机，充分发挥国家自主创新示范区享受政策先行先试的优势，健全完善科技成果转移转化政策，完善科技成果市场化定价机制、科技成果评价制度和激励机制、科技成果转移转化监管机制等体制机制，加快推动科技成果向现实生产力转化。

二是完善促进新质生产力发展的产业政策体系。东莞应结合实际，尽快制定东莞未来产业发展政策，制定出台未来产业发展规划及配套措施，下好布局未来产业技术的"先手棋"。要牢固树立"绿水青山就是金山银山"的绿色发展理念，健全完善绿色低碳产业政策，持续优化支持绿色低碳发展的经济政策，鼓励支持绿色低碳产业发展，打造绿色产业集群。目前，上海、江门等先进城市已制定出台了推动先进制造业发展规划，东莞要围绕新兴产业培育和传统产业升级这两个先进制造业发展方向，编制东莞先进制造业发展规划及配套措施，健全完善先进制造业发展政策，为东莞市先进制造业发展提供"战略指向图"和"发展路线图"。

三是完善促进新质生产力发展的要素政策体系。东莞应继续深入实施"十百千万百万"人才工程，进一步优化完善高端人才、创新人才、管理人才以及符合东莞产业特点的技术人才的引进培养使用相关政策，不断优化人才在莞发展环境，打造各类人才创新创业沃土。要以入选全国首批中央财政支持部分城市实施城市更新行动为契机，优化完善土地使用政策，完善土地收储整备、"三旧"改造、"工改工"等各类土地政策，加力拓展产业发展空间。要以实施中小企业数字化转型试点、大规模设备更新等为契机，健全完善促进中小企业数字化转型的政策，抢抓"智转数改"和国产替代的机遇，推动传统产业转型升级。

（二）注重创新引领，构建符合新质生产力特征的产业创新体系

东莞应继续深入实施科教兴国战略、人才强国战略和创新驱动发展战略，以建设国家创新型城市、国家自主创新示范区等试点示范为契机，聚焦高水平科技自立自强，进一步加强重大创新平台建设，强化企业创新主体地位，促进科技产业深度融合，推动科技创新更好引领产业发展。

一是做大做强创新平台载体。东莞要以与深圳联手建设大湾区国家创新中心先行启动区为契机，加快建设松山湖科学城，将松山湖科学城打造成为引领东莞高质量发展的核心引擎。要加快建设散裂中子源二期、先进阿秒激光装置等大科学装置，不断提升松山湖科学城基础研究和应用研究水平，努力实现原创性、颠覆性科技创新成果。要推动新型研发机构技术创新、产品研发和成果转化能力提升，支持有条件的新型研发机构承担更多国家级、省级重大科技专项，推动新型研发机构提质增效。要以全球视野谋划和推动科技交流合作，面向大湾区、全国、全世界搭建开放合作平台，加大与中国科学院等顶级科研院所合作力度，积极对接港澳科技创新资源，打造科技创新共同体，促成更多从"0"到"1"的重大创新成果。

二是强化企业创新主体地位。要进一步加强创新型企业培育，推动国家高新技术企业树标提质，在融资、用地、人才、研发、专利保护等方面强化对国家高新技术企业的扶持。要加大龙头骨干科技企业招引力度，面向欧美、日韩及北京、上海、深圳等国内外重点区域开展精准招商，招引更多技术含量高的龙头骨干科技企业。要引导企业、高校与科研院所和民间金融机构等各类投资主体共同参与建设科技企业孵化载体，加快推进科技企业孵化

器建设。要加强企业核心技术攻关，引导企业与高校、科研院所围绕产业核心技术深化产学研合作，推动"链主"企业在新能源、新一代电子信息、生物医药等领域组建创新联合体。要重点围绕东莞市产业技术创新的需求，遴选若干产业基础良好、增长空间巨大、亟待科技突破的前沿领域高端环节，部署实施一批关键技术攻关专项，加快突破一批国内领先、世界先进的关键核心技术，开发具有自主知识产权和自主品牌的重大战略产品，迅速形成新的核心竞争力，加快抢占产业科技发展制高点。

三是努力打造高水平国家实验室。国家实验室是我国高水平科技自立自强的战略科技力量。目前，国内各省市纷纷依托相关高校院所、企业建设省级实验室、打造"国家实验室预备队"，兴起了布局国家实验室的浪潮。目前，广东省已启动三批省实验室建设，共布局10家省实验室，松山湖材料实验室是广东省首批建设的省实验室之一。东莞要依托其拥有散裂中子源、先进阿秒激光装置等大科学装置的突出优势，高标准建设松山湖材料实验室，积极探索科技成果向产业转化的有效路径，全力推动松山湖材料实验室创建国家实验室。同时，东莞还要进一步加大与大湾区城市科技合作的力度，推动粤港澳中子散射科学技术联合实验室建设。支持国家实验室等国家级科研平台在莞建设分中心或基地，积极推动广东省科学院高水平科研机构在莞落地，全力打造高水平高质量实验室体系，引领支撑东莞科技产业高质量发展。

（三）夯实产业根基，打造体现新质生产力要求的产业发展体系

东莞应坚持制造业当家，把科技创新成果应用到具体产业上，谋划布局未来产业、培育壮大新兴产业、改造提升传统产业，不断完善现代化产业体系。

一是谋划布局未来产业。未来产业是引领重大变革的颠覆性技术及其新产品、新业态所形成的产业。未来产业潜力十足、前景广阔，我国很多省市都在积极谋划布局，已有多个省份出台了相关政策文件推动未来产业发展，广州、深圳、惠州等城市也明确了未来产业的发展目标、路径和主要任务。

东莞应抓住新一轮科技革命和产业变革的重大机遇，紧盯未来产业发展新趋势，加大与国家战略对接力度，依托东莞散裂中子源等大科学装置，聚焦新概念材料、量子技术、类脑智能、边缘计算、通用航空航天等高精尖前沿未来领域，前瞻布局未来产业，引领带动新兴产业前瞻性突破，打造未来产业发展先发优势。

二是培育壮大新兴产业。东莞应在巩固提升新一代电子信息、高端装备制造等产业基础上，推动软件与信息服务、新材料、新能源、生物医药及高端医疗器械、半导体及集成电路等战略性新兴产业加快发展，全力培育产业"新支柱"。其中，软件与信息服务业重点发展工业互联网、云计算应用与服务、新型工业软件等领域；新材料产业重点发展先进基础材料、先进战略材料、前沿新材料等领域；新能源产业重点发展新能源汽车、高性能电池、新型能源、新能源装备等领域；生物医药及高端医疗器械产业重点发展生物药、化学药、智能康复医疗设备、健康医疗智能终端设备、医用机器人、高值医用耗材、体外诊断等高端医疗器械等领域；半导体及集成电路产业重点发展第三代半导体、集成电路研发设计、封装测试、材料及关键元器件配套等领域。

三是改造提升传统产业。提质发展纺织服装鞋帽、食品饮料、家具制造、造纸及纸制品、玩具及文体用品制造、包装印刷等传统优势产业。其中，家具制造产业要加快推进数字化转型，推行产品多样化、小规模、周期可控的柔性化生产模式；造纸及纸制品业大力推广循环经济新技术、新工艺的应用，持续提升东莞市造纸行业的绿色化发展水平，鼓励发展附加值更高的纸基功能材料；玩具及文体用品制造业鼓励企业向价值链高端环节延伸，推动东莞市的玩具及文体用品与动漫 IP 进行联动；包装印刷业构建智能包装制造体系，推动传统包装印刷向包装信息与现代物联网进行数字识别关联转变等。

四是打造优质企业梯队。东莞应进一步推动"小升规"，在巩固现有规上工业企业规模基础上，确保东莞规上工业企业数量全国领先优势。要进一步深入实施"倍增计划"，强化"倍增"企业政策支持，优化"倍增"企

业评价体系，推动"倍增"企业高质量发展。要进一步培育"专精特新"企业，围绕东莞市重点战略性产业集群、产业链重要节点，大力培育省级以上"专精特新"企业，引导专精特新"小巨人"企业成为国际市场领先的"单项冠军"企业。要进一步推动大企业集团成为具有生态主导力、国际竞争力的领航企业，构建大中小企业创新协同、产能共享、供应链融通的现代化产业体系。

（四）强化要素保障，锻造适应新质生产力内涵的要素支撑体系

东莞要着力推动人才要素、土地要素等进行创新配置，不断强化发展新质生产力的要素支撑。

一是引进培育更高素质的劳动者。东莞要以获批建设全国首批卓越工程师创新研究院为契机，以培养产业应用型人才为导向，强化校企精准对接，强化与松山湖材料实验室、散裂中子源等国家重大科技基础设施的协同合作，建设产学研协同科研攻关体系，加大工程技术人才自主培养力度，着力培育一大批能解决企业难题的卓越工程师队伍。要围绕东莞制造业产业特点和"4+5"战略性产业集群发展需求，深入实施"现场工程师专项培养计划"、"项目制"技能培训等培养培训工作，提高劳动者技术技能水平，加快培养高素质劳动者和优秀技能型人才，全力打造"技能人才之都"。要聚焦新一代电子信息、高端装备制造、新能源、新材料、生物医药等东莞有基础、有优势、能突破的重点领域，加大各重点产业首席科学家引进力度，借助首席科学家组成的产业发展顾问团，"以才引才""以才育才"，更好地发挥他们的活力和创造力，为东莞建设高精尖的科技人才队伍提供引领。

二是全力以赴拓展新兴产业空间。东莞要以入选全国首批财政部支持实施城市更新行动为契机，加快推动城市更新，以"三旧"改造新政策、"工改工"融合审批政策等为基础，强化跟进落实。要加快推动土地空间整备和连片拓展，加强国土空间规划与产业规划衔接，探索城市更新贡献产业用地机制，下大气力实施连片土地统筹、产业空间更新、低效用地处

置三大行动，统筹实施连片更新"头雁计划"，加大力度推进镇村工业园改造，提升镇域经济能级。要市镇联动，全力推进"20+60"现代化产业园建设，制定规划建设模式指引，打造示范样板。要加大存量用地盘活和闲置土地处置力度，健全工业用地二级市场管理机制，坚决守住"工业红线"。

三是推动科技产业金融深度融合。要围绕发展新质生产力部署产业链，围绕产业链部署创新链，围绕创新链部署人才链和资金链，推动科技产业金融深度融合。要充分发挥财政资金的引导和杠杆作用，激励撬动各类社会资本投入科技创新和产业发展领域，构建以财政资金为引导、企业投入为主体，政府资金与社会资金、债权资金与股权资金、间接融资与直接融资有机结合的全链条、全方位科技创新创业投融资机制。要推动企业利用资本市场，进一步完善上市后备企业评审、认定、管理制度，建立上市后备企业队伍，加强企业利用多层次资本市场分类指导，扩大直接融资比例。要加快设立总规模 10 亿元的东莞市天使投资母基金，鼓励镇街（园区）、战略性新兴产业基地、创新创业社区等联合设立子基金，建立与天使投资相适应的激励机制，按照"母基金+子基金+直投+生态建设"模式进行市场化运作。要加强投融资模式创新，充分发挥"投改拨"、政府性基金、社会资本、金融工具等融资作用。

参考文献

习近平：《发展新质生产力是推动高质量发展的内在要求和重要着力点》，《求是》2024 年第 11 期。

史丹：《建设现代化产业体系》，《人民日报》2023 年 11 月 24 日。

刘伟：《科学认识与切实发展新质生产力》，《经济研究》2024 年第 3 期。

干春晖、刘亮：《以新质生产力引领现代化产业体系建设》，《中国社会科学报》2024 年 3 月 27 日。

王健：《新质生产力对中国式产业链现代化的影响研究》，《工业技术经济》2024 年

第 6 期。

周文：《加快发展新质生产力的理论意义》，《红旗文稿》2024 年第 7 期。

郑栅洁：《积极培育和发展新质生产力 推进经济高质量发展》，《宏观经济管理》2024 年第 4 期。

刘丸源、季雷：《新质生产力与现代化经济体系研究》，《政治经济学评论》2024 年第 3 期。

产业链篇 ⤵

B.2
东莞优化制造业产业链供 应链韧性研究

邓春玉*

摘　要： 东莞制造业产业链供应链韧性强度和发展指数显示：东莞制造业总体缺乏韧性，具有韧性的行业大类占33.33%（不含烟草行业）。2017年以来，东莞制造业韧性指数呈波动性缓慢增强趋势，仅有家具制造业、金属制品业、文教、工美、体育和娱乐用品制造业、通用设备制造业持续具有韧性且呈上升趋势。2018年以来，高技术制造业行业中类只有电子及通信设备制造业具有韧性，先进制造业行业中类只有高端电子信息制造业持续具有韧性，但呈下降趋势。东莞制造业贸易链韧性不强，2020~2022年，具有出口韧性的加工制造商品较少。2022年，仅有40.35%的商品具有出口韧性。东莞优化制造业产业链供应链韧性，目前应实施产业链供应链图谱刻画行动和产业链供应链安全建设计划，积极应对产业链供应链安全风险。

---

* 邓春玉，广东政典新动能研究院有限公司院长，经济学三级教授，主要研究方向为城市经济。

关键词： 制造业 产业链供应链韧性 东莞

习近平总书记多次强调："产业链、供应链在关键时刻不能掉链子，这是大国经济必须具备的重要特征。"① 近年来，美国、日本、欧盟的"贸易壁垒、小院高墙、供应链分散备份"等一系列逆全球化措施，对华高科技企业（华为等）制裁等遏华产业政策以及再工业化战略的实施，促使东莞市加强对制造业韧性发展问题的深化研究，着力持续增强产业链供应链发展韧性。

一 东莞优化制造业产业链供应链韧性的背景

（一）中国经济实力和创新能力强劲提升

1. 强劲提升的中国经济实力

按照美元名义 GDP 计算，中国 GDP 与美国 GDP 的比例在 2021 年达到了历史最高值，为 75.5%，2023 年降为 65.4%，出现了拐点。② 尽管如此，中国经济发展实力的强劲提升仍然引起美国对华制造业政策的战略调整，其开始实施再工业化战略和技术、贸易遏华战略，中国制造业产业链供应链韧性面临威胁。东莞以制造业为产业主体，外向型经济特征凸显，产业链供应链韧性受损问题亟须解决。

2. 强劲提升的中国创新能力

《2022 年全球创新指数报告》显示，我国全球创新指数排名从 2012 年的第 34 位升至 2022 年的第 11 位，连续 10 年稳步提升，位居 36 个中高收

---

① 《习近平总书记谈"大国经济"的优势和重要特征》，求是网站，http：//www.qstheory.cn/zhuanqu/2020-11/03/c_1126690732.htm？ivk_sa=1024320u。
② 《2021 年，中国的 GDP 是美国的 77%；2023 年，中国的 GDP 是美国的 65%》，搜狐网站，https：//www.sohu.com/a/773903927_121929064。

入经济体之首。我国全社会研发经费从 2012 年的 1 万亿元增加到 2022 年的 3.09 万亿元,研发投入强度从 1.91% 提升到 2.55%;基础研究投入从 2012 年的 499 亿元提高到 2022 年的 1951 亿元,占全社会研发经费的比重由 4.8% 提升至 6.3%。全社会研发人员全时当量从 2012 年的 325 万人年提高到 2022 年的预计超过 600 万人年,多年保持世界首位。

卡中国脖子的关键核心技术不断突破和实现国产替代。《科技日报》从 2018 年 4 月起陆续报道了我国当时尚未掌握的被"卡脖子"的 35 项关键技术。时至今日,我国已经成功突破了其中 33 项技术难关,进入发展新阶段。[①] 近几年,在缺"芯"困局之下,国产替代的呼声愈发高涨,在国家的政策扶持下,国产赛道厂商呈爆发式增长。TechInsights 的数据显示,2020 年中国芯片自给率为 16.6%,2021 年为 17.6%,2022 年为 18.3%,2023 年为 23.3%,预测到 2027 年为 26.6%。[②]

(二)全球产业链供应链重构与调整呈现新特征

在横向分布上呈现本地化的新特征。以美国、日本、欧盟等为代表的发达经济体深刻反思制造业重振和产业链供应链安全等问题,为避免过度依赖单一国家或地区可能引发"断链"风险,他们推出一系列鼓励产业链供应链从全球布局向本土回流和区域布局转移、集中布局向低风险地区分散转移的支持政策,全球产业链供应链的本地化属性不断增强。

在纵向分布上呈现短链化的新特征。受各经济体产业政策的影响,跨国公司出于保障产业链供应链安全稳定的考虑,纷纷收紧全球化布局,愈加谨慎地对待在全球范围内的投资布局,跨国投资活动步伐放缓,产业链供应链在纵向分布上呈现缩短态势。联合国贸易和发展会议(UNCTAD)的统计数据显示,全球制造业跨国并购规模总体呈现波动下降态势,由

---

① 《实力与强国梦并行,我国已攻破欧美多个"卡脖子"技术!》,中国日报中文网站,https://cn.chinadaily.com.cn/a/202405/09/WS663c4afaa3109f7860ddcc2a.html。

② 《去年芯片自给率 23%,2025 年 70% 自给率难达成,一堆人排队要来打脸》,研本社网站,https://baijiahao.baidu.com/s?id=1788877772088881814&wfr=spider&for=pc。

2015 年的 3942.07 亿美元下降至 2021 年的 2389.04 亿美元，下降幅度达到 39.40%，在全球跨国并购总额中的占比从 2015 年的 53.62% 下降至 2021 年的 32.82%，跨国公司的全球化产业链布局呈现明显的短链化趋势。

在转型升级方向上呈现数字化、绿色化的新特征。随着数字化技术的快速发展与广泛应用，跨境电商和数字贸易成为国际贸易的主流趋势。各经济体在数字基础设施（以数据创新为驱动、通信网络为基础、数据算力设施为核心的基础设施体系，主要涉及 5G、数据中心、云计算、人工智能、物联网、区块链等新一代信息通信技术）、相关技术人才储备以及对标数字贸易规则（美国掌控）等方面都面临更高的挑战，在一定程度上加大了融入全球产业链供应链体系的难度。

（三）发达国家维护产业链供应链韧性呈现新动向

主要发达国家高度重视保障产业链供应链安全稳定，推动国际产业链供应链调整动力由追求成本和效益的经济因素主导，转向经济、安全、环保等多元因素共同发力，并呈现一些新动向，如提高供应弹性，保障关键产品和物料供应；推进多边合作，形成多元化国际供应体系；加强安全审查，严控技术出口和投资并购；出台激励措施，提升重点领域本土自主权。

（四）我国维护产业链供应链韧性面临风险与挑战

全球通货膨胀和地缘政治危机推高世界经济下行的风险；欧美等经济体陆续实施"中国+1"或"中国+N"战略；美国推行"小院高墙"战略，联合盟友打造"去中国化"的产业链供应链体系，精准围堵中国的意图愈加明显；战略性新兴产业领域与国际产业链供应链"脱钩"风险加大，开放式迭代创新可能受到更大限制；部分跨国企业将重点领域产业链核心环节转出我国、回流本国，弱化我国产业链供应链稳定性。

二 东莞制造业产业链供应链韧性强度与发展指数

（一）数据采集与运用说明

制造业数据选取制造业全部门类（31 个）中除了烟草制品业（东莞无该行业）的全部 30 个门类。先进制造业数据包括"石油化工产业、高端电子信息制造业、生物医药及高性能医疗器械、先进装备制造业、新材料制造业、先进轻纺制造业"六大类。相对于传统制造业而言，制造业先进化水平越高，产业链供应链韧性越强劲。高技术制造业数据采用《高技术产业（制造业）分类（2017）》，包括"医药制造，航空、航天器及设备制造，电子及通信设备制造，计算机及办公设备制造，医疗仪器设备及仪器仪表制造，信息化学品制造"六大类。高技术制造业是培育发展新动能、获取未来技术新优势的关键领域，制造业高技术化水平越高，产业链供应链韧性越强劲。

（二）东莞制造业先进化高技术化发展态势

东莞制造业增加值由 2011 年 1470.87 亿元增长到 2022 年的 4768.66 亿元，增长了 2.24 倍；占 GDP 的比重由 30.1% 提升到 42.6%，制造业成为经济增长的支柱力量。先进制造业增加值由 693.06 亿元增长到 2594.74 亿元，增长了 2.74 倍；高技术制造业增加值由 475.45 亿元增长到 1955.13 亿元，增长了 3.11 倍。[①] 制造业先进化、高技术化水平总体呈上升趋势，但是受美欧日遏华政策的影响，先进制造业、高技术制造业增加值占规上制造业的比重两个指标 2020 年以来呈下降趋势，制造业现代化水平的提升受到较大影响（见图 1），说明制造业产业链供应链韧性与安全问题值得关注。

---

① 数据来源于《东莞统计年鉴（2012~2023）》。

图1 2011~2022年东莞制造业及其现代化发展态势

（三）东莞制造业产业链供应链韧性强度识别

产业区位商是衡量产业比较优势、产业集群、产业集中度的通用指标。产业发展比较优势越强、产业集群化程度越高，在一定程度上说明产业发展的韧性越强。本文采用制造业的制造、创新和贸易（供应）区位商3个指标来识别制造业的制造链韧性、创新链韧性和贸易链韧性（供应链韧性）。

1. 东莞制造业制造链韧性

从营业收入指标来看，2018年以来，家具制造业，印刷和记录媒介复制业，橡胶和塑料制品业，皮革、毛皮、羽毛及其制品和制鞋业，文教、工美、体育和娱乐用品制造业，其他制造业，纺织服装服饰业，仪器仪表制造业持续具有韧性且呈上升趋势；计算机、通信和其他电子设备制造业，造纸和纸制品业，电气机械和器材制造业持续具有韧性，但呈下降趋势；金属制品业、专用设备制造业、通用设备制造业2022年成为韧性产业。

从利润指标来看，2018年以来，家具制造业，金属制品业，文教、工美、体育和娱乐用品制造业，通用设备制造业持续具有韧性且呈上升趋势；计算机、通信和其他电子设备制造业，专用设备制造业，电气机械和器材制造业持续具有韧性，但呈下降趋势；橡胶和塑料制品业、其他制造业、仪器仪表制造业2022年成为韧性产业。

2018年以来，家具制造业，文教、工美、体育和娱乐用品制造业营业收入和利润两个指标都持续具有韧性且呈上升趋势。

2. 东莞制造业创新链韧性

产业的创新韧性通过产业比较优势反映，高技术制造业、先进制造业优势的比较程度是制造业创新链韧性的重要衡量指标，东莞制造业创新链韧性运用高技术制造业相对全国、先进制造业相对广东省区位比较优势程度进行识别。

（1）高技术制造业产业链韧性

从行业中类来看，电子及通信设备制造业营业收入和利润指标都具有韧性，产业链韧性相对较强，但是营业收入指标呈下降趋势、利润指标呈上升趋势，其他行业不具比较优势。从行业小类来看，营业收入指标方面，其他电子设备制造、通信设备、雷达及配套设备制造、办公设备制造、计算机零部件制造、电子元件及电子专用材料制造持续具有韧性且呈上升趋势；利润指标方面，通信设备、雷达及配套设备制造和计算机零部件制造持续具有韧性且呈上升趋势，其他电子设备制造、办公设备制造持续具有韧性但呈下降趋势。通信设备、雷达及配套设备制造和计算机零部件制造营业收入和利润指标都持续具有韧性且呈上升趋势。

（2）先进制造业产业链韧性

从行业大类来看，高端电子信息制造业营业收入、利润指标都具有韧性，但呈下降趋势，其他行业不具韧性，总体上东莞先进制造业技术创新链不具韧性。从行业小类来看，营业收入指标方面，重要基础件、集成电路及关键元器件持续具有韧性且呈上升趋势，信息通信设备、新能源装备持续具有韧性但呈下降趋势，高性能复合材料及特种功能材料、环保多功能家具、绿色食品饮料、卫星及应用2022年发展为韧性先进制造业；利润指标方面，

环保多功能家具持续具有韧性且呈上升趋势，重要基础件、信息通信设备、集成电路及关键元器件、高性能复合材料及特种功能材料、新能源装备具有韧性但呈下降趋势，卫星及应用 2022 年发展为韧性先进制造业。

3. 东莞制造业贸易链韧性

贸易链是供应链的重要环节。进出口区位商是衡量贸易链是否具有比较优势、是否具有韧性的重要指标。由于统计口径的变化，统一口径且连续性最近数据始于 2020 年。

（1）出口韧性

2020~2022 年，东莞出口的大类主要加工制造业商品中，眼镜及其零件、婴孩车及其零件、钟表及其零件、印刷、装订机械及其零件、玩具、音视频设备及其零件、文化产品、灯具、照明装置及其零件、箱包及类似容器、家具及其零件、电子元件持续具有出口韧性且呈上升趋势；出口的小类主要加工制造业商品中，原电池、手表持续具有出口韧性且呈上升趋势。2022 年，东莞出口的大类主要加工制造业商品中，眼镜及其零件等 23 种商品具有比较优势、具有韧性，占比为 40.35%；小类主要加工制造业商品中，原电池等 5 种商品具有比较优势，占比为 71.43%。

（2）进口韧性

2020~2022 年，东莞进口的大类主要加工制造业商品中，电子元件、电子技术、皮革、毛皮及其制品、初级形状的塑料、印刷、装订机械及其零件、纺织纱线、织物及其制品、纸浆、纸及其制品进口持续具有韧性；2022 年，东莞进口的大类主要加工制造业商品中，未锻轧铜及铜材等 10 种商品具有比较优势，占比为 27.03%；2020~2022 年，进口的小类主要加工制造业商品中，锂离子蓄电池等 4 种商品持续具有比较优势、具有韧性，占比为 28.57%。

以制造业利润比较优势为基础，综合制造业的先进化、高技术化和商品出口比较优势分析，计算机、通信和其他电子设备制造业等 11 个制造业大类、电子及通信设备制造业等 10 个高技术制造业行业、高端电子信息制造业等 9 个先进制造业行业具有韧性。

（四）东莞制造业韧性发展指数分析

产业韧性取决于产业效率、效益和先进化、高技术化水平，取决于绿色化程度。为此，东莞制造业韧性指数指标体系由企业亏损率（%）、增加值率（%）、总资产贡献率（%）、资产负债率（%）、流动资产周转率（%）、成本费用利润率（%）、全员劳动生产率（元/人年）、综合能源消费量（万吨标准煤）八项指标构成，高技术制造业、先进制造业不含综合能源消费量指标。将制造业、高技术制造业、先进制造业韧性指数分为 3 个等级，对产业韧性发展水平进行评估。第 1 等级指数值为 0.66<x≤1；第 2 等级指数值为 0.33<x≤0.66；第 3 等级指数值为 0≤x≤0.33。

总体来看，2017 年以来，东莞制造业韧性持续不强，增强趋势也比较缓慢，5 年仅上升了 0.02 个点；高技术制造业韧性相对较强（大类），但2018 年以来呈缓慢下降趋势，4 年下降了 0.02 个点；先进制造业具有较强韧性（大类），但 2018 年以来增强趋势缓慢，4 年仅上升了 0.02 个点。

1. 东莞制造业韧性指数

东莞制造业总体缺乏韧性，但 2017 年以来呈波动性缓慢增强趋势。2022 年，只有废弃资源综合利用业指数值超过 0.66，处于第 1 等级；20 个制造业行业指数值在 0.33~0.66，处于第 2 等级；9 个制造业行业指数值为0.33 及以下，处于第 3 等级；制造业韧性指数平均值仅为 0.37，水平低（见表 1）。

表 1 2017~2022 年东莞制造业韧性指数

行业类别	2017 年	2018 年	2019 年	2020 年	2021 年	2022 年
废弃资源综合利用业	0.54	0.67	0.43	0.40	0.45	0.69
石油加工、炼焦和核燃料加工业	0.53	0.42	0.52	0.47	0.41	0.57
金属制品、机械和设备修理业	0.39	0.56	0.55	0.51	0.65	0.44
纺织服装、服饰业	0.28	0.31	0.30	0.20	0.23	0.43
农副食品加工业	0.31	0.41	0.38	0.38	0.41	0.41
造纸和纸制品业	0.45	0.50	0.44	0.40	0.40	0.39

续表

行业类别	2017 年	2018 年	2019 年	2020 年	2021 年	2022 年
有色金属冶炼和压延加工业	0.31	0.36	0.33	0.36	0.33	0.39
黑色金属冶炼和压延加工业	0.32	0.40	0.34	0.39	0.42	0.39
纺织业	0.32	0.35	0.40	0.35	0.34	0.39
皮革、毛皮、羽毛及其制品和制鞋业	0.29	0.30	0.29	0.21	0.24	0.36
木材加工和木、竹、藤、棕、草制品业	0.32	0.36	0.41	0.33	0.30	0.36
非金属矿物制品业	0.33	0.39	0.34	0.33	0.34	0.35
文教、工美、体育和娱乐用品制造业	0.28	0.30	0.27	0.22	0.29	0.35
印刷和记录媒介复制业	0.32	0.35	0.37	0.31	0.28	0.35
计算机、通信和其他电子设备制造业	0.32	0.31	0.33	0.28	0.31	0.35
仪器仪表制造业	0.38	0.38	0.38	0.34	0.38	0.34
家具制造业	0.31	0.32	0.32	0.31	0.35	0.34
电气机械和器材制造业	0.29	0.31	0.32	0.29	0.29	0.34
专用设备制造业	0.33	0.37	0.37	0.36	0.34	0.34
其他制造业	0.30	0.38	0.39	0.31	0.30	0.34
化学纤维制造业	0.40	0.39	0.35	0.53	0.40	0.34
橡胶和塑料制品业	0.29	0.30	0.32	0.28	0.30	0.33
通用设备制造业	0.31	0.32	0.33	0.30	0.30	0.33
汽车制造业	0.42	0.42	0.40	0.33	0.32	0.32
金属制品业	0.30	0.36	0.34	0.32	0.35	0.31
化学原料和化学制品制造业	0.34	0.36	0.38	0.36	0.35	0.31
铁路、船舶、航空航天和其他运输设备制造业	0.18	0.20	0.03	0.24	0.25	0.30
医药制造业	0.53	0.56	0.52	0.42	0.51	0.30
食品制造业	0.36	0.42	0.39	0.34	0.34	0.29
酒、饮料和精制茶制造业	0.41	0.49	0.56	0.43	0.46	0.24
平均值	0.35	0.39	0.37	0.34	0.36	0.37

资料来源：历年《东莞统计年鉴》。

2. 东莞高技术制造业韧性指数

东莞高技术制造业韧性相对较强（大类），但 2018 年以来呈缓慢下降趋势。2022 年，高技术制造业行业小类韧性指数平均值仅为 0.32，处于第 3 等级，水平低，2018 年以来，呈波动性缓慢上升趋势。无第 1 等级，9 个高技术制造业行业小类处于第 2 等级，19 个高技术制造业行业小类处于第 3 等级。2022 年，高技术制造业行业大类韧性指数平均值为 0.52、处于第 2 等级、水平不高，2018 年以来，呈波动性缓慢下降趋势。2 个高技术制造业行业大类处于第 1 等级，3 个高技术制造业行业大类处于第 2 等级（见表 2）。

表 2　2018~2022 年东莞高技术制造业韧性指数

行业类别	2018 年	2019 年	2020 年	2021 年	2022 年
行业小类					
生物药品制造	0.24	0.35	0.51	0.55	0.61
中成药生产	0.68	0.43	0.14	0.55	0.58
工业控制计算机及系统制造	0.00	0.71	0.69	0.55	0.50
其他航空航天器制造	0.50	0.29	0.39	0.29	0.45
中药饮片加工	0.32	0.13	0.35	0.37	0.44
办公设备制造	0.27	0.30	0.15	0.29	0.39
卫生材料及医药用品制造	0.39	0.28	0.39	0.33	0.37
其他仪器仪表制造	0.45	0.25	0.23	0.35	0.36
通用仪器仪表制造	0.32	0.23	0.26	0.35	0.35
信息安全设备制造	0.58	0.20	0.24	0.27	0.33
其他电子设备制造	0.30	0.27	0.20	0.28	0.32
医疗仪器设备及器械制造	0.29	0.26	0.27	0.30	0.31
专用仪器仪表制造	0.24	0.24	0.19	0.31	0.31
光纤、光缆及锂离子电池制造	0.24	0.20	0.18	0.24	0.30
化学药品制造	0.48	0.40	0.22	0.24	0.30
药用辅料及包装材料	0.13	0.24	0.16	0.21	0.29
电子元件及电子专用材料制造	0.28	0.21	0.21	0.28	0.29
计算机零部件制造	0.20	0.19	0.17	0.25	0.29
电子工业专用设备制造	0.29	0.25	0.22	0.26	0.28
光学仪器制造	0.27	0.26	0.21	0.28	0.28
通信设备、雷达及配套设备制造	0.30	0.31	0.26	0.34	0.26
电子器件制造	0.21	0.23	0.20	0.27	0.25
智能消费设备制造	0.23	0.18	0.13	0.23	0.24
非专业视听设备制造	0.18	0.18	0.14	0.21	0.23
广播电视设备制造	0.25	0.19	0.13	0.20	0.21
计算机整机制造	0.16	0.21	0.16	0.21	0.20
计算机外围设备制造	0.22	0.21	0.15	0.24	0.17
其他计算机制造	0.29	0.26	0.17	0.19	0.15
平均值	0.30	0.27	0.24	0.30	0.32

续表

行业类别	2018 年	2019 年	2020 年	2021 年	2022 年
行业大类					
医药制造业	0.68	0.62	0.56	0.64	0.70
航空、航天器及设备制造业	0.78	0.68	0.79	0.38	0.67
医疗仪器设备及仪器仪表制造业	0.48	0.51	0.50	0.50	0.48
电子及通信设备制造业	0.41	0.44	0.41	0.44	0.39
计算机及办公设备制造业	0.36	0.39	0.35	0.36	0.35
平均值	0.54	0.53	0.52	0.46	0.52

注："信息化学品制造"暂无数据，故不纳入本表。

资料来源：历年《东莞统计年鉴》。

3. 东莞先进制造业韧性指数

东莞先进制造业具有较强韧性（大类），且 2018 年以来呈缓慢增强趋势。2022 年，先进制造业行业小类韧性指数平均值为 0.42、处于第 2 等级、水平低，2018 年以来，呈波动性较快增强趋势。1 个先进制造业行业小类处于第 1 等级，17 个先进制造业行业小类处于第 2 等级，3 个先进制造业行业小类处于第 3 等级。2022 年，先进制造业行业大类指数平均值为 0.68、处于第 1 等级，水平较高，2018 年以来，呈波动性缓慢增强趋势。3 个先进制造业行业大类处于第 1 等级，3 个先进制造业行业大类处于第 2 等级（见表 3）。

表 3　2018~2022 年东莞先进制造业韧性指数

行业类别	2018 年	2019 年	2020 年	2021 年	2022 年
行业小类					
轨道交通设备	0.00	0.00	0.84	0.79	0.76
生物制药	0.60	0.56	0.42	0.53	0.65
卫星及应用	0.44	0.48	0.42	0.57	0.49
战略前沿材料	0.00	0.00	0.46	0.42	0.49
高性能医疗器械	0.44	0.43	0.41	0.42	0.46
汽车制造	0.47	0.45	0.35	0.35	0.44
智能制造装备	0.43	0.41	0.37	0.38	0.42
绿色食品饮料	0.36	0.31	0.34	0.36	0.41
重要基础件	0.36	0.37	0.35	0.36	0.41
环保多功能家具	0.32	0.30	0.30	0.35	0.41

续表

行业类别	2018 年	2019 年	2020 年	2021 年	2022 年
信息通信设备	0.40	0.56	0.39	0.41	0.39
新能源装备	0.31	0.34	0.32	0.33	0.39
集成电路及关键元器件	0.35	0.34	0.34	0.34	0.39
高性能复合材料及特种功能材料	0.33	0.31	0.32	0.34	0.37
船舶与海洋工程装备	0.08	−0.55	0.22	0.26	0.34
节能环保装备	0.41	0.42	0.32	0.36	0.34
智能节能型家电	0.29	0.31	0.31	0.31	0.34
高端精品钢材	0.41	0.35	0.45	0.47	0.34
高附加值纺织服装	0.32	0.27	0.25	0.27	0.33
航空装备	0.69	0.34	0.29	0.19	0.32
新型显示	0.17	0.24	0.25	0.21	0.24
平均值	0.34	0.30	0.37	0.38	0.42
行业大类					
生物医药及高性能医疗器械	0.84	0.77	0.70	0.75	0.83
先进装备制造业	0.65	0.67	0.71	0.70	0.70
高端电子信息制造业	0.66	0.75	0.72	0.75	0.67
石油化工产业	0.75	0.84	0.83	0.77	0.64
先进轻纺制造业	0.55	0.53	0.54	0.57	0.63
新材料制造业	0.53	0.57	0.60	0.62	0.60
平均值	0.66	0.69	0.68	0.69	0.68

资料来源：历年《东莞统计年鉴》。

三　东莞优化制造业产业链供应链韧性建议

（一）实施产业链供应链图谱刻画行动

东莞制造业规模优势主要集中在"中游"，制造业产业链图谱应由"制造链、技术链、贸易链"构成，制造链由制造产品所需的材料或元件、器件、零件、部件、配件、组件、附件等产业基础件构成；技术链重在自主创新和是否"卡脖子"；贸易链（供应链）重在贸易新业态跨境电商的市场拓展能力和数字化水平的提升。

1. 全面刻画未来、新兴、传统制造业产业链图谱

按照"国家有需要、市场有前景、东莞有基础"的原则，刻画"新一代信息技术、高端装备制造、新材料、新能源、生命科学和生物技术"五大新兴制造业，"新概念材料、量子信息、类脑智能、通用航空航天"四大未来制造业，"纺织服装鞋帽制造、黄金珠宝产业、食品饮料加工制造、家具制造业、玩具制造业、造纸及纸制品业、包装印刷业、化工制品业、橡胶和塑料制品业"九大传统制造业产业链图谱，形成"1 张图谱+N 张清单"指引，进一步明确固根基、扬优势、补短板、强弱项的具体措施，加快强化提升标志性产业链薄弱环节。

2. 全面刻画片区、空间制造业产业链图谱

水乡新城片区：食品饮料加工制造业、化工制造业、电气机械及设备制造业、纺织衣服鞋帽制造业、化工制药业、造纸及纸制品业、电子信息制造业、先进材料。滨海片区：智能终端、新一代信息通信、高端智能制造装备、电气机械及设备制造业、电子信息制造业、纺织衣服鞋帽制造业、化工制造业、家具制造业。松山湖片区：新一代信息通信、智能终端、高端装备智能制造、电气机械及设备制造、电子信息制造业、纺织衣服鞋帽制造业、家具制造业、玩具及文体用品制造业。城区片区：电气机械及设备制造、电子信息制造业和纺织衣服鞋帽制造业。东部工业园片区：电气机械及设备制造业、纺织衣服鞋帽制造业、电子信息制造业、家具制造业。东南临深片区：智能终端、电气机械及设备制造业、电子信息制造业。

3. 全面刻画支柱性进出口商品链图谱

产业链供应链韧性的终端表现是贸易链韧性、进出口商品链韧性。刻画进出口商品链图谱，有利于常态化监测产业链供应链安全水平，及时制定应对预防化解产业链供应链问题的安全措施。扎实做好出口销售额十亿、百亿、千亿级终端商品、器件、零件、组件、附件、器材的产业链图谱和进口销售额十亿、百亿、千亿级终端商品、器件、零件、元件的产业链图谱的研究、政策支持以及头部企业和链环短板企业招商工作。

（二）实施产业链供应链安全建设计划

1. 补齐重要基础件产业链

关键重要基础件是确保制造业韧性安全的根本。实现产业基础高级化、产业链现代化，是优化制造业产业链供应链的重要基础工作。东莞应依据国家产业基础专家委员会编制的由"基础零部件和元器件、基础材料、工业基础软件、基础制造工艺及装备、产业技术基础""五基"构成的《产业基础创新发展目录（2021 年版）》，发挥重要基础件比较优势，实施产业基础再造补缺工程，加快补齐基础零部件及元器件、基础软件、基础材料、基础工艺和产业技术基础等短板，全力提升产业基础能力，打好产业基础高级化、产业链现代化攻坚战。

2. 构建更加完整的产业链

统筹龙头企业、行业协会等资源，市镇一体化联动策划，建立补链、延链、强链重点项目库，实行全生命周期跟踪服务，形成"招引、开工、见效、储备、谋划"全链推进格局。积极发挥东莞国际制造优势，主动参与国家产业基础再造工程[①]和新产业标准化领航工程[②]。对承担国家产业基础再造和制造业高质量发展项目的企业，财政择优予以支持。紧盯建链、补链、延链、强链实际需求，及时发布产业链招商重点项目，提升产业链招商精准性。支持链主企业加强研发、品牌、供应链等核心能力建设，联合上下游企业加强技术、产品、市场等交流合作，增强行业集聚效应，实现协同融通发展。

3. 做强更加自主的创新链

开展关键技术攻关行动。聚焦重大需求编制技术攻关清单，深化"揭榜挂帅"制改革，组织实施新旧动能转换重大产业攻关项目计划，加快推动标志性产业链"卡脖子"关键技术攻坚突破。举办新一代信息技术、高端装备、

---

① 《产业基础创新发展目录（2021 年版）》。
② 《关于印发〈新产业标准化领航工程实施方案（2023—2035 年）〉的通知》。

新材料、高端化工、先进轻工纺织等重点产业产学研对接活动，组织产业链上下游企业与省内外高等院校、科研院所精准对接，促进更多创新成果在东莞转化。推进全链条改造升级。动态抓好 N 个技改导向目录项目的入库管理和推进实施，推动产业链全方位、全角度、全链条改造升级。积极招引培育技改服务商队伍，打造"1+N"技改服务产业园。实施"技改升规"计划，力争每个镇（街道、园区）有 N 家规模以下企业实现技改项目提质升规。大力推进数字化赋能，重点打造 N 个数字车间、智能化工厂、典型应用场景，提升产业链数字化水平，通过新技术新应用延长、拓宽、挖深产业链。

4. 打造更加稳定的供应链

加快产业备份系统建设。实施断链断供替代行动，定期梳理断链断供风险清单，推动龙头企业建立同准备份、降准备份机制，形成必要的产业备份系统。支持重点企业适当加大关键部件、高端装备、紧缺材料等关键产品的储备力度，应对各类不确定事件带来的供应短缺风险。实施国产产品替代应用行动。支持企业根据市场实际需求，有计划、有步骤地进行国产化替代，形成自主创新与推广应用相互支撑、相互促进的循环机制。对已经取得研发突破、具备生产能力、处在市场推广期的产品，通过政府采购、保险补偿、示范推广等手段，推动国产产品优先使用、加快推广。提升产业"双循环"能力。充分发挥与日韩交流合作长效机制，深化与 RCEP 成员国企业间产业对接。加强与欧美日韩重点商协会、行业委员会、重要产业集群及应用科研机构的联系，进一步拓展产业合作领域和范围。组织企业、商协会抱团出海，参加重大经贸、重大展会活动，进一步打响"东莞制造"品牌，深层次嵌入全球产业链供应链。

（三）积极应对产业链供应链安全风险

1. 重视产业链"安全"研判，强化国际产业联盟建设

前瞻性研究破解和预防以美国为首的西方国家围堵遏制我国高端产业发展的新战略和政策措施。构建新型价值链合作机制，积极吸纳外国盟友进入东莞市产业链供应链体系，从内部化解诸如"芯片四方联盟"等的围堵风

险。积极参与"一带一路"建设，加强与欧亚经济联盟对接合作，深化半导体、动力电池、生物医药等领域产业链创新链合作，创造先进制造、绿色技术、数字技术等领域贸易合作新增长点。

2. 重视产业链"外迁"风险，强化关键环节根植

巩固与欧美、日韩产业链供应链的协作，引导外资企业留住高端制造和研发设计等关键环节。培育先进制造业、高技术制造业、战略性新兴产业、未来产业集群，激发产业内生发展新动能，融入粤港澳大湾区打造若干世界级先进制造业集群。

3. 重视供应链"断链"风险，强化动态监测预警

聚焦增强产业链供应链自主可控能力，建立健全产业链供应链安全动态监测预警机制。围绕先进制造业、高技术制造业，以半导体、新能源、生物医药为重点，以东莞市进出口十亿级以上终端商品、零部件为主要贸易标的，搭建细分行业产业链供应链智能决策支持平台，探索产业竞争力调查评价、技术经济安全评估等产业链供应链精准治理新路径。

4. 重视高技术"掉链"风险，强化自主自立自强

基于发达国家强化关键战略产业[①]供应安全、抢占高技术新兴领域发展制高点等考虑，建议出台激励措施，加大半导体、电动汽车电池、生物医药、新能源等新兴领域本土投资扶持力度，着力提升产业链自主水平和供应链保障能力，着力构建产业链供应链共生发展生态，培育壮大一批产业链供应链"链主"企业，打造具有全球竞争力的世界一流企业。

参考文献

山东省人民政府办公厅：《关于印发"十大创新""十强产业""十大扩需求"2022

---

① 关键战略产业是指一国为实现产业结构的高级化目标所选定的对于国民经济发展具有重要意义的具体产业部门。它们是各国根据不同的经济技术发展水平和对未来经济技术发展的预见所确定的。

年行动计划的通知》（鲁政办字〔2022〕28号）。

经邑智研：《产业图谱的五项内容、五个步骤、五大场景》，https：//baijiahao.baidu.com/s？id＝1758604750271529796&wfr＝spider&for＝pc.

盛朝迅：《从产业政策到产业链政策："链时代"产业发展的战略选择》，《改革》2022年第2期。

吕越：《新时代如何提升产业链供应链韧性和安全水平》，《北京工商大学学报（社会科学版）》2023年第1期。

邱灵：《着力提升产业链供应链韧性和安全水平》，《宏观经济管理》2023年第1期。

B.3
东莞提升制造业安全发展能力研究

王菁菁*

摘　要： 基于"自控、创新、运营、开放、依存"五维分析方法，本文测算了2017~2022年东莞制造业安全发展总指数和"自控发展力、创新发展力、运营发展力、开放发展力、依存发展力"五力分指数。结果显示：2017年以来，东莞制造业安全发展指数总体趋势呈倒"U"形，受美、日、欧盟"筑高墙、小圈子"的国际贸易政策影响，2020~2022年持续大幅度下降。2022年"五力"指数值从大到小依次为"依存、自控、创新、开放、运营"。"五力"中的"依存、自控、创新、开放"发展力指数呈不同程度的波动性上升趋势，但是，运营发展力指数2017年以来持续波动性下降，对制造业安全发展造成严重影响。基于此，本文提出促进制造业安全发展能力持续提升的具体措施：一是加强企业经营管理、提高制造业增值能力，强化制造业安全发展自控力；二是做大先进制造业、高技术制造业规模，提升制造业现代化水平；三是调整优化进出口国际市场布局，提升对外开放水平；四是加大政府研发投入、激发企业研发投入活力，充分发挥政府在创新发展中的杠杆作用。

关键词： 制造业　产业安全　东莞

推进国家安全体系和能力现代化，要坚持以经济安全为基础，增强维护重要产业链供应链安全的能力，增强产业链供应链竞争力和安全性。制造业

---

* 王菁菁，广东科技学院财经学院讲师，主要研究方向为产业经济、国际商务。

安全是产业安全的重要产业领域，东莞的制造业对外贸依存度较高，受美、日、欧盟对华的打压和制裁影响较大，近年来安全发展面临挑战。2021年，东莞制造业增加值占GDP的比重达到45.98%，占工业增加值的比重为96.22%，加工制造业门类只缺烟草行业，近乎健全，深入研究制造业安全问题，对于东莞制造业的产业现代化和高质量发展具有重要意义。

一 制造业安全评估研究述评

（一）制造业安全概念的界定

制造业作为产业门类，涉及众多的产业链，是产业的重要支撑点，制造业安全也是产业安全研究中的重要课题。根据产业安全理论，邹向阳（2002）认为制造业安全是指一国的制造业在面临外部环境变化时还可以保持生存和发展状态的能力；戴智慧和雷家骕（2002）认为制造业安全是指自身利益、竞争发展能力以及技术能力不受外界束缚；金成晓和俞婷婷（2010）认为制造业安全是指以国家经济安全为前提，制造业能够保持核心竞争力，抵御和防范国际威胁，从而健康、持续、稳定地发展的能力。概括地说，制造业安全是制造业拥有国际竞争力及控制力，能在面对外部威胁时保持健康、稳定、持续发展。

（二）制造业安全评价指标体系构建

构建制造业安全指数是评价制造业安全发展能力的重要手段。综合已有的研究结果，学者们较多地围绕"产业国际竞争力、产业对外依存度、产业控制力、产业发展环境以及创新能力"等维度进行指标体系构建。何维达和李冬梅（2006）提出的产业安全指标体系，由产业发展环境指标、产业国际竞争力指标、产业对外依存度指标和产业控制力指标组成。随着中国加入WTO，朱钟棣和孙瑞华（2006）认为应该重视产业的生存与发展问题，产业安全指标逐渐衍生为产业生存环境、产业国际竞争力、产业对外依存度和产业控制力。随后，学者们越来越重视产业的创新能力，朱建民和魏大鹏

（2013）在四维评价体系的基础上加入了产业创新能力，形成产业竞争力生成能力、产业控制力、产业生态环境、产业竞争力、产业依存度"五因素模型"评价体系，并通过功效系数法定量分析，得出我国产业安全程度的估算值为53.6，处于"临界状态"的结论。李妍（2018）从产业恢复能力和产业调整能力出发，构建了产业创新能力、产业竞争力、产业发展能力、产业恢复能力、产业控制力"五因素模型"。

综上分析，制造业安全问题应放在开放创新已成为世界未来大趋势和大变局的背景下进行研究，形成"自控、创新、运营、开放、依存"五维一体的产业安全分析研究理念。

二　东莞制造业安全评价指标体系构建

（一）制造业安全评价指标体系构建的原则

1. 科学性和可行性相结合原则

科学性原则主要体现在理论和实践相结合以及所采用的科学方法等方面，指标符合经济理论，能够反映评价对象的客观现实情况，逻辑严谨，层次分明。可行性是指制造业安全体系指标数据来源真实可靠，有官方收集渠道，可以实现重复性研究。

2. 重点和准确相结合的原则

在构建制造业安全评价指标体系时，虽然有很多衡量指标可供选择，但并不是指标数量越多越好。在指标选取时，要优中选优，一方面要抓住制造业安全的问题核心，选取一些关键影响因素作为指标；另一方面需注意指标代表性，需选取一些能够具体反映制造业安全本质的指标，剔除那些代表性较低的指标。保证指标体系精简可操作，尽可能用少而准确的指标把要评价的内容表达出来。

3. 系统性与层次性相结合原则

影响制造业安全的因素很多，在构建评价指标体系时，应考虑指标

之间的相关性和正反方向，做到评价指标体系在内容上和逻辑上具有系统性和层次性，做到以较少的指标全面系统地反映评价对象的内容。同时，根据指标的具体特点，将评价指标分解为不同层次，并依次设立一级指标、二级指标和三级指标等，以便对制造业安全的影响因素作更详细的描述。

（二）制造业安全评估指标体系框架

本文结合东莞实际构建由"产业自控发展力（权重 30%）、产业创新发展力（权重 20%）、产业运营发展力（权重 20%）、产业开放发展力（权重 15%）、产业依存发展力（权重 15%）"5 个维度 60 个二级指标构成的评价指标体系，根据"五力"在产业安全发展中的重要程度进行赋权。

三　东莞制造业安全发展态势分析

基于"自控、创新、运营、开放、依存"五维分析方法，运用制造业安全发展评估指标体系，依据《中国统计年鉴》《广东统计年鉴》《东莞统计年鉴》发布的 2011 年以来的数据及相关资料，对东莞制造业安全发展指数进行了测算，形成了 2017～2022 年东莞制造业安全发展总指数和"自控发展力、创新发展力、运营发展力、开放发展力、依存发展力"5 个分指数。

（一）东莞制造业发展现状

1. 东莞制造业发展动态

据 2012 年、2023 年《广东统计年鉴》相关数据，以 2011 年为起点测算显示：11 年来东莞的制造业增加值以年均 11.02% 的增速快速发展、增长 3.16 倍，年均增速排全省第 1 位、增加值规模排全省第 3 位，取得较好的成绩。制造业占规上工业增加值的比重达到 96.15%，排全省第 1 位；占GDP 的比重达到 42.58%，排全省第 1 位，成为东莞产业发展的主体门类、全省制造业的重要支撑力量。

2. 东莞制造业先进化水平

先进制造业占制造业比重、制造业先进化水平是衡量制造业先进化程度、产业现代化水平的主要指标之一。据 2012 年、2023 年《广东统计年鉴》相关数据，以 2011 年为起点测算显示：11 年来东莞的先进制造业增加值以年均 12.61% 的增速快速发展、增长 3.69 倍，年均增速排全省第 3 位、增加值规模排全省第 3 位。先进制造业占规上制造业增加值的比重达到 53.67%、排全省第 9 位；占规上工业增加值的比重达到 51.60%、排全省第 6 位；占 GDP 的比重达到 22.85%、排全省第 2 位，成为东莞、全省产业现代化发展的重要力量。

3. 东莞制造业高技术化水平

高技术制造业占制造业增加值比重、制造业高技术化水平是衡量制造业高技术化程度、产业现代化水平的主要指标。据 2012 年、2023 年《广东统计年鉴》相关数据，以 2011 年为起点测算显示：11 年来东莞的高技术制造业增加值以年均 13.92% 的增速快速发展、增长 4.19 倍，年均增速排全省第 3 位、增加值规模排全省第 2 位。高技术制造业占规上制造业增加值的比重达到 41.80%、排全省第 5 位；占规上工业增加值的比重达到 40.19%、排全省第 3 位；占 GDP 的比重达到 17.80%、排全省第 2 位，高技术制造业成为东莞、全省产业现代化发展的又一重要支撑力量。

（二）东莞制造业总体安全趋势

2017 年以来，东莞制造业安全发展力指数总体趋势呈倒"U"形，受美、日、欧盟"筑高墙、小圈子"的国际贸易政策影响，2020～2022 年该指数持续大幅度下降。2022 年"五力"指数值从大到小依次为"依存、自控、创新、开放、运营"。"五力"中的"依存、自控、创新、开放"发展力指数呈不同程度的波动性上升趋势，但是，运营发展力指数 2017 年以来持续波动性下降（见图1），[①] 对制造业安全发展造成严重影响。总体来看，

---

① 数据来源：《东莞统计年鉴》（2018～2023 年）。

虽然制造业安全发展的自控力仍然较强，但依赖国外市场求发展、提升企业运营能力问题亟待解决。

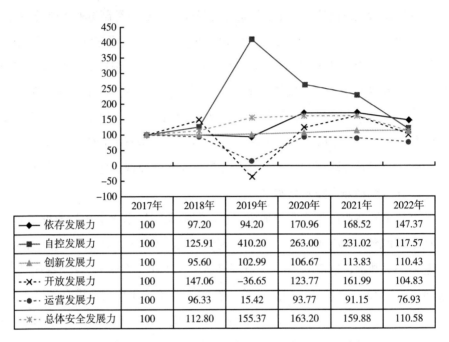

	2017年	2018年	2019年	2020年	2021年	2022年
◆ 依存发展力	100	97.20	94.20	170.96	168.52	147.37
■ 自控发展力	100	125.91	410.20	263.00	231.02	117.57
▲ 创新发展力	100	95.60	102.99	106.67	113.83	110.43
-x- 开放发展力	100	147.06	−36.65	123.77	161.99	104.83
-●- 运营发展力	100	96.33	15.42	93.77	91.15	76.93
-*- 总体安全发展力	100	112.80	155.37	163.20	159.88	110.58

图1　2017~2022年东莞制造业总体安全发展力变化趋势

（三）东莞制造业"五力"安全趋势

1. 东莞制造业安全自控发展力

选取内资制造业（国有及国有控股制造业、私营制造业）增加值、增加值增速、增加值率、全员劳动生产率，固定资产投资内资规模，研发经费政府投入，购买境内技术经费支出，已被实施的有效发明专利作为衡量自控发展力的指标。测算结果显示：2019年以来，制造业安全自控发展力呈快速下降趋势（平均值）；国有及国有控股制造业和私营制造业增加值增速、私营制造业增加值率、研发经费政府投入总体呈波动性下降趋势，影响制造业安全自控发展力的提升（见表1）。

表 1 2017~2022 年东莞制造业安全自控发展力变化趋势

二级指标	数据范围	单位	2017 年	2018 年	2019 年	2020 年	2021 年	2022 年
增加值	国有及国有控股制造业	万元	100.0	118.6	129.7	222.1	292.6	210.6
	私营制造业	万元	100.0	113.9	153.3	178.7	213.2	199.4
增加值增速	国有及国有控股制造业	%	100.0	340.3	170.9	1300.5	580.0	−511.9
	私营制造业	%	100.0	20.2	50.6	24.1	28.3	−9.5
增加值率	国有及国有控股制造业	%	100.0	171.6	117.3	133.5	170.9	231.8
	私营制造业	%	100.0	110.7	97.5	103.7	103.0	84.2
全员劳动生产率	国有及国有控股制造业	(元/人)	100.0	133.2	131.8	207.4	172.4	126.3
	私营制造业	(元/人)	100.0	124.2	95.5	113.4	139.2	102.2
固定资产投资内资规模	制造业	万元	100.0	78.2	91.3	109.5	151.6	185.4
固定资产投资内资增速	制造业	%	100.0	−257.2	197.4	235.4	453.2	262.7
研发经费政府投入	规上工业	万元	100.0	131.4	3179.4	56.5	58.2	40.7
购买境内技术经费支出	规上工业	万元	100.0	375.0	608.1	493.4	297.6	277.1
已被实施的有效发明专利	规上工业	件	100.0	176.8	309.6	240.7	343.2	329.6
平均值			100.0	125.9	410.2	263.0	231.0	117.6

资料来源：《东莞统计年鉴》（2018~2023 年）。

2. 东莞制造业安全创新发展力

选取先进制造业和高技术制造业增加值、增加值增速、增加值率、全员劳动生产率，先进制造业占制造业增加值比重，高技术制造业占制造业增加值比重、高价值发明专利，有效商标注册量，新产品开发经费支出，新产品销售收入作为衡量创新发展力的指标。测算结果显示：2017 年以来，制造业安全创新发展力总体呈上升趋势（平均值），但是 2022 年小幅下降；增加值增速指标、制造业先进化程度指标、新产品销售收入指标总体呈波动性下降趋势，影响制造业安全创新发展力的提升（见表 2）。

表2　2017~2022年东莞制造业安全创新发展力变化趋势

二级指标	数据范围	单位	2017年	2018年	2019年	2020年	2021年	2022年
增加值	先进制造业	万元	100.0	106.4	116.7	123.5	139.7	133.3
	高技术制造业	万元	100.0	104.2	114.3	121.3	134.5	136.6
增加值增速	先进制造业	%	100.0	23.3	35.2	20.9	47.7	-16.8
	高技术制造业	%	100.0	13.1	30.0	19.0	33.8	4.8
增加值率	先进制造业	%	100.0	94.1	94.0	100.3	109.5	106.8
	高技术制造业	%	100.0	92.8	93.2	99.5	109.5	111.2
全员劳动生产率	先进制造业	(元/人)	100.0	117.5	120.9	130.4	142.8	137.5
	高技术制造业	(元/人)	100.0	116.8	124.0	123.8	128.6	133.9
先进制造业占制造业增加值比重	制造业	%	100.0	98.9	100.5	99.4	97.2	97.0
高技术制造业占制造业增加值比重	制造业	%	100.0	96.9	98.4	97.7	93.6	99.4
高价值发明专利	规上工业	件	100.0	100.0	100.0	100.0	100.0	125.8
有效商标注册量	规上工业	件	100.0	100.0	100.0	100.0	100.0	115.3
新产品开发经费支出	规上工业	万元	100.0	133.2	171.5	206.5	214.1	222.7
新产品销售收入	规上工业	万元	100.0	140.9	143.2	150.9	142.7	138.5
平均值			100.0	95.6	103.0	106.7	113.8	110.4

资料来源：《东莞统计年鉴》（2018~2023年）。

3. 东莞制造业安全运营发展力

选取亏损企业亏损率、成本费用利润率作为衡量安全运营发展力的指标。测算结果显示：2017年以来，制造业安全运营发展力总体呈下降趋势（平均值）；除港澳台商投资制造业成本费用利润率指标总体呈波动性大幅上升趋势外，内外资制造业、先进制造业、高技术制造业成本费用利润率指标都呈下降趋势，严重影响制造业安全运营发展力的提升（见表3）。

表3　东莞制造业安全运营发展力变化趋势

二级指标	数据范围	单位	2017 年	2018 年	2019 年	2020 年	2021 年	2022 年
亏损企业亏损率	国有及国有控股制造业	%	100.0	71.4	24.4	109.0	124.2	47.4
	私营制造业	%	100.0	79.4	67.3	45.3	53.2	52.0
	外商投资制造业	%	100.0	87.6	94.4	90.9	120.1	80.3
	港澳台商投资制造业	%	100.0	66.8	65.5	53.1	68.3	64.9
	先进制造业	%	100.0	63.1	6.1	71.9	74.1	57.9
	高技术制造业	%	100.0	72.8	11.6	78.6	76.3	68.9
成本费用利润率	国有及国有控股制造业	%	100.0	79.0	−738.8	51.5	77.3	35.2
	私营制造业	%	100.0	94.8	145.2	134.1	80.2	85.2
	外商投资制造业	%	100.0	103.4	116.6	124.9	108.7	62.8
	港澳台商投资制造业	%	100.0	147.9	192.4	121.0	184.9	187.7
	先进制造业	%	100.0	141.6	102.6	117.0	65.5	93.6
	高技术制造业	%	100.0	148.1	97.9	128.0	61.0	87.1
平均值			100.0	96.3	15.4	93.8	91.2	76.9

资料来源：《东莞统计年鉴》（2018~2023 年）。

4. 东莞制造业安全开放发展力

选取外商投资制造业和港澳台商投资制造业增加值、增加值增速、增加值率、全员劳动生产率，固定资产投资利用外资规模，固定资产投资利用外资增速，海外发明专利授权量，PCT 国际专利申请量，马德里商标国际注册有效量作为衡量安全开放发展力的指标。测算结果显示：2017 年以来，制造业安全开放发展力总体呈波动性小幅上升趋势（平均值）；增加值增速、增加值率、全员劳动生产率、固定资产投资利用外资指标波动较大，增加值增速、外商投资制造业增加值率、港澳台商投资制造业全员劳动生产率、固定资产投资利用外资规模指标总体呈波动性下降趋势，影响制造业安全开放发展力的提升（见表4）。

表4 东莞制造业安全开放发展力变化趋势

二级指标	数据范围	单位	2017年	2018年	2019年	2020年	2021年	2022年
增加值	外商投资制造业	万元	100.0	104.3	94.9	97.6	103.3	103.6
	港澳台商投资制造业	万元	100.0	102.3	100.6	102.2	115.4	111.4
增加值增速	外商投资制造业	%	100.0	701.6	−1475	462.9	962.7	39.5
	港澳台商投资制造业	%	100.0	23.7	−17.5	16.1	130.4	−34.6
增加值率	外商投资制造业	%	100.0	113.2	90.1	96.1	91.0	101.4
	港澳台商投资制造业	%	100.0	95.6	84.0	95.9	91.2	99.8
全员劳动生产率	外商投资制造业	(元/人)	100.0	130.0	101.6	123.7	151.4	137.3
	港澳台商投资制造业	(元/人)	100.0	99.0	84.2	107.3	118.9	90.6
固定资产投资利用外资规模	制造业	万元	100.0	37.3	29.4	20.0	30.4	4.1
固定资产投资利用外资增速	制造业	%	100.0	157.1	52.7	80.1	−129.7	216.9
海外发明专利授权量	规上工业	件	100.0	100.0	100.0	100.0	100.0	150.9
PCT国际专利申请量	规上工业	件	100.0	147.5	178.7	207.1	241.0	230.9
马德里商标国际注册有效量	规上工业	%	100.0	100.0	100.0	100.0	100.0	111.0
平均值			100.0	147.1	−36.6	123.8	162.0	104.8

资料来源：《东莞统计年鉴》（2018~2023年）。

5. 东莞制造业安全依存发展力

选取受外部环境影响较大的引进境外技术及其消化吸收经费支出占比、委托境外机构研发经费支出占比、外商投资和港澳台商投资增加值占比、制造业主要商品进出口依存度、国家高新技术企业产品出口依存度、新产品出口销售收入占新产品销售收入比重作为衡量安全依存发展力的指标。测算结果显示：2017年以来，制造业安全依存发展力总体呈波动性大幅上升趋势

（平均值）；引进境外技术及其消化吸收经费支出占技术获取和改造经费支出比重、外商投资和港澳台商投资增加值占比、国家高新技术企业产品出口依存度、新产品出口销售收入占新产品销售收入比重指标总体呈波动性下降趋势，影响制造业安全依存发展力的提升（见表5）。

表5　2017~2022年东莞制造业安全依存发展力变化趋势

二级指标	数据范围	单位	2017 年	2018 年	2019 年	2020 年	2021 年	2022 年
引进境外技术及其消化吸收经费支出占比	规上工业	%	100.0	101.4	60.2	108.6	87.8	32.3
委托境外机构研发经费支出占比	规上工业	%	100.0	122.6	136.6	170.8	161.1	184.9
外商投资增加值占比	制造业	%	100.0	96.9	81.7	78.6	71.8	75.4
港澳台商投资增加值占比	制造业	%	100.0	95.1	86.6	82.3	80.2	81.1
制造业主要商品出口依存度	制造业	%	100.0	108.8	104.0	238.1	235.7	220.4
制造业主要商品进口依存度	制造业	%	100.0	89.4	80.1	514.3	539.8	432.6
国家高新技术企业产品出口依存度	制造业	%	100.0	109.0	113.7	85.8	81.3	75.3
新产品出口销售收入占新产品销售收入比重	制造业	%	100.0	54.3	90.7	89.2	90.4	77.0
平均值			100.0	97.2	94.2	171.0	168.5	147.4

资料来源：《东莞统计年鉴》（2018~2023 年）。

综合"五力"分析，提升内资制造业增加值增速、私营制造业增加值率、研发经费政府投入；提升先进制造业和高技术制造业增加值增速、制造业先进化程度、新产品销售收入；提升内外资制造业、先进制造业和高技术制造业成本费用利润率；提升外商投资和港澳台商投资制造业增加值增速、外商投资制造业增加值率、港澳台商投资制造业全员劳动生产率、固定资产投资利用外资规模；提升引进境外技术及其消化吸收经费支出占

技术获取和改造经费支出比重、外商投资和港澳台投资增加值占比、国家高新技术企业产品出口依存度，是东莞保障制造业可持续安全发展面临的主要任务。

四 东莞提升制造业安全发展能力的建议

促进制造业安全发展能力持续提升的基本对策，一方面是培育、壮大、保护本国企业，增强自身的由"自控、创新、运营"构成的国际竞争能力，另一方面是实施更加积极灵活的由"开放、依存"构成的国际市场策略，提升国际市场的攻关能力。

（一）加强企业经营管理、提高制造业增值能力，强化制造业安全发展自控力

1. 进一步提升制造业企业增值能力

产业安全取决于产业自控力，产业自控必须解决行业自控、企业自控问题，自控的根本在于企业提高经营管理效率效益。提高制造业增加值率、成本费用利润率、全员劳动生产率（以下简称"三率"）是企业、行业提高经营管理能力、水平的重要指标。建议东莞制造业支持政策导向由"促优"向"治亏"转变，将政策的着力点切实落实到"三率"下降的行业。在关注规模、速度、技术的同时，更加关注产业现代化进程中的企业管理现代化问题，特别是私营企业主素质及其管理能力的现代化。

2. 进一步提升内资制造业企业占比

在美、欧、日产业链供应链脱钩的大趋势下，提升内资制造业增加值占比是强化制造业安全发展自控力的根本措施之一。截至2022年，东莞内资制造业增加值占比已达到50.67%，具有显著优势。东莞应继续做优做强内资制造业，不断巩固其发展优势。同时，还应进一步扩大开放，加大外资、港澳台资企业的招引力度，形成内资占优势，内外资、港澳台资结构相对合理的经济结构，降低对外经济依存度，提高应对国际经济风险的能力。

（二）提升获利能力比较优势，做强先进制造业、高技术制造业

获利能力比较优势对于行业竞争力的提升至关重要，决定产业安全程度。2022 年东莞 6 个行业中类、21 个行业小类先进制造业行业区位商值（相对广东）和 5 个行业中类、22 个行业小类高技术制造业行业利润区位商值（相对广东）测算结果显示，先进制造业 5 个行业中类、14 个行业小类，高技术制造业 4 个行业中类、13 个行业小类，获利能力缺乏比较优势。基于东莞先进制造业、高技术制造业获利能力具有比较优势的行业占比较大的现状，先进制造业、高技术制造业的支持政策应由"促优"转向"升规、做大"。

（三）调整优化进出口国际市场布局，提升对外开放水平

贸易安全、国际市场安全是产业安全的终端表现。东莞应更加关注美国、日本、欧盟、英国、德国、韩国等国家和地区的最新贸易政策，寻找破解之策；应更加积极地研究"一带一路"、东盟（10 国）、中东（17 国）等区域性国际市场需求和贸易政策，优化国际市场布局，提升对外开放发展的能力。

（四）充分激发企业研发活力，发挥政府在创新中应有作用

东莞应进一步加大政府科学技术财政支出、激励规上工业企业加大 R&D 活动人员的引进投入和 R&D 经费内部支出力度。尽快制定产业技术政策和组织政策，对主导产业实行动态引导和扶持，促进东莞产业技术升级，提升制造业安全创新发展国际竞争力。

参考文献

邹向阳：《对我国制造业安全的几点思考》，《党政干部学刊》2002 年第 2 期。

戴智慧、雷家骕：《我国制造业安全态势与安全隐患》，《国际技术经济研究》2002年第4期。

金成晓、俞婷婷：《基于BP神经网络的我国制造业产业安全预警研究》，《北京工业大学学报（社会科学版）》2010年第10期。

何维达、李冬梅，《我国产业安全理论研究综述》，《经济纵横》2006年第8期。

朱钟棣、孙瑞华：《入世后评价产业安全的指标体系》，《世界贸易组织动态与研究》2006年第5期。

朱建民、魏大鹏：《我国产业安全评价指标体系的再构建与实证研究》，《科研管理》2013年第7期。

李妍：《创新生态系统下制造业产业安全评价体系的构建与实证研究》，《中国科技论坛》2018年第9期。

产业发展篇 ⟩⟩

B.4
东莞市战略性新兴产业发展研究

张志民*

摘　要： 近年来东莞高度重视推动战略性新兴产业发展，出台实施了一系列相关产业规划和扶持政策，有效促进了东莞战略性新兴产业持续快速发展，形成了新一代信息技术、高端装备制造两大支柱产业引领发展，软件与信息服务、新材料、新能源、半导体及集成电路、生物医药及高端医疗器械等新兴产业集群"多点开花"的良好局面。但同时也存在自主核心技术储备不足、盈利能力偏低、竞争力不足、产业链供应链存在一定的安全隐患等突出问题。因此，要立足东莞战略性新兴产业发展基础，根据产业科技发展态势，不断完善产业规划政策体系，高规格布局建设七大战略性新兴产业基地，努力营造有利于高端新兴产业加快成长的营商环境，大力提升东莞战略性新兴产业的自主创新力和产业竞争力，力争在新一轮产业变革中抢占先机、赢得主动权，加快打造粤港澳大湾区高端新兴产业聚集区和先进制造中心。

---

* 张志民，博士，东莞市社会科学院助理研究员，主要研究方向为产业经济、区域经济。

关键词： 新兴产业　产业集群　核心技术

2024 年 3 月习近平总书记在参加十四届全国人大二次会议江苏代表团审议时强调："面对新一轮科技革命和产业变革，我们必须抢抓机遇，加大创新力度，培育壮大新兴产业，超前布局建设未来产业，完善现代化产业体系。"《2024 年东莞市政府工作报告》指出："我们要推动战略性新兴产业尽快成型成势、挑起大梁，形成传统产业与新兴产业'两翼齐飞'、支柱产业与特色产业'百花齐放'的生动格局。"加快发展战略性新兴产业，是东莞推进新型工业化、抢占新一轮竞争制高点的战略需要，是构筑现代产业体系、高质量建设国际科创制造强市的重要支撑，是培育经济增长新动能、扎实推进中国式现代化"东莞实践"的核心关键。

一　东莞战略性新兴产业的发展现状

近年来东莞高度重视推动战略性新兴产业发展，出台实施了一系列相关产业规划和扶持政策，有效促进了东莞市战略性新兴产业持续快速发展，形成了新一代信息技术、高端装备制造两大支柱产业引领发展，软件与信息服务、新材料、新能源、半导体及集成电路、生物医药及高端医疗器械等新兴产业集群"多点开花"的良好局面。

（一）规划政策有序推进

东莞市政府立足于本市产业发展的实际和比较优势，科学研判当前全球产业科技的发展潮流，前瞻性地制定了一系列产业规划政策，有效推进了东莞战略性新兴产业持续稳步发展。2018 年东莞市制定了《重点新兴产业发展规划（2018—2025 年）》，指出"聚焦新一代信息技术、高端装备制造、新材料、新能源、生命科学和生物技术五大新兴领域，瞄准新一代人工智能、新一代信息通信、智能终端、工业机器人、高端智能制造装备、先进材料、新能源汽车、高性能电池、生物医药和高端医疗器械等十大产业进行重点突破"。2021年东莞市政府制定《战略性新兴产业基地规划建设实施方案》，启动首批全市战略性新兴产业基地规划建设，计划到2025年，形成各具特色的战略性新兴产业集群，培育形成具有全球影响力和竞争力的新一代信息技术产业集群和高端装备制造产业集群；在新材料、新能源、生物医药领域取得突破，力争建成若干极具潜力的产业集群。2023年东莞市政府出台《关于坚持以制造业当家 推动实体经济高质量发展的若干措施》，提出要"推动战略性新兴产业融合集群发展，加快打造新型储能、新能源汽车核心零部件、半导体及集成电路、新材料等产业新立柱，2025年底前新能源、半导体及集成电路产业集群率先突破千亿元规模"。2024年东莞市政府印发《关于加快推进新型工业化 高质量建设国际科创制造强市的实施意见》，提出要"进一步加快推动新兴产业能级跃升，更好适应新一轮科技革命和产业变革要求。力争到2027年底，全市规模超千亿元的产业集群不少于7个，规上工业总产值超过30000亿元，高技术制造业增加值占规上工业比重超过42%，为高质量建设国际科创制造强市、构建更具国际竞争力的现代化产业体系提供强有力支撑"。

（二）产业规模快速增长

围绕制造业当家主题，结合东莞的产业基础和发展优势，东莞重点选取新一代电子信息、装备制造、纺织服装鞋帽、食品饮料作为战略性支柱产业集群，同时选取软件与信息服务、新材料、新能源、生物医药及高端医疗器械、半导体及集成电路作为战略性新兴产业集群，构建"4+5"产业集群培育体系，形成了"百、千、万"亿级的集群发展梯队，并在智能移动终端、智能装备、泛家居等领域，培育形成了三个国家级先进制造业集群。2023年，东莞"4+5"战略性产业集群规模以上企业实现总营业收入19435.96亿元，实现增加值3863.30亿元。[①]

---

① 本文数据均来源于东莞市发展改革局、东莞市工业和信息化局等相关部门。

在新兴产业基地建设方面，为加快打造发展新动能，进一步激发经济增长潜力，东莞高标准规划建设新一代电子信息、高端装备、生物医药、数字经济、新能源、新材料、智能制造等七大战略性新兴产业基地，以一系列产业政策、连片土地空间集聚一大批优质企业、重大项目进驻。2021年以来，全市七大基地共整备土地9167亩，基地国有土地空地也在2023年基本实现了政府统筹，共8235亩地块近期可供地。七大战略性新兴产业基地2022年实现产值近800亿元，2023年突破1000亿元。

随着新兴产业的快速发展，东莞规模以上先进制造业增加值从2016年的1505.20亿元增长至2023年的2431.08亿元，年均增长7.09%；规模以上高技术制造业增加值从2016年的1103.20亿元增长至2023年的1967.81亿元，年均增长8.62%。目前东莞先进制造业增加值规模位居珠三角第4，高技术制造业位居第2，现代产业总体规模处于地级市领先水平。

（三）支柱产业引领发展

新一代电子信息和高端装备制造是东莞两个最大的战略性支柱产业，近年来产业规模持续壮大，核心技术加快突破，引领全市战略性新兴产业稳定发展。

1. 新一代电子信息产业

新一代电子信息产业是东莞第一大支柱产业，增加值占全市规上工业的32.1%。东莞陆续出台了《东莞市发展新一代电子信息战略性支柱产业集群行动计划》《东莞智能移动终端先进制造业集群培育提升三年行动方案》等一系列政策，着力提升新一代电子信息产业链关键环节、核心技术的自主可控能力，在强链控链中实现高端跃升。在华为、OPPO、Vivo三大手机品牌的带动下，智能移动终端成为东莞电子信息最具优势的细分领域，形成了以松山湖与长安为核心、周边镇街产业链协同配套的产业集聚布局，构建了"电子材料—关键电子元器件—智能组件—终端产品"的完善产业链。整机代工方面，东莞拥有华贝电子、东勤科技、以诺通讯、长城开发等一批代表性企业；高净值组件方面，三星视界是知名OLED显示屏制造商，记忆存储主要生产 DRAM 存储组件，高伟光学是苹果摄像模组供应商；电子元器件方面，国巨电子、华科电子生产电阻电容，在细分领域中市场占有率排名靠前，太阳诱电生产陶瓷电容器供应苹果、华为等手机厂商；电路板及基材方面，上市企业生益科技主营印刷电路覆铜板，生益电子生产高精密印制电路板；结构件方面，长盈精密为主流手机厂商供应外壳等结构件，明鑫电子为主流计算机厂商供应机壳等塑胶结构件。东莞智能移动终端产业集群继 2021 年成功入选首批国家级先进制造业集群后，又上榜中国民营经济研究会与北京上奇产业研究院联合发布的 "2023 中国百强产业集群"，居第 4 位，成为全球重要的智能终端生产基地。2022 年东莞智能手机产量 1.96 亿台，全国（11.7 亿台智能手机）每生产 6 部智能手机，就有 1 部来自东莞。2023 年，全市新一代电子信息产业集群承压趋稳，实现营业收入 10655.10 亿元，增长 0.1%；实现增加值 1661.41 亿元，增长 1.7%。

2.高端装备制造产业

高端装备制造业是东莞第二大支柱产业，增加值占全市规上工业的 23.1%。东莞出台了《东莞市发展高端装备制造战略性支柱产业集群行动计划（征求意见稿）》《东莞市支持智能机器人产业发展若干措施》等相关产业政策，推动以智能机器人、智能制造装备为核心的高端装备制造业做大做强。目前，全市装备制造业形成了长安五金模具、横沥模具、虎门电子线缆以及锂电设备等特色鲜明的细分领域产业集群，并在智能机器人领域显现发展潜力。松山湖国际机器人产业基地汇聚了一批研发生产型企业，成功孵化科技企业 60 多家，初步形成了以机器人系统集成商、核心零部件企业和智能装备企业为主体的机器人产业集群。全市拥有机器人生产制造企业近 4700 家，产量达 160 万套，在控制器、减速器及机器视觉等领域形成较完整的产业链，致力打造 "机器人+" 应用的东莞样板，培育拓斯达成为省、市机器人产业链 "双料" 链主企业。东莞参与联合创建的 "广深佛莞智能装备产业集群" 成功入选第二批国家先进制造业集群，入围高工机器人产业研究所发布的 "2023 年中国机器人产业区域发展潜力城

市榜单 TOP10"且居第 3 位。2023 年全市装备制造产业集群实现营业收入 4585.42 亿元,实现增加值 1196.78 亿元。

(四)新兴集群多点开花

东莞以大平台、大项目、大产业抢抓新机遇,从点、线、面三个维度制胜新赛道,一批新兴产业集群迅速崛起,现代产业体系建设取得显著成效。2023 年,软件与信息服务、新材料、新能源、半导体及集成电路、生物医药及高端医疗器械五个战略性新兴产业集群规模以上企业实现总营业收入 3440.39 亿元,增长 6.0%;实现增加值 948.51 亿元,增长 7.0%。

1. 软件与信息服务产业

东莞出台了《关于推动东莞市软件和信息技术服务业高质量发展的若干措施》《东莞市软件与信息服务产业集群培育发展行动计划(2024—2025年)》等产业政策,推动软件与信息服务业迅猛发展。全市认定了天安数码城、光大 We 谷、中集智谷、南信产业园、国际金融创新园 5 个市级数字产业集聚试点园区;松山湖高新区、南城街道 2 个市级软件和信息技术服务业集聚区汇聚了全市约 65% 的规上软件企业数量,贡献了约 80% 的规上软件企业营收。东莞成功招引花瓣云、中软国际、能科科技、鑫蜂维网络(阿里云生态)等重点项目相继落户,目前全市拥有年营业收入 5000 万元以上的软件与信息服务企业 60 多家,花瓣云年营业收入突破百亿元。2023年,全市软件与信息服务产业集群实现营业收入 475.94 亿元,增长 46.3%;实现增加值 218.39 亿元,增长 53.8%。

2. 新材料产业

东莞新材料产业是广东省新材料产业发展的重要战略支点,涵盖橡胶和塑料材料、先进有色金属材料、新能源材料、新型显示材料、关键电子材料、先进纺织材料六个产值超 100 亿元的细分领域,并在先进半导体材料、先进陶瓷材料、非晶合金材料等细分领域具有行业领域技术。在基础研究领域,集聚了中国散裂中子源、松山湖材料实验室等新材料领域重大科技平台以及相关新型研发机构 6 家,涌现了一批关键核心的原始创新成果。在第三代半导体材料领域，培育了国内首家氮化镓衬底材料生产商中镓半导体、国内首家碳化硅外延片生产商天域半导体、全球最大的图形化蓝宝石衬底材料供应商中图半导体。在新能源材料领域，形成了规模较大的锂离子电池制造产业，上下游企业达 1300 多家。在电子化学品领域，围绕电子信息产业布局覆铜板材料、光学材料等，拥有国内最大的覆铜板生产企业生益科技。在先进金属材料领域，宜安科技是国内规模最大的液态金属生产商。在新材料产业基地建设上，先后引进落户海丽集团、安美科技、银禧等 10 个新材料领域重大产业项目，加速打造新型半导体材料和电子新材料集聚区。2023 年，全市新材料产业集群实现营业收入 1566.48 亿元，实现增加值 422.73 亿元。

3. 新能源产业

东莞成立了新能源产业发展领导小组，出台了《东莞市新能源产业发展行动计划（2022—2025 年）》《东莞市加快新型储能产业高质量发展若干措施》等产业政策，组建了东莞市储能产业联盟、氢能产业联盟，全力推动新能源产业加速发展。目前在松山湖、水乡等区域集聚了一批具有核心技术的领先企业，汇聚了一大批产业链上下游企业。在锂电池领域，得益于全国领先的消费类锂电池产业实力，东莞拥有电解液、负极材料等锂电材料优势企业，锂电智能化设备覆盖锂电池全产业链并处于国内领先水平，储能系统集成企业快速增长。在新能源汽车、新型储能领域，东莞新型储能领域供给侧建设项目共 45 项，总投资额达 338.6 亿元；东莞比亚迪新能源汽车关键零部件项目、赣锋锂电年产 10GWh 新型锂电池及储能总部项目、博力威锂电芯及储能电池研发生产总部项目等一批新能源产业重大项目先后加速落地。在新型能源领域，全市拥有十余家具有核心知识产权的氢能源相关企业及科研机构，在氢气制取、燃料电池基础材料和关键零部件、燃料电池整车制造等方面均有所布局。东莞于 2021 年入选燃料电池汽车示范应用全国首批城市群。东莞光伏产业链也具备一定基础，华为的光伏逆变器出货量全球占比达 22%，光伏产业正与新型储能产业协同发展。2023 年，全市新能源产业集群实现营业收入 748.42 亿元，增长 9.1%；实现增加值 140.85 亿

元，增长 3.2%。

4. 半导体及集成电路产业

东莞出台了《东莞市发展半导体及集成电路战略性新兴产业集群行动计划（2021—2025 年）》《东莞市促进半导体及集成电路产业集聚区发展若干政策》等产业政策，致力推动产业特色化、集聚化发展。目前，全市初步形成了以封装测试、设计为核心，以第三代半导体为特色，以所涵盖的设备、原材料及应用产业为支撑的半导体及集成电路产业布局，逐步构建以战略性新兴产业基地、松山湖高新区、滨海湾新区为核心区域的产业创新带。在集成电路研发设计、封装测试领域拥有一批"隐形冠军"，如记忆科技、合泰半导体、赛微微电子等芯片研发设计企业以及利扬芯片、气派科技等封装测试企业；其中，记忆存储年产值超过百亿元，安世半导体是全球领先的车规级功率半导体供应商。依托散裂中子源、松山湖材料实验室、第三代半导体产业南方基地等一批重大创新平台，实现了氮化镓、碳化硅等材料和器件的自主研发和产业化，培育了中镓半导体、天域半导体、中图半导体等一批国内知名的第三代半导体行业龙头企业；其中，中镓、天域拥有 10年以上研发生产技术积淀，研发生产设备达到国际先进水平。在设备及零部件方面，拥有凯格精机、华越半导体、普莱信等以制造后道设备为主的企业，初步形成对市内部分封装测试企业的设备供应能力。加强产业创新生态平台建设，建立集成电路创新中心，近 20 家产业链优质企业集中入驻。2023 年，集成电路、智能穿戴等相关产品增长迅猛，其中，集成电路产量增长 58.8%，存储芯片增长 667.0%，模拟芯片增长 67.1%，半导体存储盘产品产量增长 81.4%，虚拟现实设备增长 96.0%，智能手表增长 52.3%。2023 年，全市半导体及集成电路产业集群实现营业收入 555.26 亿元，实现增加值 111.01 亿元。

5. 生物医药及高端医疗器械产业

东莞出台了《东莞市发展生物医药及高端医疗器械产业集群行动计划（2023—2025 年）》，着力构建以生物医药及高端医疗器械为核心引擎、智慧医疗与大健康服务为发展支撑的"研发+临床+制造+应用"全链条产业体系。目前形成了以松山湖高新区为核心、以石龙镇与长安镇为节点的生物医药及高端医疗器械产业集聚区。松山湖高新区作为集群发展引领极，正加快打造生物医药产业基地，集聚了超450家相关企业，汇聚了广东医科大学等一批科技创新平台以及松山湖科学智汇城等一批重要产业载体，引入了中科院苏州医工所、国家高性能医疗器械创新中心等大院大所优质创新资源，产业集聚发展态势渐显雏形。在生物医药领域，众生药业是中国制药工业百强企业，其研发的抗新冠病毒 I 类创新药来瑞特韦片于 2023 年 3 月获批上市；东阳光药业成为全国创新药龙头企业，拥有全市唯一的"全国重点实验室"，旗下的东阳光研究院在创新药研发投入及专利申报量方面居全国前列。在高端医疗器械领域，宜安科技研发的可降解镁骨固定螺丝钉是国家级创新医疗器械，已进入临床试验审批阶段；菲鹏生物搭建了"核心生物活性原料+试剂整体开发方案+创新仪器平台"三位一体的业务布局，实现了原料、试剂、仪器全产业链覆盖，成为行业内提供整体诊断解决方案的先行者；博迈医疗多项自主研发的创新产品在全球 80 多个国家销售，打造心脑血管介入领域的创新品牌；硼中子俘获（BNCT）肿瘤治疗装备研发及产业化团队正逐步成为医疗器械行业的生力军。2023 年，全市生物医药及高端医疗器械产业集群实现营业收入 283.86 亿元，增加值 110.37 亿元。

（五）产金融合加快发展

新兴产业的快速发展离不开金融资本的强力支撑。为解决新兴产业企业在创新发展过程中所遇到的融资难、融资贵等问题，东莞积极探索打通金融资本支撑产业企业的通道，不断健全金融与产业、科技融合发展模式。为引导金融机构加大对创新企业的融资支持力度，东莞积极实施科技金融产业贷款贴息项目和风险补偿项目，每年安排 9000 万元专项资金对高新技术企业的一年期信用贷款给予最高不超过 50% 的贴息，与 18 家银行签订科技信贷合作协议，以合作银行每年实际发放信贷资金本金总额的 10% 作为代偿限额。自 2018 年执行该政策以来至 2023 年，已拨付企业信用贷款贴息资金约 3.6 亿元，拨付银行风险补偿金额共计 1.01 亿元，以风险补偿和贷款

贴息为支持手段，累计引导合作银行向 1 万家次高新技术企业发放 1.8 万笔贷款共计 755.8 亿元，每年受益的高技术企业数量占全市高技术企业总量的 1/3。同时，东莞积极支持科技企业购买科技保险。为了降低企业开展科技创新的风险和成本，自 2018 年开始，东莞每年安排专项资金，对市内科技企业购买相关科技保险产生的费用予以最高 60%、最低 20% 的保费补贴资助，包括高新技术企业财产险、高新技术企业产品责任险、研发等 14 个险种，2018~2023 年对 1873 家高新技术企业和科技型中小企业发放保费补贴共计 3840.33 万元。同时联合东莞人保财险、东莞农村商业银行探索"政府+保险+银行"的风险共担模式，推出小额贷款保证保险"科保贷"产品，截至 2023 年底累计向 121 家科技企业发放"科保贷"贷款 2.92 亿元。

二　东莞战略性新兴产业发展面临的瓶颈挑战

近年来在政府的扶持引导下，东莞战略性新兴产业增长强劲，发展势头良好，但由于多数企业成立时间较短，尚处于成长期，增速快但规模小，资金实力相对有限，与国际国内的行业龙头企业相比，抗风险能力较弱，自主创新能力和市场竞争能力依然不强。

（一）产业链供应链存在安全隐患

当前全球大国竞争加剧，逆全球化趋势下发达国家纷纷出台"再工业化"政策，以美国为首的西方国家对我国采取"掐头式"科技脱钩和"去链式"产业脱钩等制裁措施，外部环境愈加复杂多变。与此同时，越南、墨西哥等新兴经济体利用低要素成本优势和市场准入优势，吸引我国相关产业企业投资转移。东莞也有部分企业，尤其是外资企业倾向于往东南亚等地迁移，对东莞制造业及新兴产业发展造成"两端挤压"。特别是东莞作为出口大市，制造业相对更依赖国外市场，2023 年东莞制造业出口交货值占销售产值的比重达 27.9%，高于全国、全省平均水平。尤其是美国仍是东莞出口的第一大市场，2023 年东莞对美国出口额达 1543.98 亿元，占东莞出口总额的 18.25%，超过对东盟出口的 1217.43 亿元、对欧盟出口的 1192.98 亿元。在销售市场依赖出口的同时，东莞关键零部件及核心技术则需依赖外部进口，造成一定的产业链供应链安全隐患。如在高端电子信息产业领域，虽然东莞是全球手机制造的重要基地，电子信息制造业总体规模达万亿元，但核心电子元器件、软件、高端芯片等领域的自主研发水平不足，高端核心零部件和控制系统需向日本、欧美等国家及地区采购，再由国内企业进行二次开发和系统集成，容易受到国际市场波动特别是技术"卡脖子"的影响。技术依赖进口、市场依赖出口使东莞新兴产业发展面临较大的安全隐患。

（二）产业自主核心技术储备不足

近年来东莞在战略性新兴产业某些领域已取得了技术突破，拥有一部分核心产品，但总体而言，东莞新兴产业缺乏真正掌握产业核心技术的链核式企业，企业的创新能力相对不强，欠缺原创性的重大科研成果和知识产权。例如，在高端装备产业领域，东莞本土机器人企业技术水平与国外顶尖水平仍存在较大差距，精密减速器、伺服电机、控制器等仍主要依赖进口；在新能源产业方面，新能源汽车领域缺乏整车项目牵引带动，氢能领域的关键核心零部件缺少龙头企业，储能领域的制造和集成商产业基础十分薄弱；在新材料产业方面，多数企业尚处于跟跑阶段、规模偏小，并集中在产业链价值链的中低端环节；在生物医药产业方面，产品以仿制药、中医药以及一般医疗用品为主，创新能力不足。

（三）产业盈利能力低、竞争力不强

东莞新兴产业增长较快，但由于多数企业为初创型中小企业，产业整体竞争力不强。企业质量效益也仍然处于较低水平。东莞制造基础雄厚，但总体处于"微笑曲线"底端，创新能力不足，附加值不高。从品牌商标来看，至 2022 年底，东莞商标总量超 57 万件，拥有中国驰名商标 74 件；佛

山商标总量超 61 万件，拥有中国驰名商标 164 件，分别是东莞市的 1.1 倍和 2.7 倍。从规模以上工业企业成本费用利润率来看，东莞长期处于低位，2022 年仅为 3.76%，远低于珠海（9.80%）、佛山（7.80%）、深圳（7.55%）、广州（6.50%）等城市。

（四）科创企业融资贷款仍较困难

近年来东莞积极推动科技金融产业融合，大力解决科创企业的融资难题，但由于大多数的新兴产业企业属于中小型企业，较难满足金融机构传统信贷模式的要求，融资困难仍未根本解决。与成熟的大型企业相比，科创企业处于成长的初期阶段，具有规模小、资产轻、竞争力弱、管理不规范等问题，目前银行等金融机构在传统信贷模式下，对企业放贷往往要求足额的固定资产抵押物。但东莞新兴产业企业多数仍处于初创期，属于成长型，无自有厂房，只是租赁办公场所，所用设备也多为低值设备，属于轻资产企业，多数不具备商业银行传统意义上的有效抵质押物，银行对科创企业的放贷意愿较弱。同时，知识产权质押贷款进展相对迟缓。以专利权质押作为担保方式的贷款，通常面临知识产权价值评估难、风险处理难、融资成本高等问题。银行对于此类轻资产、具有新业态特征的科技型企业，目前仍缺乏科学的信用评价机制，审批难度较大、办理效率较低，信贷人员对于开展专利权、商标权等无形资产质押贷款并不积极，进展迟缓。

三　加快发展东莞战略性新兴产业的对策建议

战略性新兴产业是东莞加快创新驱动发展、培育经济增长新动能的核心关键。要立足东莞战略性新兴产业发展基础，根据产业科技发展态势，不断完善产业规划政策体系，高规格布局建设七大战略性新兴产业基地，努力营造有利于高端新兴产业加快成长的营商环境，大力提升东莞战略性新兴产业的自主创新力和产业竞争力，加快打造粤港澳大湾区高端新兴产业聚集区和先进制造中心。

（一）不断完善产业规划政策

要牢牢把握国际科技产业发展的新趋势和国家产业政策的新走向，立足东莞产业发展基础和比较优势，不断调适理念、调适政策、调适方法，及时制订重点领域细分产业的发展行动计划和领军企业的培育计划，推动东莞战略性新兴产业和龙头骨干企业加快发展。

一是制订重点新兴产业发展行动计划。一般而言，具有地方产业针对性的政策时效通常为 3 年左右。在推动经济高质量发展的关键转型期，东莞应强化对重点新兴产业发展的前瞻性布局和规划引领，根据七大战略性新兴产业及其细分行业的发展态势和特点，制订细分产业发展行动计划与专项推进工作方案，通过"一业一策"，强化对重点产业发展的专项扶持。要完善推动战略性新兴产业发展的日常工作机制，围绕重点新兴产业发展规划及相关行动计划制定各项目标、重点任务，明确政府各部门、各镇街的任务分工、工作分解以及年度计划。加强对新兴产业发展动态的关注，对产业发展中遇到的新情况、新问题，要及时响应、加强研究、及时解决。

二是建立新兴产业高质量发展的考评体系。要进一步推进体制机制改革创新，探索建立推动东莞战略性新兴产业高质量发展的评价考核体系，包括指标体系、统计体系、目标体系、考核办法和奖惩机制等，定期对重点新兴产业发展质量进行跟踪监测、评估分析和政绩考核。对战略性新兴产业的绩效考评，应不同于对传统产业的考评方法，要着重考核其研发投入、知识产权、市场份额、进口替代等创新指标。

三是加大政策落实执行力度。要进一步健全领导挂点服务机制、拜点服务专员机制，进一步将新兴产业重点企业纳入政府服务平台，及时了解企业诉求，打通服务企业发展"最后一公里"。要进一步加强行业组织管理，充分发挥相关行业协会在新兴产业企业与政府之间的桥梁和纽带作用，积极利用行业协会平台，及时宣传解读相关产业规划政策，帮助企业了解政策、用好政策。

（二）推进产业链条补链强链

要加强对国际国内新兴产业的产业链条发展态势的跟踪研究，立足东莞产业发展基础，精细掌握东莞产业链上中下游各个企业的发展和分布情况，系统梳理相关产业链群，识别明确东莞重点新兴产业链群的薄弱环节、缺失环节，有针对性地实施精准招商、重点培育，完善上下游配套，推动产业链建设。

一是瞄准产业链薄弱环节开展精准招商。要全力落实"投资年"行动，针对东莞战略性新兴产业链条的薄弱缺失环节，加快制定重点新兴产业链的精准招商对接目录，有针对性地筛选一批国内外有实力的企业和发展前景良好的项目，开展重大项目定向招引。要摸清产业链目标企业的核心诉求，制定个性化的招商引资方案，到目标地区、目标企业开展针对性路演推介，增强项目对接有效性，在用地、用能、审批、财政扶持奖励等方面按"一事一议"加大支持力度，大力招引产业链主企业入驻。

二是针对产业链关键环节实施重点培育。对占据战略性新兴产业链关键环节的东莞龙头骨干企业，进一步加大培育和扶持力度。对创新能力较强、成长空间较大的优势企业，要进一步加大扶持力度，在土地、资本、人才等要素资源配置上给予一定的引导和倾斜，推动东莞优势企业加快成长为占据国际国内产业链优势地位的领军企业，进而带动东莞战略性新兴产业链群的突破升级。大力支持中小企业向"专精特新"发展，对获得国家级专精特新"小巨人"认定的企业，加大财政奖励力度，抓紧培育出一批具有强大创新能力、商业模式先进、引领市场发展的领军型"专精特新"企业，推动企业实现爆发式增长，构建产业创新驱动发展的新引擎。

三是围绕产业链布局推动产业并购重组。要引导鼓励东莞产业链龙头企业积极进行产业并购整合、合资合作，将《东莞市鼓励和支持"倍增计划"企业兼并重组实施细则》的资助对象推广至各个重点新兴产业领域的骨干企业，鼓励重点新兴产业领域里的兼并重组。同时，推动新兴产业相关企业加强合作，以龙头骨干企业为主体、联合产业上中下游企业，引导组建战略性新兴产业联盟，组织成员单位在技术研发、生产制造、示范应用、市场开拓、金融支持、中介服务等方面进行合作，共同提升东莞战略性新兴产业链群的整体竞争力。

（三）大力推动创新驱动发展

要紧紧把握新一轮科技革命的发展态势，以实施"攀登计划"为契机，鼓励引导企业与国内外高校院所加强合作，形成政府、企业、高校、科研院所、服务机构联动的产业创新体系，组织实施产业核心技术攻关，在制约东莞战略性新兴产业发展的薄弱环节，力争实现有效突破，形成一批具有自主核心知识产权的研发成果，并加快实现创新成果的产业化应用。

一是实施新兴产业核心技术联合攻关计划。要避免产业研发力量分散、同一技术研究重复过多的现象。要建立以骨干企业为龙头、以科研院所为智力支撑、联合产业链上下游企业共同参与的协同创新体系，推动各创新主体打破壁垒开展深度合作，打通基础研究、应用开发、小试、中试、商品化、产业化等创新链的各个环节，构建产学研用合作创新机制。瞄准产业科技发展前沿领域，围绕《东莞市重点产业核心技术攻关目录》提出的重点领域以及其他前沿新技术，集成全社会创新资源，统筹开展基础材料、关键工艺、核心零部件、高端软件、系统集成等方面的协同攻关，加快突破重点新兴产业领域的共性关键技术。

二是加强科技创新平台建设。加快整合东莞市重大科研基础设施和大型科研仪器设备资源，促进各类重点实验室、工程（技术）研究中心、分析测试中心等研究实验资源的优化配置，提高科研设施与大型仪器的利用效率。对于财政资助的重大公共科技创新平台，将开放共享、企业服务、共性技术研发作为其运行管理绩效考核的核心内容，对开放共享和对外服务开展较好的科技创新平台，加大奖励力度。扩大创新券对科研设施和仪器利用的补贴范围，促进中小企业利用创新券共享使用创新平台的科研设施和仪器，加大对中小企业、初创企业的科技资源支持力度。

三是实施人工智能+新兴产业发展计划。要借助东莞电子信息、智能装

备等产业发展优势，争取和国内人工智能龙头企业联合共建基础研究平台，在智能机器人、新型人机交互、多模式识别、智能决策控制等关键领域的核心技术和设备研发上取得突破。要培育发展一批"专、精、特、新"的人工智能技术研发、系统集成和关键零部件制造企业，形成完善的人工智能+新兴产业技术创新体系。要推动东莞智能服务机器人的研发、生产和应用，促进人工智能在教育、环境、交通、零售、医疗、安防等经济社会领域的推广运用，培育经济社会发展新动能。

（四）推动产业金融高质量融合

要充分发挥东莞民间资本充裕的优势，加快健全财政资金与金融社会资本的联动机制，持续深化金融供给侧结构性改革，加强对新兴产业、重点领域和薄弱环节的优质金融服务，提高资金使用效益，为战略性新兴产业加速成长创造良好的投融资环境。

一是以投贷担联动提升产业科技金融质效。进一步深化科技金融产业"三融合"信贷支持政策，对于重点新兴产业里的一些处在产业链关键环节、对产业带动性强、市场成长空间大的创新型中小企业、初创企业，经过专家评估后，将其纳入市财政风险补偿范围，给予信贷风险补偿和贴息支持，帮助企业获得金融机构贷款。要积极推广"投贷担联动"融资模式，鼓励银行机构与外部创业投资基金、政府投资基金深化合作，开展"贷款+外部直投""贷款+远期权益"等业务，积极开发知识产权质押融资、中长期研发融资等担保产品。要推动开展金融惠企政策进百园万企"雨露行动"，鼓励银行机构建立制造业服务中心等专营机构，建立"链主企业+合作银行+中小企业集群"的银企合作机制。完善担保降费补贴长效机制，通过担保增信解决科技型中小企业抵质押不足的问题。

二是以数字金融促进信用贷款投放。要推动金融机构加快数字化转型步伐，引入先进的金融科技、风险管理、创新营销技术模式，在营销、获客、风控、运营等领域开展模式升级、流程再造，打造数据化、自动化和智能化的金融服务模式。要支持东莞产业链核心企业带动上下游链群企业批量加入

"信易贷""粤信融""中小融"等平台,通过与"政务数据大脑"实现数据共享,助力金融机构加强对涉企税务、市场监管、社保、水电气费等信用信息的收集、整合及运用,加大对科技型中小企业首贷、续贷和信用贷款的投放力度。

三是以"鲲鹏计划"扶持新兴产业企业上市融资。要把发展直接融资工作特别是股权融资工作摆在突出位置,以"培育一批、申报一批、上市一批、做强一批"为工作原则,滚动建立上市后备企业队伍,并推动上市公司充分利用资本市场平台做大做强,提升上市公司规范治理水平和综合竞争能力。要修改完善企业上市扶持政策,除了修改优化奖励方式、完善上市后备企业评审制度、保障企业用地以及解决企业产权规范问题,还要着重发挥政府政策扶持、职能部门贴身服务、园区镇街主动作为的工作合力,推动东莞市企业上市扩容。要支持已有的上市公司积极开展并购重组,市政府产业投资母基金、并购母基金等引导基金优先支持上市公司,通过"上市公司+产业并购基金"模式,整合上下游产业链资源,做大做强战略性新兴产业链群。

参考文献

潘教峰、王晓明、薛俊波、沈华:《从战略性新兴产业到未来产业:新方向、新问题、新思路》,《中国科学院院刊》2023 年第 3 期。

任继球、盛朝迅、魏丽、李淑华:《战略性新兴产业集群化发展:进展、问题与推进策略》,《天津社会科学》2024 年第 2 期。

王海南、王礼恒、周志成、王国庆、王崑声、王红、朱钰婷、姜彬:《"四链"深度融合下战略性新兴产业高质量发展战略研究》,《中国工程科学》2024 年第 1 期。

王鹏:《深刻理解习近平总书记关于发展战略性新兴产业的重要论述》,《上海经济研究》2024 年第 4 期。

B.5

东莞推动传统优势产业转型发展研究

周 磊 王思煜*

摘 要： 东莞的食品饮料、纺织服装、家具、模具、玩具和造纸六大传统优势产业在全市工业总产值中占据较大比重。尽管遭遇国内外市场竞争的挑战，这些产业通过实施"机器换人"、"倍增计划"和智能化转型等关键措施，自2018年起成功实现了产值和利润的稳步增长。然而，在产业集群发展、企业竞争力提升以及政策支持等关键领域，东莞的这些产业仍然有进一步发展的空间。本文详细分析了这些领域，并提出了一系列对策建议，包括加强产业规划引导、加强资源统筹整合、实施"知名企业、知名品牌、知名企业家"工程以及优化政务环境，旨在推动东莞传统优势产业实现更高质量的发展和更大规模的扩张。

关键词： 传统优势产业 产业转型升级 倍增计划

东莞是国际制造业名城，传统优势产业是东莞制造业的重要支撑。一直以来，东莞高度重视传统产业在支撑制造业当家、建设现代产业体系、吸纳就业、藏富于民等方面的支柱性作用，坚持从战略全局统筹规划、协调发力，在推动新兴产业加速崛起、扩容倍增的同时，也持续推动传统优势产业脱胎换骨、迸发活力，实现二者"比翼齐飞""两全其美"。近年来，东莞下大力气推动传统产业转型升级，相继实施了"机器换人"、倍增计划、智转数改等举措，为传统优势产业转型发展赋能支撑，还出台了专门的政策统筹财政资金、土地

---

* 周磊，中共东莞市委党校副教授，研究方向为公共经济、政策评估；王思煜，中共东莞市委党校二级巡视员。

空间、人才培育、金融支撑等，全力推动传统优势产业取得新突破。但是对标高质量发展的目标要求，对照传统产业高端化、智能化、绿色化的发展方向，东莞市在传统产业集群层面、企业自身层面和政府规划政策层面还有进一步深入挖掘的潜力。针对上述问题，本文提出了如下对策建议：加强规划引导，前瞻性谋划产业发展顶层设计；加强资源统筹整合，强化重点产业发展核心要素支撑；实施"三名"工程，提升企业竞争力影响力；优化政务环境，为企业提供全面精准高效服务等，促进传统优势产业做大做强。

一 东莞传统优势产业的基础和优势

2022年东莞六大传统优势产业（食品饮料、纺织服装、家具、模具、玩具、造纸）规上企业共2989家，占全市规上企业的23%，实现工业总产值4394亿元、出口交货值1113.38亿元、利润总额106.02亿元，分别占全市规上企业工业总产值的18%、出口交货值的15%、利润总额的12%。从各项指标来看，食品饮料加工制造业各项指标都实现了较好增长，工业总产值可比增速年均达到6.6%，2022年利润总额排名第1，是六大行业竞争力最强的产业（见表1、表2）。纺织服装鞋帽制造业虽然面临国际市场和国内区域竞争的巨大压力，但是总量较大，区域品牌优势明显，具有做大做强再现辉煌的潜质。模具制造业（已纳入装备制造行业）虽然总体规模不大，但受到新能源汽车和储能等的拉动，模具制造"老树发新芽"，产值和利润实现了5年翻倍。

表1 2018~2022年六大传统优势产业工业总产值可比增速①

单位：%

行业分类	2018年	2019年	2020年	2021年	2022年	年均增速
全市规上工业	9.8	9.6	0.2	7.2	-2.4	4.8
纺织服装鞋帽制造业	-3.0	-4.2	-17.9	9.7	-5.6	-4.6
食品饮料加工制造业	20.5	1.4	4.7	8.9	-1.0	6.6

---

① 本文所有数据、图表资料均来源于东莞市统计局，特此说明。

行业分类	2018 年	2019 年	2020 年	2021 年	2022 年	年均增速
造纸和纸制品业	0.6	1.0	5.9	7.0	-7.9	1.2
玩具及文体用品制造业	2.9	-12.7	-8.6	28.1	-5.8	-0.2
家具制造业	-9.7	-7.6	-8.2	22.8	-6.1	-2.5
模具制造业	2.5	-1.3	1.5	13.7	-0.5	3.0

表 2　2018~2022 年六大传统优势产业利润总额情况

单位：亿元

行业分类	2018 年	2019 年	2020 年	2021 年	2022 年
全市规上工业	611.97	762.39	745.96	1096.01	870.76
纺织服装鞋帽制造业	28.21	24.91	-3.02	-8.32	16.81
食品饮料加工制造业	34.93	26.12	34.77	37.97	39.80
造纸和纸制品业	64.58	46.07	61.00	49.69	2.01
玩具及文体用品制造业	9.32	1.20	-2.69	8.62	11.71
家具制造业	8.69	11.34	8.01	14.09	16.27
模具制造业	8.06	11.81	15.50	17.33	19.40

（一）打造了规模较大的产业集群

东莞食品产业集群是广东省三个超千亿集群之一，麻涌粮油加工细分集群被列入省相关规划文件。虎门服装被列入"全国纺织模范产业集群""首批中国服装产业示范集群"。大朗毛织产业集群在全国首屈一指。以大岭山、厚街家具为核心区的东莞泛家居产业集群与佛山一起被整体列入"2021 年国家先进制造业集群"。

（二）形成了配套完善的产业链

食品产业形成了农副产品加工、食品制造、饮料制造、预制菜等细分集群和制造、包装、销售等较为完善的产业链。服装产业形成了集研发、设计、生产于一体的完整产业链，涵盖服装生产、面辅料生产、绣花印染、设备生产、物流配送、检验检测、人才培训、信息咨询、品牌经营等环节。家具行业从原材料采购、机械设备、零配件加工、成品装备到营销、配送、咨询、设计、会展，基本实现了专业化，形成了家具制造、家具材料供应、名家具展"三位一体"的产业链。玩具产业形成了潮玩产业新势力，发展前景好。

（三）培养了一批有一定影响力的知名品牌

食品行业拥有徐福记、凤球唛、华美、百味佳等知名品牌。服装行业形成了以纯、小猪班纳、卡曼、意澳等十多家企业构成的知名品牌方阵。家具行业培育了慕思、楷模、兆生等一大批具有行业影响力的品牌和上市企业。玩具行业制造优势突出，多届奥运会、世界杯吉祥物均有东莞制造的身影。

二 东莞传统产业发展面临的问题和不足

东莞传统产业企业在产业集群、生产配套、企业规模等方面形成了扎实的基础，具有一定优势，但也存在和面临不少问题。

（一）企业自身层面

一是产品品牌多，但叫得响的知名大品牌少。东莞拥有数十万件商标品牌，但拥有的国内外知名品牌并不多，品牌价值不高，无一制造业品牌入选500强榜单。如服装行业，虎门镇拥有各种服装服饰注册商标品牌五万多件，但仅有以纯和百丽两个中国名牌和驰名商标，而对标城市宁波拥有雅戈尔、太平鸟、罗蒙等25个驰名商标。很多服装企业认为自己是做配套的，没有必要创建品牌，还有部分服装企业认为做贴牌加工比较安稳，没必要自己搞品牌，这反映了东莞服装企业品牌意识有待增强。二是拥有龙头企业，但离行业龙头还有很大差距。2022年食品行业百强排行榜单显示，东莞徐记食品排第66位，佛山海天食品排第4位。服装行业企业竞争力排名显示，营业收入超过100亿元的有14家，其中宁波占3家，东莞以纯集团营收超过60亿元，排在第二梯队。家具行业龙头广州欧派营收达224亿元、

索菲亚达 112 亿元,床垫细分龙头东莞慕思达 58 亿元。三是企业自我变革意识较为薄弱,对新业态新模式适应能力不强。东莞部分企业对互联网时代的新零售和新营销模式适应能力和变革能力弱于江浙企业。北京服装学院时尚传播研究中心发布的"2022 年国产服装品牌影响力百强榜"显示,品牌群体的电商销量、视频直播活跃度和文化传播活动以及社会影响力等指数大幅飙升,而东莞服装企业在这方面基本处于弱势,无一企业上榜。

(二)产业集群层面

一是产业向专业镇集聚,但高附加值环节布局不足。东莞大部分传统行业布局散乱,行业同质化竞争严重,总体处于全球价值链中低端和"微笑曲线"中间环节。如横沥镇模具规上企业 128 家产值 145 亿元,占全市模具行业产值的一半,但只有 6 家企业建有省级工程技术研究中心,而全国模具行业规上企业建有研发机构的有 395 家,覆盖率为 56%,远高于东莞模具行业。二是产业链的韧性不够强,对产业链掌控能力较弱。由于缺乏高端设计人才、高级网络技术人才、互联网营销人才,虎门服装大部分企业数字化程度不如江浙地区高,对产业链缺乏足够的整合和掌控。大朗毛织反映,由于没有掌控外贸渠道,大部分利润被境外贸易商瓜分,造成产值大、税收低等现象。又如玩具行业,设计和销售大部分由境外公司掌控,多数企业以仿制为主,随着越来越多的出口贸易壁垒限制以及知识产权纠纷,东莞传统玩具企业生存空间受压。三是比较优势弱化,面临激烈区域竞争。部分要素成本高企、比较优势弱化的行业企业面临激烈的区域竞争。如纺织服装行业面临浙江(余杭、湖州、桐乡)、福建(泉州、晋江)等要素成本较低地区的激烈竞争。家具行业面临江西赣州南康区低成本的竞争。玩具行业面临汕头澄海产业集群综合优势的竞争。

(三)政策引导层面

一是战略层面对传统优势产业集群的重视不够,缺乏顶层设计。东莞产业政策、招商引资和资源调配主要集中在壮大战略性新兴产业、先进制造业、高技术制造业等新兴产业，从"十三五"到"十四五"相关规划和行动计划来看，传统产业没有被纳入东莞产业发展的重点，对传统产业转型升级顶层设计重视不够。二是对传统优势产业资源要素配置统筹谋划不够，关键要素支持有待加强。如在人才政策方面，东莞虽然连续多年实施"十百千万十万百万人才工程"，由人社局出台实施的人才政策多达17项，但企业普遍反映传统行业所需实用型人才既没有高大上的头衔，也不一定有高学历高职称，无法享受大部分人才优惠和奖励，因而企业招不进留不住人才。又如在金融政策方面，从市金融局等七部门出台的《关于金融支持东莞制造业重点产业链高质量发展的若干措施》来看，传统产业中只有预制菜链条被纳入金融政策支持范围，传统行业中小企业普遍反映信贷门槛高、融资难。再如，在市场开拓方面，东莞跨境电商起步较早，但海外仓建设缓慢，影响了外贸出口"最后一公里"，对标宁波有很大差距。目前宁波已有近70家企业在全球23个国家（地区）建设营运海外仓209个，面积239万平方米，占全国的1/6，2022年跨境电商出口额占外贸总出口额的比例超过20%，远远高于东莞。三是对行业协会的引导和扶持力度不够，协会发挥作用不充分。食品行业协会等反映主管部门对行业协会不够重视和支持，对个人职业资格评定、行业咨询等协会可承担的事项不愿意授权给本行业协会。在发挥作用方面，模具、玩具、家具积极作为，在会员中影响力较强，而食品行业协会、虎门服装协会等须进一步增强活力和服务能力。

三　强化资源配置、促进传统优势产业做大做强的对策建议

针对传统优势产业在战略规划、政策引导、要素支撑、企业家精神和企业技术创新、品牌建设、市场开拓等方面存在的不足、面临的问题，东莞需要统筹规划、综合施策、精准发力，助力提质升级做大做强。

（一）加强规划引导，前瞻性谋划产业发展顶层设计

一是推动传统产业与新兴产业"比翼齐飞"。要加强宣传引导，加强"传统产业不等于低端产业、不等于落后产业、不等于夕阳产业"的认识和共识。要高度重视传统产业在支撑制造业当家、建设现代产业体系、吸纳就业、藏富于民等方面的支柱性作用，通过每年召开传统产业推进大会、开设专门论坛、建立独立考核指标体系和政策支持体系等措施，抓实抓好传统产业提质升级。要坚持从战略全局统筹规划、协调发力，既要推动新兴产业加速崛起、扩容倍增，也要推动传统优势产业脱胎换骨、迸发活力，实现二者"比翼齐飞""两全其美"。

二是加强对传统产业发展的战略规划。深入贯彻落实省委省政府关于培育发展十大战略性支柱产业和十大战略性新兴产业集群的战略部署，落实最新出台的《关于高质量建设制造强省的意见》，将传统优势产业提质升级作为推动制造业高质量发展的重要任务，加强对产业发展的长远性、战略性和系统性谋划。参照兄弟城市做法，尽快制定出台《东莞推进传统优势产业提质升级实施方案》，分行业全面出台推进细分行业高质量发展行动计划。要根据制造业高质量发展要求，精准谋划传统产业集群核心区发展定位，支持茶山、道滘、麻涌围绕区域食品产业优势特色，建设竞争力强、美誉度高的特色食品产业高地，打造"中国食品名镇""中国特色食品名镇""中国粮油物流加工第一镇"。支持虎门服装产业走技术高端化、创意多元化、产品时尚化、品牌国际化之路，打造"国内外有影响力的时尚产业基地"，支持大朗毛织产业构建全产业链创新服务平台，打造"全球织片时尚设计与工艺科技中心"，支持大岭山家具打造具有"全国影响力和竞争力的家具产业集群"，支持厚街家具向定制家具、智能家具、时尚家具方向发展，打造全球有影响力的泛家居产业集群。

三是建立重点传统优势产业细分行业（产业链）工作小组。借鉴佛山、宁波、江门的做法，在食品饮料、纺织服装、泛家居三个产业集群重点细分行业（如食品行业的预制菜、调味品、腊肠、休闲食品、粮油精加工）设立工作小组，统筹运用全市相关重点部门服务资源，实行一部门牵头负责一细分行业，完善常态化、连续性跟踪服务工作机制，构建政府、产业、企业三方对接平台，充分发挥工作小组在规划编制、政策指导、项目策划、资源配置、要素保障、问题处置、服务支持等方面的能动作用，助力传统产业强链壮链和产业集群高质量发展。

（二）加强资源统筹整合，强化重点产业发展核心要素支撑

一是推动创新资源向关键环节和优势企业集聚。第一，支持链主企业和龙头企业牵头整合创新资源。持续支持行业链主企业、龙头企业牵头组建科技创新联合体、技术协同创新研究院和产业技术创新联盟，围绕产业链关键技术、关键基础材料、核心零部件、工艺装备等薄弱环节，组织实施科技联合攻关，提高科技成果就地转化和产业化水平。鼓励实力较强的企业加大研发（设计）投入力度，加强新产品开发，对研发活动符合条件的新产品设计费用实行加计扣除，提升产品的创新能力和附加值。加大对"三首"（首台套重大技术装备、首批次新材料、首版次软件）的研发应用力度，对本地传统企业使用"三首"项目加大奖补支持力度。第二，支持行业协会与重大技术平台合作共建产业链创新服务平台。如重点支持预制菜、虎门服装、大朗毛织等行业协会与行业技术服务平台合作，建立行业企业要素信息资源共享平台，打通产业链上下游信息壁垒，实现厂房出租、设备租赁、人力资源、原材料供应和产品库存等企业供需信息的共享和对接，实现企业间要素资源流动的便捷化和智慧化。第三，支持数智化转型标杆企业输出技术和服务资源。充分发挥徐记食品、慕思股份等行业标杆的示范带动作用和技术输出作用，鼓励行业标杆企业联合国内数智化转型平台服务商尤其是"双跨"平台服务商，面向上中下游企业开展数字化转型诊断服务，推出适合中小企业数字化需求共性、通用、低成本的解决方案，促进传统制造业企业关键工序数控化数字化改造，提升企业在研发设计、生产流通、运维管理等方面的智能化数字化水平。第四，支持企业采取灵活方式柔性引才。根据企业发展需要，将"卓越工程师""先锋设计师""首席工匠师"三类人才

直接纳入职称评定直通车和重点人才培育引进对象，享受相应人才优惠政策。采取购买服务的方式，将企业急需的工匠、设计师等实用人才与其设计的作品和发明的专利打包纳入奖补范围，解决企业实操人才短缺问题。鼓励企业通过搭建交流平台、扩大朋友圈、真心关爱人才所想所盼、切实解决人才所忧所需等方式，用感情、事业、服务留住人才。支持企业联合行业协会、本土职业院校共同制定招生计划、课程培训计划和实训计划，鼓励本地职业院校毕业生在本市企业就业创业。

二是加强产业空间资源的统筹配置。第一，统筹建设一批高品质低成本产业空间。结合产业平台建设、工改工和城市更新改造等工作，加大连片土地整合力度，规划建设一批"生产+生活+生态"的新型产业载体，构建"高品质、低成本、配套好、营运优"的标准化产城一体空间。支持市镇联手打造引领性传统特色产业园，如支持麻涌打造高质量省级特色粮油产业园，支持道滘镇打造特色美食产业园，支持茶山镇打造休闲食品产业园，支持虎门镇打造大湾区国际时尚谷等新型产业社区和产业综合体，支持厚街等镇打造"1+N"预制菜产业园，吸引区域总部、中央厨房、仓储冷链、大健康等项目落地。第二，加大老旧工业园和闲置厂房改造力度。完善现有村镇工业园升级改造分类指引，因地制宜、因业制宜探索多元改造模式，打造一批"精而美"的传统特色园区。支持符合条件的传统企业对自有园区、厂房改建扩建、改造提升，通过工业旧改、工业上楼等方式满足扩大再生产需求。推动国企与镇街合作，引导村组把闲置厂房物业交由镇街统租统招，实现利益共享。充分考虑传统产业，如家具、模具产业对空间需求的特殊性，支持相关镇街根据实际情况，加快低成本产业空间整合，满足企业个性化需求。第三，强化优质企业和项目用地保障。完善亩均效益综合评价机制，建立行业亩均效益"领跑者"企业名单，推动企业用地、用能、用水等要素资源向优势企业差别化、集中式配置，实现土地空间要素利用效益最大化和最优化。建立传统产业企业部分项目外迁的跟踪研判机制，制定相应的应对措施，保证重点企业的企业总部、核心制造、研发设计和采购结算等重要环节及资源留在东莞，保障龙头企业总部基地和研发中心建设用地需求。

三是强化传统企业金融服务支撑。第一，建议成立传统产业转型升级引导基金。由市国有投资平台出资领投控股，负责对基金财产进行投资管理、营运和处置，充分发挥国有资本平台效应和引导作用，吸引有条件的镇街及村组参与股权投资，多元化吸引社会资本参与，拓宽基金筹资来源。借鉴松山湖科技金融服务中心系统的做法，建立优质项目推荐项目库，搭建基金与项目对接渠道，引入优秀基金管理团队，强化政策赋能，加强资本运作，为传统产业企业发展导入资本、技术、品牌、人才、渠道、市场等优势资源，推动传统产业企业做大做强和提质升级。同时，抓住证券市场全面实行注册制的机遇，加快推进传统产业中的科技型企业、"专精特新"企业、"隐形冠军"企业上市培育辅导，推动传统优质企业上市融资。第二，建议设立传统产业数智化改造金融专项。由市金融监管局、市金融工作局、市工信局等部门联合出台《金融支持东莞传统产业重点行业数字化转型若干措施》，设立金融专项，对传统优质企业设备改造、机器人购买、应用场景拓展等数智化转型项目实行精准支持。第三，加大对中小企业的融资支持力度。建议继续实行融资授信定向支持企业白名单制度，采取"政府担保+金融机构主导+企业免抵押"模式，加大对有市场前景、有发展潜力、有转型需求中小企业的融资力度。支持在传统产业推广链主企业"整链授信"模式，采取风险补偿、融资担保、贴息等方式，加大对产业链上下游中小企业的资金支持力度。进一步优化"中小融"金融平台功能，为中小微企业提供信用评价、线上融资等智能化金融服务。

四是完善企业开拓市场资助政策。鼓励食品饮料、纺织服装、家具行业企业联手行业协会，承办各类展销活动，对企业举办新品发布会、订货会、经销商会等活动，给予场租、会场搭建费用资助。支持拓展"东莞优品"各类平台线上线下融合营销模式，做大做优"莞货莞品"电商营销平台，打造"永不落幕"的终端产品展销大平台。支持传统特色产业企业在知名商场、大型机场、大型车站等区域开设专店、首店、综合展销中心，鼓励企业开展"工厂店"旅游促销活动。继续加大对跨境电商海外仓建设的支持力度，对建设营运海外仓实行贴息支持政策。

（三）实施"三名"工程，提升企业竞争力影响力

一是实施知名企业培育工程，打造龙头带动、星辉月明的优质企业群格局。围绕食品饮料、纺织服装、泛家居等传统优势行业，大力实施骨干企业培育计划，打造一批带动能力强、成长前景好、产值规模大、品牌知名度高的大型龙头骨干企业。加快遴选和培植一批传统优势产业链主企业，如东莞市食品行业的徐记食品、鸿骏膳食，服装行业的以纯集团、小猪班纳，家具行业的慕思股份等，引导支持其利用自身行业地位优势，建立实行细分行业小龙头批量培育计划，建议近期重点聚焦食品行业，建立预制菜、调味品、腊肠、休闲节庆食品、粮油精加工等细分行业小龙头培育矩阵，健全各特色细分产业"专精特新"企业培训梯队，推动更多优质中小企业成长为市、省、国家"专精特新"企业。如预制菜行业，建立鸿骏膳食、增米中央大厨房、沙拉食刻、佰顺农产品等培育梯队，支持企业走出去建立原材料基地，采取"互联网+"模式发展新型流通定制业务，应用大数据管理平台和物联网系统等数智化手段，打造"基地+物流+订单配送+集中配送站"的发展模式，推动东莞预制菜强势出圈，抢占市场；调味品行业，建立百味佳、永益、百利、华井生物等培育梯队，支持企业加强技术开发，加快新产品开发，加大市场营销力度，培育一批发展速度快、创新能力强、产品质量优、经济效益好的细分行业龙头企业；腊肠行业，建立旗峰腊味、鑫源食品等企业培育梯队，把东莞腊味做大做优做强，打造成全国腊味品龙头企业；休闲节庆食品行业，建立徐福记、华美食品、思朗饼干等培育梯队，支持徐福记加大研发投入，加强全方位全流程全场景数智化改造，加强适合年轻人口味的轻食类食品开发，尽快成为全国细分行业龙头企业，支持华美食品加快上市融资增资扩产，加强研发基地建设，做大做优节庆休闲食品。借鉴柳州螺蛳粉的经营策略，加大对东莞烧鹅、东莞濑粉、东莞腊肠、东莞米粉等名优特产的产品开发和品牌推广力度，促进东莞特产更多更好上架上网销售，提升美誉度和知名度。

二是实施知名品牌培育工程，打造具有广泛影响力的国家级行业大品牌。进一步擦亮东莞制造区域品牌，注册集体商标，完善认证体系，引导产业联盟、行业商会协会、企业等共同建设、维护和推广使用区域品牌。制订实施传统行业知名品牌扶持计划，丰富东莞制造"品牌矩阵"，动态发布企业商标品牌价值排行榜，引导消费品行业企业加强品牌整合和塑造，打造具有广泛影响力和较高知名度的行业大品牌。鼓励企业与国内外优秀品牌建立研发联盟和品牌联盟，站在品牌建设的制高点，既提升生产研发和品质质量等硬实力，也提升商标品牌和口碑商誉等软实力，推动企业实现从产品供给向"产品+品牌+服务"的转变。如支持慕思股份利用上市企业优势加大再融资，继续加强与国际品牌机构合作，引入和培育具有国际视野和实力的战略顾问团队、产品研发团队、职业经纪人团队，做大做优定制家具、健康家居、智能家具产品，实现企业由卖产品向卖创意空间、卖个性方案、卖需求场景转变，更好提升产品附加值。

三是实施知名企业家培育工程，锻造企业自我变革和自我创新精神。适应企业发展新形势，大力培育具有国际化视野、资本运作能力和创新变革精神的现代企业家队伍，培育具有现代管理运作水准的企业家团队，培育具有较强自主创新能力的企业技术团队。尤其是要针对部分企业家求稳守成、小富即安、不愿意投资制造业，企业家二代对革新企业经营管理意愿不强、动能不足和缺乏开拓进取意识等状况，大力宣传东莞优秀企业家典型，表彰激励企业家的创新业绩，组织企业家参观变革型、创新型标杆企业，学习借鉴江门李锦记食品等优秀家族企业的创业故事和世代生生不息的创业精神，让企业管理者实地感受创新给企业带来的质变，进一步树立艰苦创业、持续创业、永远创业的精神风尚，形成自我变革、自我超越、自我颠覆、自我突破的良好创新氛围。

（四）优化政务环境，为企业提供全面精准高效服务

一是拓展"企莞家"平台服务功能。借鉴苏州市企业服务"总入口"平台和浙江宁波企业服务平台等优秀服务平台的做法，加大对"企莞家"

平台财政投入和人才支持力度，不断优化拓展功能。重点在"企莞家"现有七大功能性模块的基础上，进一步拓展专项政策专家解读功能、惠企服务智慧推送功能、奖补资金平台在线兑付功能。整合针对传统产业的惠企政策和信息服务，通过"政策计算器""用户画像"等人工智能手段，为传统企业精准推送政策，推介服务机构和专业服务解决方案。

二是完善常态化分析解决企业诉求机制。整合数字政府"一网通办"服务平台和12345企业服务专线的服务功能，实行诉求多端口受理、一平台汇总、一盘棋办理、一揽子解决，高度重视、深切关注、及时回应企业诉求，定期分析研判企业诉求中的热点问题、高频次问题、不满意问题，推动涉企服务成果转化为决策成果。

三是引导行业协会更好发挥作用。鼓励传统行业协会加强学习互鉴，增强工作活力，以优质服务不断吸纳新会员，扩充新力量，全面提升凝聚力、影响力和创新力。支持围绕传统产业新兴赛道和细分行业，建立新的行业协会组织，如预制菜协会、潮玩协会、智能家居协会、传统行业数字化转型促进协会等。支持符合条件的行业协会积极承接行业规划、行业调查、行业统计、行业培训、专业技术职称评定等行业管理专业性项目，当好政府帮手助手。推动各传统行业协会商会发布支持服务中小企业发展的联合倡议，引导行业龙头企业"以大带小"，加强产业链配套协作，扩大综合服务效应。

参考文献

习近平：《当前经济工作的几个重大问题》，《求是》2023年第4期。

王飞：《在加强科技创新、建设现代化产业体系上取得新突破》，《红旗文稿》2023年第11期。

刘建江、易香园、王莹：《新时代的产业转型升级：内涵、困难及推进思路》，《湖南社会科学》2021年第5期。

傅娟、杨皓森：《京津冀传统产业转型升级促进政策的特征及实施效果》，《金融理论探索》2023 年第 6 期。

姜颖韬、徐小丽：《立足苏州传统产业智能化升级转型问题分析》，《内江科技》2023 年第 11 期。

金迈平：《推动传统产业向数字化、智能化和绿色化转型升级》，《现代国企研究》2023 年第 12 期。

B.6
东莞高端装备制造业发展调研及促进策略

东莞市人大代表财政经济专业小组 *

摘　要：　作为强国之基，高端装备制造业是现代产业体系的脊梁，处于产业链的核心地位，不仅决定了整个产业链的综合竞争力，更代表着国家工业制造的先进水平和实力。本专题小组通过实地考察、部门座谈、线上调查问卷等方式，对东莞高端制造业发展现状、问题进行系统摸底分析，认为东莞具有良好的区位环境、创新环境和营商环境，有利于发展高端装备制造业，但是也面临产业配套不完善、专业人才短缺、关键核心技术缺乏、土地和资金等资源要素约束加大等问题，东莞应通过不断完善产业链条、着力建设研发环境、全面提升人才环境、积极打破融资壁垒、优化要素供给配置、主动探索试点示范等举措，推动高端装备制造业高质量发展。

关键词：　高端装备制造　产业链　营商环境　要素供给

一　东莞发展高端装备制造的战略意义

高端装备制造业是以高新技术为引领，处于价值链高端和产业链核心环节，决定着整个产业链综合竞争力的战略性新兴产业，是现代产业体系的脊梁，是驱动工业转型升级的引擎。随着国家政策的支持和国内外市场需求的推动，高端装备行业总体规模不断扩大，2022年我国高端装备制造

---

* 执笔人：杨娜，东莞市人大常委会财政经济工委预算监督科科长。

行业产值规模达 21.33 万亿元①,具有超大市场规模。同时,随着近几年配套产业的完善,产业链已经较为完善,形成超大产业链。发展高端装备制造业是提升东莞产业核心竞争力的必然途径,是抢占未来经济和科技发展制高点的战略选择,对于东莞加快转变经济发展方式、实现由制造业大市向强市转变具有重要战略意义。作为世界制造之都的东莞,要实现高质量发展,就必须牢牢抓住"中国制造 2025"战略机遇,大力发展高端装备制造业。

首先,高端装备制造业依赖于前沿的技术创新和研发,通过自动化、智能化和信息化手段来优化生产流程降低生产成本,提高生产效率。例如,利用物联网技术实现设备之间的互联互通,可以实现对设备的远程监控和故障诊断,提高设备利用率和维修效率,利用人工智能技术优化工艺参数,可以实现产品精细化生产,提高产品质量和市场竞争力,推动企业数字化转型。

其次,高端装备制造业的兴起将提高产业附加值和国际竞争力,促进新兴产业的发展。例如人工智能、机器人、物联网等,为经济发展注入新的动力和活力,有助于提高产业结构的合理性和现代化水平,实现从数量扩张到质量提升的跃升。

最后,高端装备制造可以通过优化生产流程和节约资源的方式,降低环境风险和生产成本,提高资源利用效率、降低能源消耗、减少环境污染,有助于推动可持续发展目标的实现,为高质量发展提供更加稳固的基础。

二 东莞发展高端装备制造具备良好基础

据东莞市统计局数据,全市高端装备制造业共有规上企业 3605 家,占全市规上企业数的 28%。2022 年全市高端装备制造业规上总产值达 5010.54

---

① 《深市高端装备制造业上市公司创新蓄力高质量发展》,中国经济网百家号,https://baijiahao.baidu.com/s? id = 1786207766731247989&wfr = spider&for = pc。

亿元，增加值1002.11亿元。① 自2019年起，工业和信息化部先后公布了三批先进制造业集群决赛优胜者名单，广东省广深佛莞智能装备集群入列第二批名单。总体来看，东莞拥有良好的高端装备制造发展环境和发展基础，主要体现在以下方面。

（一）区位环境优越，不断聚集了高端装备制造产业

东莞是大湾区重要节点城市，紧邻深圳、广州和香港，地理位置优越，交通便捷，形成了良好的经济循环，为企业提供了良好的运营环境。调研问卷显示，有92.81%的企业认为，投资者最看重的就是东莞的地理优势和交通便捷。这个区位优势，成为投资者落户东莞、扎根东莞最重要的因素，正是优越的区位环境，东莞聚集了一大批装备制造行业企业。

（二）创新环境优化，不断培育高端装备制造产业

近年来，东莞市坚持把"科技创新+先进制造"作为城市特色，高规格召开全市制造业高质量发展大会，围绕"坚持制造业当家、民营经济高质量发展、构建'大招商'格局、提供高品质低成本快供给产业空间"出台"2+2"政策，全方位促进东莞经济高质量发展。东莞通过大力实施创新主体培育、科技创新引领、创新载体提升、创新资源汇聚、创新创业服务、科技金融结合、创新布局优化工程，培育了一大批智能制造骨干企业，形成了群星灿烂的智能制造产业。调查问卷显示：2022年高端装备制造业产值10亿元以上的企业达73家，总计1801.78亿元。其中，产值50亿~100亿元（含100亿元）的有5家，合计312.69亿元；产值100亿元以上的2家，合计297.56亿元。东莞创机电业、新能德科技等产值超200亿元的企业，拥有多个信誉卓著的品牌，在全国乃至全球都有一定的话语权。另外，一些企业虽然产值不大，但其细分领域在全球都具有一定的话语权，甚至在全球可以决定同类产品的价格。以万江街道为例，2015年万江被评为广东省数控

---

① 本文中东莞相关数据均来自调研组调研整理。

装备技术创新专业镇，万江街道数控装备产业集群被列入广东省中小企业特色产业集群名单。经过多年的发展，万江集聚了超过 1800 家装备制造业相关企业，其中规上数控装备工业企业 117 家，2022 年产值 125.13 亿元，占全街道规上企业产值的比重达 47%，产值过亿元的龙头企业 25 家。虽然整体规模不算很大，但涌现了不少细分领域的"行业隐形冠军"，如振远公司开发了宽幅三米三瓦楞纸板生产线，成为全亚洲最宽幅的生产线，在国际上具有相应的价格决定权；胜高通信每年约有 10 亿颗不同型号的水晶头发往世界各地，流向华为、富士康、施耐德、LG、TCL、罗格朗等海内外知名通信和电气制造商，在该领域有全球定价权；同亚电子不断攻关尖端产品，7根同轴绞线形成 0.008mm 的极细导体产品，广泛运用于手机、笔记本电脑、液晶显示器及医疗设备，主要客户有富士康、日立、东尼电子，并与国际知名企业德国益利素勒精线、日本大黑线材和日本三铃形成竞争，填补国内品牌产品空白，在国际市场有议价权。

（三）营商环境良好，不断发展高端装备制造产业

产业政策对促进经济增长、推动转型升级和科技创新等具有十分重要的作用。近年来，东莞市制定了一系列惠企助企政策，为企业提供精准高效的政策服务，使制造业得到不断发展，这些政策覆盖面广、精准度高，涉及企业技术改造与投资、制造业创新、企业数字化转型、两化融合贯标、数字化转型赋能服务、工业软件创新应用、"专精特新"企业培育、单项冠军企业培育、倍增计划、融资撬动、绿色发展等，在推动高端装备制造企业高质量发展上起了很大的作用。此外，政府关爱、培育，社会支持、维护，为经济发展创造了良好条件。调查问卷显示，企业对政府一网通表示比较满意和非常满意的达 83%，对商务环境和生活环境比较满意及以上的占 72% 和 65%。面对经济发展的三重压力，东莞装备制造业仍然巩固了良好的发展势头。从规模以上高端装备制造业企业发展情况来看，2018 年有 1909 家，产值为 3074.03 亿元；2019 年有 2586 家，产值为 3410.41 亿元；2020 年有 2807 家，产值为 3706.58 亿元；2021 年有 3074

家，产值为 4621.25 亿元；2022 年有 3605 家，产值为 5010.54 亿元，发展后劲不断夯实。

三 东莞高端装备制造产业面临的主要问题

东莞高端装备制造业与国内一流水平还存在一定差距，发展环境中的一些痛点难点堵点还需要进一步破解。调研团队对问题进行了深入细致的查找和分析，不仅发现了一些发展环境中亟待解决的共性问题，结合高端装备制造产业的特点，还发现了高端装备制造产业自身存在的发展问题，主要包括产业配套链条分散、专业人才短缺、关键核心技术领域存在瓶颈、资金不足融资难等个性问题，以及发展空间不足、城市基础设施不完善等共性问题。

（一）高端装备制造产业配套链条分散

调研发现，东莞高端装备制造产业虽然初步呈现"星光灿烂"局面，但还没有出现"日月同辉"景象。一是行业集中度低，业内企业规模偏小，作为支柱产业发展动力还有待增强。调查问卷显示，全市高端装备制造业企业产值超百亿元的有 2 家，合计 297.56 亿元，占规上工业总产值和规上高端装备制造业总产值的比重分别为 1.21% 和 5.94%；产值 50 亿~100 亿元（不含 100 亿元）的有 5 家，合计 312.69 亿元，占规上工业总产值和规上高端装备制造业总产值的比重分别为 1.27% 和 6.24%；产值 10 亿~50 亿元（不含 50 亿元）的有 66 家，合计 1191.53 亿元，占规上工业总产值和规上高端装备制造业总产值的比重分别为 4.83%% 和 23.78%%。二是产品研发设计水平偏低，产品存在雷同化现象。东莞装备制造企业多由传统产业转型升级而来，企业大多仍处于价值链中低端环节，在关键零部件、元器件方面研发力量薄弱，缺乏核心技术和自主品牌，产业链在下游徘徊，供应链无法被自己掌控。调查了解到，装备制造业"卡脖子"部分的核心技术国产率为 30% 左右，70% 靠进口。三是装备制造业上下延伸的产业链不匹配，产业集聚度低。大量所需零部件仍需向外另行购买，加大生产成本，减少企业收益，利润率下降。产业结构老化，先进基础设备业产值占制造业的比重低于20%；主攻研发新型材料企业稀缺，没有形成规模，新材料产品缺少领军企业，产业结构没有得到彻底的优化完善。

（二）高端装备制造领域专业人才较短缺

由于高端装备制造业融合了多种先进技术，其发展离不开相关专业技术人才的支持。高端装备制造业作为知识密集型、技术密集型行业，业内企业对于专业技术人才的需求较高。一方面，要求人员能够对不同领域的专业技术做到跨界融合，具备复合的知识结构；另一方面，要求人员具备自我驱动力和创新意识，在面对不断变化的新型技术和下游需求时，能够满足生产企业的研发经营需要，推动行业发展。东莞市人力资源和社会保障局发布《东莞市紧缺急需职业（工种）目录（2023）》，该《目录》包含97个职业（工种），主要集中在制造业及服务制造业，占比超过90%。在调研中，多个企业相关负责人表示，这类工种都不好招人，主要以校企合作、企业培养和社会招聘等途径培养或引进人才。近年来，随着制造业企业生产线自动化升级改造，与之相关的生产设备操作类工业机器人系统运维员、工业机器人操作员等一度紧缺，市场上对这类人才需求较大，月薪大多在5000~12000元。2017年，广东鸿铭智能股份有限公司与广东创新科技职业学院签订了校企合作协议，开展了现代学徒培养模式改革与实践的工作，派出了公司的专业人才担任导师去培训学生，投入了生产设备让学生进行实操，为社会、高校及公司培养了一批专业人才。目前，此项合作因联合机制、费用等而暂停。

（三）高端装备制造关键核心技术领域存在瓶颈

高端智能装备产品多领域应用、多技术融合性强，是现代工业生产体系的物质基础，可应用于产品制造、安装、检测、仓储等多个环节，应用领域包括消费电子产品制造、新能源动力电池、光伏等新能源产品制造、

医疗设备制造、工程机械制造、家电制造、轨道交通设备制造、电子元器件制造、食品制造、冶金及印刷出版等。下游产品旺盛的市场需求将有效带动高端装备制造业的发展。高端装备制造业具有特殊性，需要强有力的科技支撑。但从调研情况来看，相关技术攻关、科技创新能力远远不能适应形势发展的需要。如创新能力不足，关键智能基础共性技术、核心智能测控装置与部件、重大智能制造集成装备等关键领域受制于人；科技力量不大，高层次创新平台缺乏；创新生态未建立，联合攻关、成果转换、政府引导发展机制等亟待完善。

（四）高端装备制造企业升级资金不足、融资难

高端装备制造业具有显著的资金密集、风险高、回报周期长、资金回笼慢的特征，融资难显得特别突出。一是高端装备制造业项目实施需要较长的周期，高端装备制造供应商需要在项目初期垫付较多资金，面临较大的资金压力。二是高端装备制造企业为保持自身竞争力，需要投入大量资金研发先进技术、培养设计人员等。三是研发产出产品的时间过长或者技术过于复杂，导致产品成本过高，产品销售增长缓慢，难以形成规模效益。四是企业面临其他技术路线的竞争，可能导致产品刚研发出来就被放弃。五是产业扶持资金不充足，与先进地市相比，东莞技术研发激励略显不足，融资渠道有限，企业科技研发、技术改造和改组并购等所需资金供给不足。调研发现，东莞嘉亿公司工业数码打印中的喷墨打印头基本被外国企业垄断，喷墨打印头的成本占到产品成本的70%以上。中科院曾围绕相关技术进行替代技术研发，并取得了一定进展，但因为后续研发经费的缺乏，相关研发被迫停止。

（五）发展空间不足制约企业发展壮大

东莞土地承载压力大、用地难是企业发展环境中比较突出的问题。调查问卷显示，企业的各项需求中，生产性用地需求排在首位，占比达59%。据有关资料，东莞土地开发强度近50%，远超国际30%的警戒线。

东莞 400 多平方公里的工业用地零散分布在 20000 多个地块上，70% 的村级工业园在 300 亩以下。受资源碎片化的限制，东莞超过 90% 的招商引资项目为中小企业项目，优质大项目很难落地。与此同时，拓展空间难度大，一方面，土地物业权属关系复杂，部分土地属于多个权益主体，意见很难统一；另一方面，项目用地审批烦琐，工作进度慢。此外，东莞国企在推进拓空间工改工中的作用发挥得不够明显。

（六）城市基础设施配套需继续完善

调研发现，东莞的基础设施建设还需要加大力度，路网、电网、水网、桥梁、停车场等设施仍有不少地方不理想。2022 年全国固定资产投资 58 万亿元，占 GDP 的 48%，基础设施投资 21 万亿元，占固定资产投资的 36%；广东全省固定资产投资 4.3 万亿元，占 GDP 的 33%，基础设施投资占固定资产投资的 27%。东莞固定资产投资 2600 亿元，占 GDP 的 23%，基建投资 255 亿元，占固定资产投资比例不足 10%。另外，城中村生活设施不完善，管理不规范。40 年来城中村长期为新市民提供了低成本的基础空间，是东莞市工业化和城市化的重要支撑，但当前城中村的人居环境、社会状态和空间格局已经不能满足新时期企业人才美好生活的需求。

四 精准打造一流发展环境，推动高端装备制造高质量发展的建议

（一）不断完善产业链条，推动高端装备制造做大做强

一是发掘链主企业，开展强链补链精准招商。面向头部企业的招商引资是产业发展的第一步，也是最考验政府能力的一步。以合肥市为例，2008年合肥拿出全市 1/3 的财政收入投资京东方；2016 年拿出 100 多亿元投资长鑫存储等半导体企业；2020 年，为跌入低谷的蔚来汽车"紧急输血"。几笔投资不仅为合肥的集群构建和产业升级奠基铺路，也带来了丰厚的投资回

报，让合肥有了"产投城市"的美誉。调研发现，多位企业家在面对"内地其他城市给出优惠政策为什么没打动你们"的问题时，回复多为东莞配套生产服务业太发达了，其他地方望尘莫及。目前，东莞高端装备制造产业链条相对完善，但在伺服电机、减速器两个常用产品生产上，仍然存在空白。伺服电机主要产自长三角、深圳；减速器主要产自苏州、南通和广东阳江。这两类产品的生产技术并没有形成壁垒，且生产厂家尚未形成垄断，易于搬迁，建议重点引入伺服电机、减速器相关骨干企业，联合中科院、上游高端装备制造企业，围绕工业和信息化部2019～2022年公布的三批先进制造业集群决赛优胜名单进行调研分析，发掘45个制造业集群高端装备制造设备需求，寻找、确定链主企业，实现产业规模化发展。建议深化"全员招商"制度，定期对经信、投促、科技等各单位招引进度进行排名；所有招引项目明确服务专员，从项目接触、洽谈、签约、开工建设直至建成投产，全过程"一个窗口"对外进行个性化、代入式服务，提升项目招引质效。

二是以软信为抓手，完善智能制造软件基础。2022年全年，东莞全市规上互联网和相关服务业、软件和信息技术服务业实现营收355.74亿元，同比增长103.3%。与同年全年东莞GDP增速相比，软件和信息技术服务业的增速也充分说明市场对软件和信息技术服务业的需求。目前东莞两个市级赋能中心服务企业数量偏少，企业个案较多，行业性方案特别是高端装备制造行业数字化转型方案较少，推动行业数字化转型效果不明显。建议进一步加大赋能中心体系建设力度，进一步形成大中小微梯度赋能体系全覆盖。

三是推动有为政府和有效市场相结合。建议全域参与湾区竞争，积极探索举全市之力的体制机制模式，加强政府政策引导，从过去"自下而上"转变为"自上而下"发展，加强统筹，以要素配置效率提升推动供给侧结构性改革，从"为企业服务"转变为"为企业提供投资获利的土壤环境"。比如在引导企业完成数字化、智能化转型升级上，企业需要对基础设施进行整体的升级换代，一次性投入成本太大。建议引入第三方融资租赁企业，建设融资租赁平台，为企业授信及提供优惠利率，延长企业支出周期，推动企业完成数字化、智能化转型升级。

四是全力营造国际发展环境氛围。国际展会在构建"双循环"新发展格局中具有独特地位，建议举办东莞高端装备制造国际展会。大力打造会展"大平台""大技术""大市场"，支持企业借力展会抢订单、拓市场、扩份额。准确把握内外贸一体化发展新要求，充分用好国内国际两个市场两种资源，促进内外贸优势相互转化、叠加强化，更好融入以国内大循环为主体、国内国际双循环相互促进的新发展格局。加强与香港讯通公司、国际展览业协会（UFI）、国际展览与项目协会（IAEE）和国际大会及会议协会（ICCA）等国际组织的合作，充分发挥专业行业组织作用，将东莞高端装备制造展会打造为国际知名展会，实现"办好一个展，带活一个'产业'"。

（二）着力建设研发环境，实施核心技术联合攻关

一是加强联合创新应用。针对高端装备和制造过程智能化等领域薄弱环节，加强联合创新，突破一批"卡脖子"基础零部件和装置，重点突破核心基础部件、智能传感器与仪器仪表、高速高精制造工艺与技术、制造业信息化技术、嵌入式工业控制芯片、高端装备制造新材料和新一代信息技术，形成高端装备制造的关键技术体系和核心部件系统创新能力。

二是打造企业中试平台。① 高端装备制造业要实现跨越式发展，科研创新、大规模生产都离不开中试平台。但调查发现，不少高端智能装备制造企业对于中试平台知之甚少，仅有沃德等少数几家上规模的企业表示，企业自身就有中试平台，但仅能满足企业自身的需要，无法承接社会的需求。建议积极引导各类主体，聚焦科技成果转化关键环节，布局建设中试平台，打通科技成果转化为样品再到产品的关键环节，以科技成果转化平台招引、聚

---

① "中试平台"即科技成果转化中试平台，是指围绕产品试制、产学研联合攻关等小试、中试需求，解决工业化、商品化关键技术问题而进行的试验或试生产，为规模化生产提供成熟、适用、成套技术而开展中间试验的科研开发实体。

集、培育一批高成长科技型企业,助力东莞高端装备制造产业建圈强链。另外,建议加大对企业中试产品补贴力度。伟创力(电源)东莞有限公司是伟创力的新产品导入中心,实际上也是伟创力的中试平台。伟创力(电源)东莞有限公司2022年设备采购金额仅有2300万美元,但每一台试运行成功的生产线,都将被复刻到全球其他伟创力企业中。建议根据企业在东莞采购占比及销售额情况,对企业中试产品给予相应补贴,鼓励企业在东莞建立企业集团的中试平台。

三是政府引导打造政、产、学、研、用环节。很多"卡脖子"技术,并非由于技术难以突破,而是因为技术研发者很难接触到用户实际使用的真实场景。要充分认识应用反哺是链主企业推动供应链、高端装备制造企业发展的重要途径,建议由政府牵头,把政、产、学、研、用环节全部打通,实现成果的转化。据调研了解,中国科学院有东莞专项的科技服务网络计划,并且东莞嘉亿等企业也愿意投入资金、参与项目研发、提供实践平台。建议政府部门与企业密切配合,充分利用该专项计划,争取中科院系统优秀科技成果落地东莞。

四是成立东莞高端装备制造产业协会。产业协会在健全区域制造业产业链、提升产业内循环方面将起到关键的弥补和促进作用。建议成立以产业链为基础、涵盖高端装备制造业产业供应各个领域阶段的东莞高端装备制造产业协会。

(三)全面提升人才环境,充分挖掘聚集培育资源

一是充分发掘粤港澳大湾区地理优势,全面整合区域协同发展的资源。利用松山湖园区优势,吸引深圳、广州高端人才。松山湖科学城地处粤港澳大湾区东岸的一个黄金腹地,也是处于广深港澳科技创新走廊的一个重要节点,建议加快构建一小时交通圈和半小时科研圈,尤其是加强与深圳光明科学城、广州南沙科学城以及深港科技创新合作区等的快速连接。

二是加快东莞主城区城中村改造,打造高端人才社区。建议东莞以东城、南城、万江、莞城等主城区城中村改造为重点,积极发挥市场作用,着

力抓好城市更新，焕新城市面貌，加快建设现代化社区。例如，用好"三江六岸"滨水资源，将龙湾片区等重点区域作为增强城市功能和发展能级的重要空间载体，把东莞打造成参与湾区竞争的都市核心滨水地区和世界级滨水空间地区。

三是发挥本土学院特色优势，实现技工培养"双元制"。积极复制东莞沃德公司通过与大学合作，定向培养沃德员工的"企业向学校订单培养"典型成功案例，采取校企共同管理培养的模式，共同制定培养方案，实行企业冠名制，企业的技术骨干人员与学校专业教师共同完成教学任务。实现招工与招生同步、教学与生产同步、实习与就业同步，针对性培养适合该企业需求的员工。

四是加快博士（后）工作站建设，完善研究生培养机制。博士（后）已经经历学科系统培养，具备一定的独立科研能力。针对校企培养目标不一致问题和企业急于突破的关键性技术难题，由政府科技局、教育局相关部门牵头，组织高校设立企业博士（后）工作站，将企业急需解决的技术难题，作为博士（后）研究的课题，进行相应的攻关。

五是深挖本土专业人才潜力，加强企业家培训工作。调研发现，在科技的研发、投融资运用等方面，东莞高端装备制造企业的高管对于最新的经济、社会、科技、金融的发展趋势把握和手段的运用，还存在一定的滞后现象，需要进一步通过培训与世界接轨，更好地融入大湾区的建设中。建议定期举办企业经营管理者研修班、企业家座谈会、技术论坛等，通过参与各类研讨会、专题演讲和小组讨论，企业能够获得来自同行业专家的见解、实践经验和成功案例。

（四）积极打破融资壁垒，千方百计推进金融创新

一是加大金融支持高端装备制造业的力度。2022年，中国银保监会办公厅发布《关于进一步推动金融服务制造业高质量发展的通知》，指出银行机构要扩大制造业中长期贷款、信用贷款规模，重点支持高技术制造业、战略性新兴产业发展，推进先进制造业集群发展，提高制造业企业自主创新能

力。建议立足东莞产业发展实际，加大金融支持高端装备制造业的力度，例如采取市、镇财政入股，企业筹集，存入银行贷款放大模式，实施信用贷、订单贷等，专门支持高端装备制造业发展。

二是加大科技补贴与风险补偿力度。科技企业往往风险比较大，利用科技保险保费补贴，可以有效分散和降低科技创新风险，促进企业和研发机构加大研发投入。建议参照深圳、广州相关标准，进一步加大支持力度。例如，对科技型企业在科技保险机构购买科技保险基础险种以及经中国保监会广东监管局备案确认的科技保险险种，按保费支出的一定比例给予补贴，单个企业年最高补贴总额不超过30万元。

三是建立政府创业投资基金。政府创业投资基金是政府以尊重市场规则和产业发展规律为前提，以资本纽带、股权纽带为突破口和切入点，通过国资平台直接投资或组建参与的各类投资基金，能够带动社会资本服务于地方招商引资，形成产业培育合力。合肥市的投资理念正从产投向创投转变，投资招引方向从培育龙头向产业链前沿领域倾斜，精准挖掘产业链上下游及前沿领域衍生创投机会。这一理念在合肥被概括为"创投城市计划"。合肥产投集团按照"1+3+3+N"的架构，以产投集团投资大平台为中心，以创新投资公司、产投资本公司、国正公司三家基金管理公司为载体，错位发展，强强联合。建议向"合肥模式"学习取经，充分利用基金资源服务现代化产业体系建设，将"投行思维"贯彻到底，提高决策的精准性和科学性。

（五）优化要素供给配置，不断拓宽企业发展空间

一是加大土地资源整合力度。进一步完善和用好土地盘活连片整备开发机制、重大项目快速落地机制。建议实施政府和市场力量双向并举模式，发挥国企作用，整合实力较强的企业，进一步充实空间拓宽的力量；结合企业土地需求与政府经济高质量发展目标，将园区招商、工业园区产权出让与企业上市进行挂钩，招商先签订厂房租赁合同，约定企业上市期限与年纳税金额下限，达到对赌目标，再与企业签订工业园区厂房产权转让协议，以此激励企业上市与规模化发展，推动高端装备制造产业规模化发展。

二是积极推进工业上楼。实施因地制宜、因企制宜，有效实施工业上楼措施，能按传统厂房标准化建设的，按传统厂房标准化建设；需要按高端装备制造产业标准化设计的，根据企业的需求，在层高、电梯、用电等方面加强智能制造产业厂房标准化设计。

三是切实解决"二手房东"问题。2023 年 6 月，东莞市工信局印发了《关于进一步规范工业厂房租赁市场秩序的若干措施》，表明了东莞重拳出击整治"二手房东"的决心。建议相关部门加大联合整治力度，同时联合镇街、村（社区）、群众等各方力量，加强对"二手房东"水电乱收费行为、擅自提高公摊等现象的巡查，强化分租转租税收稽查，进一步规范工业厂房租赁市场秩序，营造良好发展环境，推动东莞市实体经济发展，减轻企业负担。

（六）主动探索试点示范，激发高端装备制造新活力

一是切实解决过渡期控规问题。现行控规编制大多关注近期项目，对未来发展不重视，导致后续频繁调整规划，同时控规成果内容庞杂，审查时间、协调时间过长，审批效率低，难以满足近期项目快速落地的诉求。因此，要把握好发展与保护、刚性与弹性和近期与远期的关系，加强创新规划理念，明确刚性管控内容，预留弹性发展空间，充分赋予镇街灵活空间。尤其是在产业园区建设中，在总排放控制范围内，排放控制指标适度向东莞主导产业倾斜。

二是打造创新环境试点。建议以万江为试点，在三江六岸滨水示范岸线一、二期环境建设成效的基础上，考虑引入创新型企业或进行创新企业孵化，打造一个东江边上的"微松山湖"创新体。同时，依托三江六岸滨水禀赋优势，创建商务谈判驿站，综合商务谈判所需的功能，制定商务驿站普遍使用规则，商务谈判驿站可考虑融入微醺经济、健康轻食、咖啡潮流、原生态等场景，免费为辖区企业提供一个可自由交流、可联手合作的舒适空间，提高辖区企业合作共赢的可能性。

三是打造东莞高端装备制造产业示范园。根据高端装备制造企业的生产生活需求，配套建设高端装备制造园区，把辖区的高端装备制造企业汇聚起

来，形成有影响力的高端装备制造集群，吸引全国各地更多位于产业链上中下游的高端装备制造企业入驻，聚少成多、聚多成链。采取"REITs+PE"的双基金模式，高效运营产业园区。产业园区开发可以房地产投资信托基金为主，通过并购重组、转变投资组合、剥离低效资产，回笼资金，反哺新项目开发收购。项目组建议采取"REITs+PE"双基金模式，对公司资产进行轻盈扩张。一般对处于培育期的项目采取房地产私募基金 PE 进行投资；对处于成熟期的项目，则以 REITs 模式为主要的投资方式，私募基金将项目培育成熟后，可以优先进入 REITs 完成退出。由此，形成"PE 先培育、REITs 后接手"的双基金运作链条。

参考文献

迈克尔·波特：《国家竞争优势》，李明轩、邱如美译，华夏出版社，2002。

国家发展和改革委员会产业发展司：《两业融合 推动先进制造业和现代服务业深度融合发展的探索与实践》，中国计划出版社，2023。

金碚：《产业组织经济学》，经济管理出版社，1999。

闫德利等：《产业互联网》，电子工业出版社，2020。

科技创新篇

B.7
东莞加强创新体系建设推动经济
高质量发展研究

张出兰*

摘 要： 完善科技创新体系是党的二十大提出的一项重要战略任务。当前，东莞正处在转变发展方式、推动经济高质量发展的关键时期，加强创新体系建设对东莞具有重要意义。本文指出东莞科技创新呈现创新投入稳步提升、创新主体地位不断增强、创新型经济快速发展、创新资源不断积聚、创新能力大幅提升等发展态势，也面临源头创新能力有待提升、重点核心领域关键技术有待突破、重大科技创新平台引领带动作用有待发挥、科技成果转移转化能力有待增强等问题，应进一步加强科技创新的政策体系、投入体系、载体体系、产学研深度融合体系、人才体系和成果转化体系建设，推动实现高水平科技自立自强。

---

* 张出兰，博士，东莞市社会科学院经济研究中心副主任、助理研究员，主要研究方向为科技创新、科技管理、产业发展等。

关键词： 科技创新体系　高质量发展　东莞

习近平总书记在党的二十大报告中强调："高质量发展是全面建设社会主义现代化国家的首要任务。"① 同时，党的二十大报告还明确提出了"完善科技创新体系"的战略任务，② 要求必须坚持创新在我国现代化建设全局中的核心地位。近年来，东莞全面贯彻落实党的二十大精神，深入学习贯彻习近平总书记视察广东重要讲话和重要指示精神，以建设国家创新型城市为契机，充分发挥科技创新战略引领作用，加快推进区域创新体系建设，加快集聚高端创新资源要素，取得了显著成效。当前，东莞经济稳步回升、持续向好的势头明显，要更加把科技创新摆在突出的位置，依靠科技创新为经济高质量发展打造新引擎、为产业转型升级培育新动能、为现代化建设注入新动力。

一　东莞加强创新体系建设的重大意义

科技创新体系是集创新主体、创新资源、创新环境和创新机制等要素为一体，在全社会层面促进创新要素合理配置和高效利用，充分体现政府创新意志和战略目标的系统。东莞加强创新体系建设是新时代把握新机遇、迎接新挑战的重要工作，对进一步推进结构调整和转型升级、推动发展方式转变、提升经济发展活力和竞争力具有极其重要和深远的意义。

（一）加强创新体系建设是实施创新驱动发展战略的根本要求

当前，新一轮科技革命和产业变革正在引发经济社会的深刻变革，科技

---

① 习近平：《高举中国特色社会主义伟大旗帜　为全面建设社会主义现代化国家而团结奋斗》，载中共中央文献编辑委员会《习近平著作选读》（第一卷），人民出版社，2023，第23页。
② 习近平：《高举中国特色社会主义伟大旗帜　为全面建设社会主义现代化国家而团结奋斗》，载中共中央文献编辑委员会《习近平著作选读》（第一卷），人民出版社，2023，第29页。

创新日益成为引发国际格局和治理体系重构的核心变量。东莞是全球闻名的制造业基地,制造业发达、工业门类齐全,先进制造业、高技术制造业占比逐年攀升,但是东莞制造业存在研发能力不足、产品附加值低等突出问题,制约了制造业高质量发展的步伐。因此,从长期来看,东莞还需要继续大力实施创新驱动发展战略,把创新作为引领发展的第一动力,不断提升科技自立自强能力,依靠自主创新提升制造业高质量发展的内生动力,构建各类创新主体协同互动、创新要素顺畅流动、创新资源高效配置的生态系统,通过完善创新体系,补强创新领域短板,为推动经济高质量发展提供有力的科技支撑。

(二)加强创新体系建设是参与粤港澳大湾区建设的重点内容

建设"具有全球影响力的国际科技创新中心"是粤港澳大湾区的战略定位之一。① 这就要求东莞进一步加强与广州、深圳、香港、澳门等大湾区先进城市在创新人才、创新主体、创新技术、创新资源等方面的融合对接,不断提升自身创新能级,携手广深港澳共同打造具有国际影响力的科技创新中心。同时,《粤港澳大湾区发展规划纲要》还提出东莞要充分发挥自身制造业发达、产业配套完善的突出优势,加快推动传统制造业向价值链高端跃升,着力打造具有全球影响力和竞争力的电子信息等世界级先进制造业产业集群。这就要求东莞通过科技创新推动制造业向高端化、智能化、绿色化方向发展,大力发展新一代电子信息、高端装备制造、新能源、新材料、生物医药等科技含量高的新兴产业;加快现代科学技术在纺织服装、家具玩具、食品饮料等传统产业的应用,推动传统产业插上科技的翅膀。

(三)加强创新体系建设是推动制造业供给侧改革的重要支撑

东莞是广东省制造业供给侧结构性改革创新实验区,要牢牢把握建设实验区的重大契机,突破发展瓶颈,推动高质量发展。东莞要围绕提升传统产

---

① 《粤港澳大湾区发展规划纲要》,中华人民共和国商务部网站,http://www.mofcom.gov.cn/article/b/g/201904/20190402851396.shtml。

业、培育新兴产业，促进制造业与服务业融合发展，强化科技、金融支撑等方面进行改革攻坚，力求在提升源头创新能力、集聚高端创新资源、精准高效服务企业、拓宽制造业融资渠道等方面实现突破，构建以科技创新为支撑，先进制造业、高技术制造业、传统优势产业协同发展的现代化产业体系。

（四）加强创新体系建设是在"双万"新阶段高质量发展的重要抓手

当前，东莞已成为全国第15个"双万"城市，在"双万"新阶段实现高质量发展，是东莞市委结合新时代新形势新要求，明确的当前及今后一个时期的战略任务和价值追求。这就要求东莞通过共建大湾区综合性国家科学中心、深度参与广深港澳科技创新走廊建设，加快融入大湾区区域创新体系，使产业体系更加先进、科技创新更加活跃、平台功能更加完善、创新要素充分涌动、体制机制更加健全。为此，东莞应紧紧抓住科技创新这个"牛鼻子"，加快科技产业融合速度，推动产业向更高水平迈进；发挥重大科学装置的作用，提升原始创新能力；加强重大科技平台建设，携手深圳打造综合性国家科学中心；加强科技服务，吸引全球高端创新资源；加强应用示范，打造高品质生产生活样板；完善科技创新体制机制，营造有利于科技创新的生态环境。

二 东莞推动科技创新的主要举措和成效

近年来，东莞以建设国家创新型城市为目标，深入实施创新驱动发展战略，不断强化科技政策的引导作用。在一系列科技政策的支持下，东莞区域创新体系日渐完善，创新资源日益集聚，社会创新氛围日益浓厚，科技创新主体数量不断增多，自主创新能力不断提升。

（一）创新投入稳步提升

近年来，东莞大力实施大型工业企业研发机构全覆盖行动，不断加大企业研发投入补助政策支持力度，通过落实企业研发费用税前加计扣除、扩大创新券规模和适用范围、建立研发投入后补助等方式，调整优化企业研发财政补助政策，不断降低企业研发成本，东莞科技创新投入稳步提升。据相关资料，2021 年，东莞全社会研究与试验发展（R&D）经费支出 434.45 亿元，R&D 经费支出占地区生产总值的比重为 4.0%，占全省 R&D 经费支出的比重为 10.9%。[1] 2022 年，东莞 R&D 经费支出 458.72 亿元，研发投入强度为 4.10%。[2]

（二）创新主体地位不断增强

东莞大力实施高新技术企业"育苗造林"和"树标提质"行动，通过优化财政支持方式、预评审培育、认定奖励、政策倾斜等措施引导高技术企业壮大规模和提升效益，推动高新技术企业数量和质量实现"双提升"。2020～2023 年，东莞国家高新技术企业数从 6381 家[3]增加至超 1 万家。[4] 同时，东莞还大力实施规上工业企业研发机构全覆盖行动，规上工业企业有研发机构企业数从 2020 年的 5292 家增加至 2022 年的 7082 家；有研发活动企业数从 2020 年的 4058 家增加至 2022 年的 4714 家。[5]

（三）创新型经济快速发展

当前，东莞在机器人、锂电池、新材料等新产业新业态上迅猛发展，涌现出一批龙头企业或"隐形冠军"，形成一批创新型企业集群，其中在电子信

---

[1] 东莞市统计局：《"十三五"时期东莞经济社会发展成就系列分析报告之四："十三五"时期东莞科技创新发展情况》，东莞市统计局网站，http://tjj.dg.gov.cn/tjzl/tjfx/content/post_ 3564413.html。

[2] 广东省统计局：《2022 年广东省科技经费投入公报》，http://stats.gd.gov.cn/attachment/0/ 536/536655/4292330.pdf。

[3] 东莞市统计局：《2020 年东莞市国民经济和社会发展统计公报》，东莞市统计局网站，http://tjj.dg.gov.cn/tjzl/tjgb/content/post_ 3490925.html。

[4] 东莞市发展和改革局：《东莞市 2023 年国民经济和社会发展计划执行情况与 2024 年计划草案的报告》，http://dgdp.dg.gov.cn/gkmlpt/content/4/4155/mpost_ 4155870.html。

[5] 数据来源：东莞统计年鉴 2023，http://tjj.dg.gov.cn/tjnj/index.html#page/302，第 263 页。

息领域有华为、OPPO 和 VIVO 等知名企业,在生物医药领域有东阳光、众生药业等龙头企业,在新能源领域有新能源科技 ATL,在新一代光纤传感技术和保密通信领域有复安科技等企业,创新型经济呈现蓬勃发展态势。根据相关统计数据,2022 年东莞规模以上先进制造业工业增加值为 2559.29 亿元、规模以上高技术制造业工业增加值为 1993.41 亿元,分别占规模以上工业增加值的 51.6% 和 40.19%,占比分别比 2020 年提升 0.9 个和 2.29 个百分点。[①]

(四)创新资源不断积聚

东莞良好的创新创业氛围和庞大的科技企业数量,吸引大批高科技人才和资源在东莞集聚。以科技人才为例,东莞以"十百千万百万"重大人才工程为牵引,加快"高精尖缺"人才集聚。截至 2023 年 12 月,全市人才总量 315.7 万人、高层次人才 23.6 万人,[②] 分别比 2022 年增加 33.7 万人和 3.1 万人。[③] 2023 年,东莞全市共有新型研发机构 35 家,其中省级 18 家。全市各级工程技术研究中心累计 1562 家、其中国家级 1 家、省级 560 家、市级 1001 家;各级重点实验室累计 277 家,其中国家级 1 家、省级 14 家、市级 262 家;科技企业孵化器 114 家,其中国家级 28 家、省级 19 家、市级 51 家;众创空间 41 家,其中国家级 22 家、省级 7 家、市级 12 家。[④]

(五)创新能力大幅提升

随着创新投入的不断增加、创新载体的不断建设、创新资源的不断集聚,东莞科技创新能力大幅提升,突出表现在专利产出的增加和专利结构的

① 数据来源:《东莞统计年鉴 2023》,http://tjj.dg.gov.cn/tjnj/index.html#page/176,第 137、140 页。
② 《东莞:全市人才总量 315.7 万,人才集聚效应日益显现》,南方都市报百家号,https://baijiahao.baidu.com/s?id=1784058599736481254&wfr=spider&for=pc。
③ 吴擒虎:《人才总量超 282 万,东莞为何这么"有才"?》,南方 Plus,https://m.163.com/dy/article/HP4CLA27055004XG.html。
④ 东莞市统计局:《2023 年东莞市国民经济和社会发展统计公报》,东莞市统计局网站,http://tjj.dg.gov.cn/tjzl/tjgb/content/post_ 4186190.html。

优化上。东莞发明专利授权量从 2020 年的 8718 件增长到 2023 年的 12826 件，增长 32%；2023 年全市 PCT 国际专利申请量为 3254 件，数量排在全省第 2 位。[1]

三　东莞科技创新的主要特点

（一）注重规划政策引领

东莞是制造业大市，在高等院校和科研院所数量、高层次科技创新人才、高技术和战略性新兴产业发展等方面与广州、深圳等大湾区先进城市相比还有一定差距。但是东莞科技创新能交出如此亮眼的成绩单，一个重要原因就是东莞高度重视规划政策的引领和带动作用。早在 2006 年，东莞就前瞻性地启动了"科技东莞"工程，"十一五"期间每年安排 10 亿元专项资金，"十二五""十三五"期间每年安排 20 亿元专项资金支持东莞科技创新活动。通过组织科技计划、制定实施"科技东莞"工程相关的配套政策，东莞有计划地实施科技产业项目，有力地支撑了全市科技创新和产业转型升级。同时，东莞还加强重点领域的规划引领，近年来相继制定东莞科技创新"十三五""十四五"规划及相关配套政策，在产业方面制定《东莞现代产业体系中长期发展规划纲要》《东莞市制造业高质量发展"十四五"规划》等，在重点新兴产业领域制定了《东莞市重点新兴产业发展规划（2018—2025 年）》《东莞数字经济发展规划（2022—2025 年）》等，有力推动了东莞科技产业的发展。

（二）注重科技产业融合

作为制造业大市，东莞科技创新一直与产业转型升级相互促进。从东莞着力打造的新一代信息技术、高端装备制造、新材料、新能源、生命科学和

---

① 数据来源：东莞市统计局，《东莞市国民经济和社会发展统计公报》（2020—2023 年）。

生物技术五大重点新兴产业来看，都是科技含量高、带动能力强、未来前景好的产业。为推动科技产业深度融合发展，近年来东莞还大力实施机器换人计划，一方面，有力支撑了东莞支柱产业和特色产业高端化、智能化、信息化、绿色化升级转型；另一方面，促进了东莞本地智能制造、电子信息、新一代信息技术等新技术、新产业在工业领域的应用和推广，进一步推动了科技产业的深度融合。

（三）注重试点示范带动

近年来，在广东省的大力支持下，在多年来科技创新奠定的良好基础上，通过东莞市委市政府积极努力争取，东莞先后获得珠三角国家自主创新示范区、国家创新型城市、珠三角国家科技成果转移转化示范区等荣誉称号。通过各类试点示范，在科技金融产业融合、新型研发机构建设、高端科技人才引进、产学研深度融合、国际科技合作、创新创业孵化体系建设、知识产权运用和保护等方面，东莞开展了卓有成效的科技体制改革和机制创新，通过政策的先行先试，不断激发各类创新主体活力，打造优良创新创业环境，全面提升了区域创新体系整体效能。

（四）注重重大平台打造

东莞抢抓建设粤港澳大湾区和全力支持配合深圳建设好中国特色社会主义先行示范区的重大机遇，不断加大与深圳在科技产业方面的对接力度。特别是以松山湖科学城正式被纳入大湾区综合性国家科学中心先行启动区为抓手，举全市之力推动松山湖科学城建设。聚焦打造具有全球影响力的原始创新策源地、打造具有全球影响力的新兴产业发源地、打造具有全球影响力的创新人才集聚地、打造具有全球影响力的知识产权示范地的目标，围绕重大原始创新策源地、中试验证和成果转化基地、粤港澳合作创新共同体、体制机制创新综合试验区四个定位，加快推进大湾区综合性国家科学中心先行启动区（松山湖科学城）建设。目前，松山湖科学城产业转化基地、国家级孵化器、科学家团队、科研人才等高端创新资源正在加速集聚，源头创新、技术创新、成果转化、企业培育的全链条创新体系正在加速形成。

四 东莞科技创新短板和不足

近年来，虽然东莞在完善科技政策体系、提高创新能力、发展高新技术产业、建设创新创业载体、推进科技金融融合等方面取得了较大的进步，但在源头创新能力、重点核心领域和关键技术、重大科技创新平台作用、科技成果转移转化等方面还需要进一步提升。

（一）源头创新能力有待提升

东莞是制造业大市，源头创新一直是东莞的短板，主要表现为基础研究投入不足、企业基础研究能力较弱，科研机构数量与先进城市差距较大等。一方面，从东莞规上工业企业 R&D 经费支出结构看，2020 年，东莞规上工业企业 R&D 经费支出 308.42 亿元，其中基础研究支出 154 万元、应用基础研究支出 1.02 亿元；到 2022 年，东莞规上工业企业 R&D 经费支出 410.99 亿元，其中基础研究支出 358 万元、应用基础研究支出 1.98 亿元，[①] 可见，和应用研究经费与试验发展经费支出相比，东莞市规上工业企业对于源头创新支撑作用强大的基础研究的经费支出几乎可以忽略不计。另一方面，从研发机构数量看，目前东莞全市有 35 家新型研发机构、1 家国家重点实验室，[②] 而深圳目前已有各类新型研发机构 130 家、全国重点实验室 15 家，[③] 东莞与深圳差距较大。

---

① 数据来源：《东莞市统计年鉴 2023》，http：//tjj. dg. gov. cn/tjnj/index. html#page/303，第263 页。

② 东莞市统计局：《2023 年东莞市国民经济和社会发展统计公报》，东莞统计局网站，http：//tjj. dg. gov. cn/tjzl/tjgb/content/post_ 4186190. html。

③ 《新质生产力到底"新"在哪里？深圳告诉你答案》，湖南日报百家号，https：//baijiahao. baidu. com/s？ id = 1799980042377258711&wfr = spider&for = pc。

（二）重点核心领域和关键技术有待突破

目前东莞新兴产业仍普遍缺乏真正掌握产业核心技术的企业，核心技术掌握不足，自主配套体系尚未建立，关键零部件、元器件仍然受制于国外，严重影响了产业安全和可持续发展。一方面，在高端电子信息产业领域，虽然东莞生产了全球 1/5 的智能手机，但智能手机的芯片、显示屏、操作系统等核心技术和关键零部件，都需要外部供给。另一方面，在高端装备产业领域，关键部件的研发生产型企业仍然缺失，如在机器人的减速器、控制器、传感器等核心部件领域着力不多，创新层次不高，基本依赖外部采购。在机器人三大核心零部件上，东莞厂商的研发主要集中在技术门槛相对较低的控制器领域，技术门槛较高的减速器和伺服系统，基本处于空白状态。

（三）重大科技创新平台引领带动作用有待发挥

松山湖和滨海湾新区是东莞参与粤港澳大湾区和广深港澳科技创新走廊建设的两大核心区域，但相比先进城市，这两大核心区域的引领作用有待进一步发挥。以松山湖高新区为例，从经济规模、高新企业数量、R&D 经费投入等指标看，松山湖高新区与国内一流高新区相比仍有一定差距。2022 年北京中关村产业增加值 12992.5 亿元，占北京全市地区生产总值的 31.2%；[①] 2021 年深圳高新区营业收入超 2.2 万亿元，对深圳地区生产总值的贡献率超过 30%。[②] 武汉、苏州、杭州、南京等城市高新区地区生产总值占全市地区生产总值的比重均超过 10%。[③] 而 2022 年，松山湖高新区实现生产总值 771.18 亿元，[④] 仅占东莞市地区生产总值的 6.88%，与先进城市高新区相比差距明显。

---

① 《北京中关村示范带动作用增强，创新引领指数增长最快》，第一财经百家号，https：//baijiahao. baidu. com/s? id = 1786336862021506439&wfr = spider&for = pc。
② 沈婷婷：《营业收入超 2.2 万亿元》，《羊城晚报》2022 年 2 月 25 日。
③ 数据来源：相关城市 2022 年统计年鉴。
④ 《全国第 26 位！松山湖入选 2023 年先进制造业百强园区》，南方 PLUS 百家号，https：//baijiahao. baidu. com/s? id = 1771136807100908992&wfr = spider&for = pc。

（四）科技成果转移转化能力有待增强

近年来，东莞科技成果转移转化能力不断提升，从技术合同项目数和实现金额看，已经从 2020 年的 275 项、67.99 亿元增长至 2022 年的 397 项、93.70 亿元。[①] 但与先进城市相比，东莞市差距较大。如 2022 年，北京市认定登记技术合同 95061 项、成交金额达 7947.5 亿元，[②] 上海市技术合同成交金额突破 4000 亿元。[③]

五 东莞加强创新体系建设 推动经济高质量发展的对策建议

东莞要以高质量建设粤港澳大湾区具有国际影响力科技创新中心、建设国家综合性科学中心、建设广深港澳科技创新走廊和国家创新型城市为目标，进一步加强科技创新的政策体系、科技投入体系、重大载体体系、产学研深度融合创新体系、高层次科技人才体系和科技成果转移转化体系建设，推动实现科技创新成为主要驱动力的内涵型高质量增长。

（一）加强创新政策体系建设，进一步完善科技创新顶层设计

1.进一步加强科技创新的政策支持

要按照东莞科技创新发展规划，完善相关领域配套政策措施，为科技创新提供正确的方向性指引和明确的操作实施办法。要围绕东莞科技创新的重点工作任务，在重大平台建设、创新主体培育、创新产业发展、创新资源集聚、科技体制机制改革等方面，进一步健全完善财税、奖补、监管等配套措

---

① 数据来源：《东莞统计年鉴2023》，http://tjj.dg.gov.cn/tjnj/index.html#page/306，第267页。

② 《2022北京技术市场统计年报》，北京市科学技术委员会、中关村科技园区管理委员会，https://kw.beijing.gov.cn/art/2023/12/30/art_9908_672182.html。

③ 《2022年上海技术合同成交额突破4000亿元，同比增长45%》，金台资讯百家号，https://baijiahao.baidu.com/s？id=1768205899803745571&wfr=spider&for=pchttps：//m.163.com/dy/article/HGR5T98L05528OGT.html。

施，形成以科技创新推动高质量发展的政策体系。

2.加大部门协同力度

科技创新是一项复杂的系统工程，涉及科技、工信、发改、商务、人社、金融、教育、统计等多个部门，应进一步加大部门协同力度，各部门形成工作合力。要借鉴先进省市经验，进一步加强对科技创新工作的组织领导，确保东莞市各项科技创新重点任务落地落实。要建立由科技部门牵头，工信、发改、商务、人社、教育、金融、统计及行业协会等多部门协同的工作机制，细化各项工作任务，相关部门各司其职，共同推进科技事业进一步发展。

3.加强资金、政策、项目统筹

要进一步加大科技、工信、发改、财政等部门和行业科技产业发展专项资金统筹力度，落实好研发费用税前加计扣除、高新技术企业、重点领域开发项目、知识产权等各类补贴补助，支持东莞市科技创新进一步发展。要进一步加大科技创新相关政策与经济社会发展相结合的力度，发挥好财政金融、就业社保、招商引资等各类政策在推动科技创新方面的积极作用。要进一步加强科技项目管理，聚焦东莞市重点支柱产业和战略性新兴产业等领域的共性关键技术和产业前瞻技术的研发及应用，科学编制具有战略性、前瞻性、针对性的科技项目指导目录，深化细化项目资金管理办法，建立健全项目管理体系，强化重点项目绩效评价与管理，进一步增强东莞科技产业的核心竞争力、提升产业整体自主创新能力，提高财政资金使用效益。

（二）加强创新投入体系建设，进一步优化资源配置

1.进一步加大财政科技投入

充分发挥财政资金的引导作用，聚焦市场机制难以有效解决的公共科技活动，集中财力、突出重点，提高资金使用的集中度。要继续把科技作为财政支出的重点予以支持，市、镇财政要将科技支出作为预算保障的重点，逐步提高财政性科技投入占地区生产总值的比例。要统筹安排使用财政科技资金，结合东莞市推动源头创新、技术创新、成果转化、企业培育等工作目标，强化财政资金重点扶持市场机制不能充分发挥作用的领域。要系统梳理

创新发展在财政金融支持、人才支撑、创新载体建设、科技服务业发展等方面面临的瓶颈和短板，整合调整财政科技资金投入方向，强化对重点领域、重点行业的精准扶持，构建具有东莞特色的财政科技投入体系。

2.建立健全促进企业增加科技投入的激励机制

企业是科技创新的主体，也是科技投入的主体，要综合运用各种政策工具，充分激发企业科技投入积极性。要落实好企业研发准备金制度、科技企业税收优惠政策等激励企业研发投入的各项财税优惠政策，调动企业增加创新投入的积极性。要制定和实施必要的优惠政策措施，鼓励和支持企业自建或与高校、科研院所共建研发机构，支持企业开展各类研发活动。要切实落实和保障高新技术企业按有关规定享受相关优惠政策，加强对高新技术企业和科技型中小企业的引导与服务，进一步推动高新技术企业树标提质。

3.积极推动科技金融深度融合

强化财政科技资金的引导和撬动作用，推动科技金融产业深度融合，逐步形成政府引导、市场主导的科技资源配置模式。要不断完善东莞科创金融集团科技金融服务功能，加快发展一批科技担保公司、创业投资公司、小额贷款公司、科技租赁公司、知识产权运营公司等子公司。要不断完善省科技金融服务中心东莞分中心的科技金融信息服务、政策服务、投融资服务、科技型企业认定、信用增值服务、专项申报协助、培训教育、创业路演等专业服务平台建设，为企业提供一站式、多元化、全方位的科技金融信息服务，打造政府、企业、投融资金融机构和专业科技服务机构等共同参与的科技金融服务平台，推动科技金融深度融合。

（三）加强重大载体体系建设，进一步发挥引领带动作用

1.加快推进松山湖科学城建设

东莞松山湖高新区是国家自主创新示范区，是广深港澳科技创新走廊的核心创新平台之一，松山湖科学城是国际性科创中心建设的核心组成部分，是国家综合性科学中心建设的重要布局。东莞要加大与深圳光明科学城及相关部门的沟通合作力度，建立联席会议制度和定期会商机制，定期协调和研

究"两城"建设中的重大问题，统筹推进和布局"两个科学城"重点实验室、工程中心、研发中心、联合实验室等创新平台建设，促进两城"双核联动"。要发挥好大科学装置的科技创新引领作用，加快探索散裂中子源等大科学装置的产业化应用方向和运作模式，加快推动散裂中子源二期等后续重点项目建设，充分发挥其科技牵引力、人才牵引力和产业集聚力，加快布局一批高端前沿产业，汇集高端科学人才，建设粤港澳大湾区大科学装置集群，打造国家重大原始创新策源地。要充分发挥松山湖科学城大科学装置集群的集聚效应，加强与国内外顶尖创新资源的科技合作，强化与中科院、广州、深圳、香港、澳门的科技合作，进一步提升自主创新能力和科技成果转移转化能力。

2. 高标准谋划建设滨海湾新区

东莞滨海湾新区位于粤港澳大湾区的核心圈层和黄金咽喉之地，已被列为广深科技创新走廊十大核心平台和粤港澳大湾区五大重点发展平台之一，是东莞未来高品质发展的战略依托，其功能定位和开发建设应站在国际湾区的战略高度来谋划。要加强规划引领作用，对标深圳前海、广州南沙的标准制定完善滨海湾新区发展总规和基础设施、产业培育、生态品质、公共服务等专项规划。要紧紧围绕粤港澳大湾区协同发展特色平台的定位，吸引跨国公司总部和国际组织总部落户，建设战略性新兴产业研发基地，大力引进香港生产性服务业和高端服务业，探索与香港共建大湾区高新技术产业融资中心，打造东莞未来发展新引擎。要加强与湾区协同发展，推进与广东自贸试验区的全面对接，加快新区土地开发、产业发展、科技服务、投资管理、市场准入等政策的创新，推动新区与前海、南沙在科技资源、创新平台和科技服务等方面实现协作共建、共享共赢。

（四）加强产学研深度融合技术创新体系建设，培育高质量发展新动能

1. 加强科学技术源头创新和核心技术攻关

东莞应围绕科技发展趋势，聚焦科学前沿，立足东莞科技与产业发展基础，主动在可能产生革命性突破的移动通信、新材料、民用核技术、生物医药、先进能源、先进装备制造等重点方向和热点领域进行超前规划布局，重点在 5G 通信、人工智能、集成电路、先进材料、器件和关键装备等领域突破一批重大关键科技难题，带动产业向中高端水平提升，力争在全球新一轮科技竞争中赢得主动。要充分发挥散裂中子源大科学装置的作用，推动在新材料、量子物理、能源环境、生命科学等领域开展前瞻性基础研究，实现引领性原创成果重大突破。要重点围绕产业技术升级现实需求，推动关键领域核心技术攻关，集成全社会创新资源，集中投向重点产业关键领域，迅速形成新的核心竞争力，加快抢占产业科技发展制高点。

2. 进一步强化企业创新主体地位

充分发挥企业在推动产学研深度融合过程中的主体作用，大力培育高新技术企业，引进培育一批领军型企业，积极培育中小微科技企业，实现东莞创新型企业数量和质量全面提升。要深入实施高新技术企业"树标提质"行动计划，推动高新技术企业实现提质增效。大力培育领军型科技企业，鼓励其发挥技术攻关、产学研合作、科技成果转化的带头作用，通过强强联合、上下游整合等方式提升核心竞争力。要建设完善孵化育成体系，构建"体系+空间+生态+众筹+基金+平台+培训"七位一体的企业培育模式。要依托政府引导资金，支持国内外创业投资资本、机构及管理团队设立天使投资、创新创业投资基金，引导各类基金优先投向市内初创期、成长期创新型企业。

3. 深化产学研协同创新

要围绕东莞产业发展的重点领域和关键技术，推动企业与高校、科研机构开展产学研合作，支持企业与高校、科研机构共建产业技术创新联盟等产学研合作创新平台，加快发展市场化导向的协同创新体系。要进一步加大新型研发机构与东莞市产业发展、市场需求对接力度，聚焦成果转化、产业孵化、市场化运营、行业服务，大力支持新型研发机构提升技术创新能力、人才培养能力、成果转化能力、服务产业能力。要鼓励支持东莞市高校、企业或科研院所积极承担或参与国家重点研发、重大科技专项、重大平台建设等国家科技计划项目以及省各类重大项目。要精心组织实施市重点领域研发项

目,紧紧围绕"卡脖子"技术需求,聚焦能够切实激发发展新动能的重大问题,突出支持重点、创新扶持方式,做到有的放矢,精准发力,促进项目与产业需求精准对接。

(五)加强科技人才体系建设,进一步打造创新人才高地

1.进一步优化人才发展体制机制

东莞应坚持全球视野,建立国际通行的用人主体发现、国际同行认可、大数据测评的高端人才遴选体系,赋予高端创新型人才用人权、用财权、用物权、技术路线决定权、内部机构设置权,大限度地放权松绑,更好地发挥他们的活力和创造力,为东莞市建设高精尖的科技人才队伍提供引领。充分发挥华为、散裂中子源等龙头企业、重大科技基础设施的人才与创新溢出效应,加快培养一批相关领域的创新型高端人才。要主动加强与欧美发达国家、共建"一带一路"国家、粤港澳大湾区先进城市人才交流合作,按照"柔性引才""靶向引才"原则,引进对全市产业发展有重大影响、能带来重大经济效益和社会效益的高层次人才、团队和项目。

2.优化高层次人才创新创业生态

东莞应在巩固提升优化现有各类人才补贴、资助标准的基础上,充分发挥政府资金引导作用,成立服务高层次人才引进和助力人才创新创业的政府引导性创投基金,并通过知识产权证券化、股权众筹融资等模式,加强对创新创业人才和团队的创新创业支持,不断优化高层次人才在莞创新创业生态。要优化定制化配套服务,围绕全球顶尖高端创新型人才事业发展、社会保障、生活便捷、服务措施等方面,按照"量身定制,一人一策"的办法,以个性化政策解决个性化问题,解除高端创新型人才及其团队的后顾之忧。

3.加大高层次人才对产业发展的支撑力度

东莞要突出产业导向,紧密围绕重点发展新兴产业,瞄准产业链的核心技术节点和短板薄弱环节,引进培育一批水平领先、分工明确、优势互补的人才团队,打造重点产业高端人才的"聚集部落"和"火力军团",

为产业发展提供全链条的技术支撑。要加强同一产业领域间的沟通协作，针对产业共性技术难题开展联合攻关，形成资源共享、互补有无的产业联盟，填补产业关键技术空白。要加强对高层次人才在项目用地、厂房、实验设施等要素上的供给，为高层次人才提供产品生产、企业管理、市场营销等方面的创业辅导，帮助其拓宽产品市场渠道，加速产业化进程并加快实现经济效益。

（六）加强科技成果转移转化体系建设，进一步促进科技经济融合发展

1. 大力推动科技成果转移转化

要根据建设国家创新型城市的实施意见和科技成果双转化行动计划，细化完善科技成果转移转化的相关政策，促进国内外优质科技成果在东莞落地转化。要充分发挥珠三角国家自主创新示范区政策先行先试的优势，全面落实国家自主创新示范区相关政策，进一步完善科技成果跨区域转移转化制度，提升重大科技成果转化和产业化的整体效能。要加快推动科技成果转移转化载体建设，积极对接广深港澳四地科技成果转化数据库、知识产权交易和专利展示交易等平台，打造有利于技术成果转移转化的综合生态系统。进一步完善新型研发机构和高等院校技术成果转移转化平台系统，建立健全科技成果信息汇总机制、成果转化激励机制、成果评价机制和技术交易机制，构建统一互联的技术成果信息系统。

2. 着力完善知识产权保护和激励机制

要紧扣创新发展需求，发挥专利、商标、版权等知识产权的引领作用，打通知识产权创造、运用、保护、管理、服务全链条，建立高效的知识产权综合管理体制，探索支撑创新发展的知识产权运行机制，推动形成权界清晰、分工合理、权责一致、运转高效的体制机制。要积极探索以知识价值为导向的分配政策，探索对创新人才实行股权、期权、分红等激励措施。支持高新技术企业及创新型企业通过研发获得国内、欧美日发明专利和PCT境外发明专利，对在专利运用、管理、保护方面取得明显成效的企业给予资

助，对获得国家、省专利奖的企业给予奖励。支持高新技术企业建立产业知识产权联盟，鼓励产业知识产权交叉许可和共享使用，加大知识产权保护力度。

参考文献

习近平：《加强基础研究 实现高水平科技自立自强》，《求是》2023 年第 15 期。

王志刚：《完善科技创新体制机制》，《人民日报》2020 年 12 月 14 日。

贾晓峰、高芳、胡志民：《国家创新体系建设的结构、功能、生态视角分析》，《科技管理研究》2021 年第 22 期。

张秀蓉、孙彦国：《河北省区域创新体系建设中存在的问题与挑战》，《河北师范大学学报（哲学社会科学版）》2022 年第 3 期。

白旭云、张琪睿：《我国科技创新政策的战略发展与新路径》，《中国行政管理》2022 年第 12 期。

赵菁奇、金露露、张文君：《科技自立自强视域下国家创新体系效能建设与提升——以长三角区域为例》，《华东经济管理》2024 年第 1 期。

陈海若：《中国特色国家创新体系建设：概念由来、历史演进与实践路径》，《西安财经大学学报》2024 年第 1 期。

B.8
东莞创新重大科技项目组织模式的实践探索

孔建忠*

摘 要： 自 2009 年以来，东莞市有条不紊地组织实施重大科技专项，对核心技术集中攻关、创新人才快速集聚、产业结构优化调整发挥重要推动作用。本文以重大科技项目组织模式为主线，全面梳理总结历年来东莞市重大科技专项开展情况，剖析问题和不足，学习借鉴先进城市经验做法，提出以建立市级专项调度机制为着力点、以夯实重点领域研发项目为基本点、以瞄准产业化目标导向为落脚点、以创新组织服务模式为突破点、以优化服务保障体系为支撑点，逐步探索建立具有东莞特色的科技项目组织模式，推动科技创新赋能高质量发展。

关键词： 重大科技项目 组织模式 东莞实践

重大科技项目是科技创新的重要内容，为切实解决重大科技项目组织实施过程中存在的"堵点""卡点""难点"问题，东莞市立足创新能级和产业积累的发展基础，积极探索建立健全项目从发现到培育、从服务到落地的全周期全过程服务机制，保障项目组织实施高效有序，科技投入效能快速提升，形成重大科技项目从组织实施到成果转化及产业化的工作闭环，为高质量发展提供重要支撑。

* 孔建忠，东莞市电子计算中心高级经济师，东莞市社会科学院特约研究员，主要研究方向为科技创新与区域发展。

一 重大科技项目的基本特征

从狭义角度来看，重大科技项目是体现地方科技创新战略规划，由政府牵头组织实施的重大科技设施建设、关键核心技术攻关等，集中力量争取在某个重点领域实现突破，推动科技创新的快速发展；从广义角度来看，还包括聚焦人类命运共同体的共性问题，以开创性、突破性、关键性为特征，以重大科学发现为首要目标的国际、国内重大科学计划以及科学工程。

（一）体现科技创新战略意图

中国式现代化的鲜明特色要以科技创新为支撑和保障。建设现代化产业体系，实现质量、效率、动力三重变革，都需要雄厚的科技力量支撑，都必须依靠创新驱动的内生型增长。作为现代科技发展的重要组成部分，重大科技项目需要地方政府将目标瞄准科技发展前沿，从新发展格局、未来战略、长远利益等角度出发统筹谋划和配置资源，以点带面，重点突破，为实现中国式现代化提供强劲动力。

（二）促进产业高质量发展

科技创新是实现高质量发展的必由之路。从历史维度来看，科技在历史进程中发挥重要的推动作用。深挖创新资源，转化创新成果，赋能产业升级，科技创新已成为高质量发展的最大增量。从实践逻辑看，面向重大战略和未来产业发展需求，以重大科技项目为牵引，组织关键核心技术攻关是推动产业链重构的主导力量。加强关键领域核心技术的全面供给支撑，推进重大科技成果广泛渗透各个产业，拓展新领域新赛道，才能不断培育产业发展新动能新优势，实现更多的创新引领型发展。

（三）需要统筹整合多方创新要素

重大科技项目由于其特殊性和专业性，通常涉及多个学科领域的专业知识，单靠某一科研单位或者企业难以突破诸多限制，这就需要由政府部门进行牵头调度和统筹谋划。尤其是外部效应显著的项目，仅仅依靠市场机制难以实现有效配置资源要素。只有通过顶层规划、系统布局、跨界整合、协同配合，将政、产、学、研、用各方力量集合在一起，才能形成推动重大科技项目实施的强大合力。

二　东莞市重大科技项目组织实施情况

以科技东莞工程为着力点，东莞市从 2009 年开始设立市重大科技专项，并结合国家和省市科技产业发展实际，适时进行优化调整，推动形成"科技创新+先进制造"的城市定位和形象。东莞市重大科技项目管理相关政策文件如表 1 所示。

表 1　东莞市重大科技项目管理相关政策文件

年份	政策名称	主要内容
2009	东莞市人民政府办公室关于印发《东莞市重大科技专项资助计划操作规程》的通知（东府办〔2009〕98 号）	开展重大共性技术攻关、重大成果转化、重大战略产品开发、重大科技示范工程以及市委市政府确定支持的重大任务，正式启动市重大科技专项工作
2013	关于印发《东莞市重大科技项目资助办法》的通知（东府办〔2013〕94 号）	明确市重大科技项目单项资助金额超过1000 万，分为引进类和提升类
2014	关于印发《东莞市重大科技项目管理办法》的通知（东府办〔2014〕21 号）	明确立项审批、项目监理、资金管理、验收结题等具体细节
2016	东莞市人民政府关于印发《东莞市科技计划项目资助管理办法（修订）》的通知（东府办〔2016〕18 号）	明确科技计划项目资助经费从"科技东莞"工程专项资金中安排；采用竞争性评审方式进行立项；资助方式采用无偿资助、科技金融资助和市政府明确的其他方式支持
2017	东莞市人民政府办公室关于印发《东莞市核心技术攻关"攀登计划"实施方案（2017—2020 年）》的通知（东府办〔2017〕144 号）	梳理出台东莞市重点产业核心技术攻关目录；组织实施核心技术攻关重点项目和前沿项目，采用竞争性分配和市镇联动方式，每个项目资助额度分别不超过 2000 万和200 万

年份	政策名称	主要内容
2020	东莞市科学技术局关于印发《东莞市重点领域研发项目实施办法》等建设国家创新型城市配套政策的通知（东科〔2020〕44号）	突出支持重点，围绕五大领域十大产业的"卡脖子"技术需求；创新支持方式，将资助额度设为500万元、400万元、300万元三档；注重引进外地资源。首次设立国家、省重点研发计划类项目对接资助

资料来源：东莞市政府网站相关政策信息。

（一）发展历程

截至2023年，东莞市重大科技专项总共立项92项，市财政资金投入约4.87亿元。结合不同时期侧重点，东莞重大科技项目发展历程可分为三个阶段。

1. 起步探索期（2009～2010年）：以共性技术研究和应用示范为主

2009年，东莞市印发出台了《东莞市重大科技专项资助计划操作规程》（东府办〔2009〕98号）等文件，围绕全市重点领域和产业的重大科技需求，组织实施"五个重大"工程——共性技术攻关、成果转化、战略产品开发、科技示范工程、市委市政府确定支持的重大任务，拉开市重大科技专项工作帷幕。

主要特点：一是部门共同组织实施。由市科技部门牵头，经济领域相关部门参与组织实施，有计划、有目的地组织开展一批能够明显带动产业发展的重大科技项目。二是结合各阶段特点制定工作重点。注重主动组织申报，注重综合评审，注重核心技术应用，注重职责明晰划分。

该阶段基本确立东莞市重大科技项目的组织思路、实施原则和管理流程等，在摸索中探寻方法，在实践中积累经验。

2. 稳步发展期（2011～2019年）：以核心技术攻关和产业相结合为主

为打造创新型经济强市，东莞市分别于2013年和2014年出台了《东莞市重大科技项目资助办法》（东府办〔2013〕94号）和《东莞市重大科技项目管理办法》（东府办〔2014〕21 号）。2016 年，为解决重点产业共性技术瓶颈问题，东莞市出台《东莞市科技计划项目资助管理办法（修订）》（东府办〔2016〕18 号）。2017 年，东莞大力发展战略性新兴产业，加快培育发展新的优势产业，出台了《东莞市核心技术攻关"攀登计划"实施方案（2017—2020 年）》（东府办〔2017〕144 号），将下一个引爆点瞄准新一代通信、物联网、人工智能、新材料等新兴产业，开展核心技术攻关。

主要特点：一是立足本土，超前部署。本阶段重点针对全市重点产业发展的瓶颈和薄弱环节，聚焦智能制造和高端装备、高端新型电子信息、云计算与大数据、新能源汽车、新材料、生物医药等领域，加强支柱产业以及战略性新兴产业的核心技术攻关。二是统筹部署，立体联动。上下联动——主动与上级对口部门沟通衔接；横向协同——搭建各有关部门、高校、科研机构等共同参与的协同创新机制；市镇联动——调动镇街在场地、资金、专业服务等方面的优势，助推项目的快速落地实施。三是拨贷结合，科金赋能。2015 年出台了《东莞市科学技术局实施拨贷联动支持计划和重点企业信贷支持计划操作规程》，按照"政府推荐、自主审贷、市场运作、风险共担"的基本要求，采取"先政府立项、后银行贷款、再财政拨款"的方式支持重大科技项目组织实施。

该阶段大力推进实施创新驱动发展战略，围绕全市重点产业发展的技术需求，集中力量、突出重点、整合资源，研发一批具有核心知识产权和产业化能力的关键技术成果，持续为实现产业高级化发展提供坚强支撑。

3. 完善提升期（2020~2023 年）：以围绕国家战略主动布局和开放合作为主

为贯彻落实《东莞市科技计划体系改革方案》（东科〔2020〕28 号）有关精神，2020 年，东莞市制定出台了《东莞市重点领域研发项目实施办法》（东科〔2020〕44 号），将"市重大科技专项"改革为"市重点领域研发项目"，并配套形成了可行的项目操作规程，主要聚焦全市支柱产业和战略性新兴产业等领域的共性关键技术和产业前瞻技术的研发及应用。

主要特点：一是聚焦支持重点。在项目组织上，积极拓宽组织渠道，鼓

励投资机构、孵化器、产业联盟、行业协会等机构主动挖掘发现并积极推荐重点领域研发项目。在支持方向上，紧紧围绕五大领域十大产业的"卡脖子"技术需求，聚焦能够激发发展新动能的重大问题，集中力量办大事。二是招引市外资源。首次设立国家、省重点研发计划类项目对接资助，注重将外地优质成熟的项目成果或研发资源引进东莞落地发展。三是促进项目与产业需求精准对接。制定重点领域关键项目库和技术目录，将优先支持入库项目与目录技术。成立市重点领域研发项目专家咨询委员会，邀请海内外高层次的技术专家学者为项目库、技术目录与项目的主攻方向、技术路线和研发进度提供咨询意见。

该阶段主要采取制定重点产业技术目录等方式，瞄准当前国家重点发展的"卡脖子"技术，收集产业发展中急需支持和扶持的共性关键技术和产业前瞻技术的研发及应用需求；立足实际情况，扩大申报范围，注重引进市外资源，面向市内外科技型企业、高等院校、科研院所等单位，采用分阶段支持的方式，做到有的放矢，精准发力。

（二）主要成效

1.资金引导效果明显

2018~2023年东莞市重大科技项目财政资助经费约1.82亿元，项目承担单位自筹资金约11.12亿元，自筹资金为财政经费的6倍多①，充分发挥了财政经费的引导作用。项目共引进科研创新团队35个和领军人才4人，引导企业培养研究生学历人才超200名，打造了一支高素质创新人才队伍。

2.科研创新成果显著

据《2020—2022年度重点领域研发项目重点绩效评价》初步统计，项目实施期内共获得授权专利446件，登记软件著作权117件；发表论文188篇，制定技术标准155项，形成新工艺45项，取得新产品105件、新材料

---

① 《关于对2023年度部门评价项目重点绩效评价报告的公开》，东莞市科学技术局网站，http://dgstb.dg.gov.cn/xxgk/zwxx/tzgg/content/post_ 4077141.html。

28 种、新装备 25 套；共催生省科技进步奖一等奖 3 项、二等奖 5 项、三等奖 3 项（见表 2）。项目实施成功转化了一批科技新成果，为东莞开展重点领域核心技术攻关提供了有力支撑。

表 2　东莞市重大科技项目成果获奖情况

获奖年份	项目承担单位	奖项
2016	广东众生药业股份有限公司	省科技进步奖一等奖
2017	广东东阳光药业有限公司	省科技进步奖一等奖
	易事特集团股份有限公司	省科技进步奖三等奖
	广东润星科技有限公司	省科技进步奖三等奖
	广东正业科技股份有限公司	省科技进步奖三等奖
2018	东莞宜安科技股份有限公司	省科技进步奖二等奖
	广东长盈精密技术有限公司	省科技进步奖二等奖
	东莞理工学院	省科技进步奖二等奖
	广东正业科技股份有限公司	省科技进步奖二等奖
2020	东莞理工学院	省科技进步奖二等奖
2021	电子科技大学广东电子信息工程研究院	省科技进步奖一等奖

资料来源：综合整理相关部门信息报道。

3. 推进企业做大做强

重大科技项目有效促进了科技单位通过自主创新开拓新市场、新赛道，提高市场竞争实力，有效帮助企业加快发展，为科技企业实现长期盈利和未来高成长提供了保障。根据《2020—2022 年度重点领域研发项目重点绩效评价报告》，2020—2022 年通过验收的 24 家项目承担单位，2022 年营业收入和净利润较 2020 年均取得了较大幅度增长，其中营业收入由 2020 年的290 亿元增至 2022 年的 510 亿元，增幅达 76%；净利润由 2020 年的 29 亿元增至 2022 年的 32 亿元，增幅约为 10%。

（三）存在的问题

1. 项目指南全局性有待提高

一方面，重大科技项目指南的制定主要有有关企业或科研单位提交的项

目建议书和参与指南编制的专家意见建议两个来源渠道，这就导致指南编制过程中存在较为被动的局面，未能全面体现全市的科技创新和产业发展实际需求。另一方面，项目组织实施缺乏持续性。由于缺乏稳定的专家咨询团队，各年度项目指南的技术内容在深度、广度等方面缺乏连续性，无法做到一张蓝图画到底，难以形成持续深入的技术攻关。

2. 项目监测灵活性有待加强

一是申报方式过于复杂烦琐。比如，项目申报需准备项目情况表、可行性报告、单位资质、审计报告等。据调研，平均每个申报项目超过 100 页，准备周期为一个星期，而立项率大约只有 10%。二是评审质量有待提升。项目评审需专家现场查阅书面材料，并在较短时间内完成大批量的项目评审，相关领域的权威、顶尖专家难以邀请，导致评审结果的科学性和全面性有所欠缺。三是项目动态监测仍以管理为主，与当前科技项目管理和服务需求存在不匹配的情况。

3. 项目支持多样性有待拓展

项目资助基本采取"一刀切"的共性分配模式，影响潜力项目研发。不同项目资金投入规模差异较大，但目前项目顶格资助标准统一为 500 万元。一方面，部分小项目可能增加非必要的自筹经费从而获取顶格的财政支持，导致资金浪费；另一方面，受统一顶格资助标准限制，部分投入规模较大的项目难以获得与项目规模匹配的资金支持，不能有效满足企业研发资金需求，财政资金对产业链的支持力度受限。

4. 项目验收指标科学性有待强化

一是绩效指标缺乏延续性和拓展性。项目产出、效果等多项指标在各年度间变动过大，如 2021 年度项目产出数量指标包括"突破关键共性技术数量""扶持领域数量""带动企业投入'卡脖子'技术攻关总经费"，而 2022 年度项目产出数量指标只包括"市重点领域研发项目验收数量"。各年度绩效指标间缺乏延续性，无法体现项目主要产出和核心效果，不利于梳理总结项目各年度实施情况。二是绩效指标设置全面性和客观性有待提升。2022 年度项目效益指标未包含可持续影响指标，绩效指标体系不完整；仅"新工艺新产品数量"一项三级指标涉及项目科技效益，无法全面考察项目成效。

三 国内城市经验借鉴及启示

（一）广州模式——以创新逻辑为导向

1. 基本情况

2023年2月广州市发布了最新的《科技计划项目管理办法》《科技计划项目经费管理办法》《科技计划科技报告管理办法》；3月，出台了《广州市重点领域研发计划优化提升方案》。这些办法和方案从底层逻辑构建科技计划体系，打出一套科技创新组合拳。尤其是推行引导激励的模式，坚持企业提出需求、企业主导投入，支持产学研合作的方法，充分信任科研人员、充分尊重科研规律，营造宽松的创新氛围。

2. 主要特点

（1）优化项目形成机制。一是产业链创新联合体协同技术攻关。由链主企业根据产业发展需求，提出关键共性技术攻关项目或颠覆性创新技术攻关项目，联合产业链上下游中小企业、高校、科研院所或医疗机构组建创新联合体，组织实施一批重大科技项目。二是国家重点研发计划"递补支持"。鼓励在穗企业和医疗机构积极承接科技部"国家重点研发计划项目"，提出符合广州市科技创新"十四五"规划方向的市重点领域研发计划项目。三是国家重点研发计划产业化落地"接续支持"。鼓励在穗规上高新技术企业承接国家重点研发计划项目成果落地产业化和应用示范推广，按实际落地实施情况给予一定的支持。四是社会资本投入研发项目"认定立项"。对利用社会资本完成的符合一定条件的技术研发项目，可认定为完成一项市重点领域研发计划项目。

（2）优化项目管理机制。一是压实链主单位主体责任。链主单位承担主体责任，参与项目全过程管理，牵头组建创新联合体，制定年度科技攻关

工作方案，发挥"阅卷人"作用，加强与申报国家和省技术攻关专项工作的衔接，鼓励探索"揭榜挂帅"、"经理人制度"和"业主制"等方式。二是完善统筹对接机制。建立国家重点研发计划项目的立项和结题验收信息互通机制，积极参加国家重点研发计划项目启动会、推进会和成果对接会等工作会议，及时跟踪项目成果产出情况，委托专业化科技信息分析挖掘团队，掌握承担重点研发专项项目的企业和人才团队情况。三是规范认定立项项目管理。将认定立项项目纳入"广州科技大脑"管理，加强科技业务信息的衔接和联动，减少信息填报量，提高认定审核效率。

（3）优化项目评价机制。一方面，评估检查坚持问题导向，减少对科学家的影响。新修订的《科技计划项目管理办法》提出实行年度情况报告与项目过程评估管理制度。相比以往依靠经验和随机抽取的方式，充分利用大数据互联网技术实时感知在研项目的项目负责人和项目承担单位存在的异常情况，能够使发现的问题更加精准，大大减少对科研人员干扰。另一方面，优化验收指标体系，鼓励创新宽容失败。

（二）深圳模式——以目标和市场为导向

1. 基本情况

2023年3月，深圳市编制了《科技计划管理改革优化工作方案（征求意见稿）》，聚焦"20+8"产业集群及市委市政府重点任务，从以往的选项目逐步转变为"选项目、选人、搭平台"并重，尤其是"技术经理人"的选择和管理、重点实验室和技术创新中心的搭建，发挥好市场配置技术创新资源的决定性作用和企业技术创新主体作用，解决好"越位"和"缺位"问题。改革后科技计划体系共分为8个专项21个专题，其中科技重大专项和成果产业化专项共设7个专题，并相应编制了《深圳市重点领域研发计划管理办法（试行）（征求意见稿）》《深圳市国家和广东省科技计划项目配套资助管理办法》《深圳市技术转移和成果转化项目资助管理办法》等。

2. 主要特点

（1）聚焦重点、精准发力。一方面，主动根据产业发展需求和创新资源集聚情况设置专项，相对固定主攻方向，集中力量办大事；另一方面，在专项范围内科学凝练项目课题，通过项目指南明确具体项目申报条件、资助额度等关键信息，保持项目灵活性。

（2）创新方式、深化改革。一是创新组织管理模式。加强市区联动，发挥龙头企业作用，探索设立"业主制专项"等特色专项；二是创新选题确题方式。拓宽课题来源，加强"自上而下"与"自下而上"方式的充分衔接，以课题评议代替课题评审，由各评审专家独立打分改为评议专家组集体研讨。三是创新支持方式。创新运用竞争择优、定向择优、定向指派等遴选方式和"赛马式资助"、"里程碑式资助"与"中期评估式资助"等资助方式。

（3）链条保障、实现价值。实施成果产业化"三大工程"。一是畅通工程。加大科技成果应用示范推广力度，实施创新产品采购制度，允许采取非招标方式开展国有资金采购创新产品和服务；创新性建立成果跟踪反馈机制，强调"科学（S）—技术（T）—工程（E）"的双向互动，形成科技与产业螺旋上升、同频共振。二是支撑工程。构建多级技术转移对接网络，形成市、区（园区）、重点机构"核心节点+区域分节点+专业分节点"三级有机融合。三是突破工程。采取"先试点后推广"模式，开展成果权属改革试点；探索科技成果"沿途下蛋、就地转化"机制，以大湾区综合性国家科学中心先行启动区建设为抓手，加强与港澳创新资源协同配合，实现科技成果沿途落地转化。

（4）规范权责、加强监督。一是明确了市科技行政主管部门、项目牵头单位、专项咨询专家组和项目管理专业机构等的职责分工，做到权责清晰、流程顺畅。二是加强监督管理，通过项目执行情况报告制度、中期评估、阶段性考核等对各项目实施进度进行跟踪评价，并按评价结果分批拨付财政资助资金。

（三）合肥模式

1. 基本情况

2021年9月合肥市出台了《科技重大专项项目管理办法》；2023年8月

出台了《2023年合肥市科技创新产业政策实施细则》。在激励加大研发投入方面，设置市科技重大专项项目资助、市关键共性技术研发项目资助，承担国家科技计划项目和省科技攻关项目配套等；在促进科技成果转化方面，设置中试平台（基地）建设招引补贴、概念验证中心和中试平台（基地）运营补贴、成果就地转化奖励等。

2. 主要特点

（1）创新重大专项组织形式。根据定位不同，可采用公开竞争、揭榜挂帅、定向委托等形式。对于前沿引领和颠覆性技术、重点领域关键核心技术、公益性应急需要和共性技术，采用公开竞争的方式确定项目承担单位。对于战略方向、技术路线比较明确的项目，采取定向委托或揭榜挂帅等方式确定项目承担单位。

（2）激励加大研发投入。遴选一批突破重大关键核心技术项目，依法通过"定向委托""揭榜攻坚"等方式，给予最高1000万元补贴。以"竞争赛马"等方式，重点针对产业共性技术瓶颈项目，给予30万～200万元的支持。

（3）促进科技成果转化。对企业经认定登记且年度累计登记额1000万元以上的，分档给予最高30万元奖励。对符合条件的新技术、新产品和新模式示范应用场景项目，分档给予最高500万元奖励。依法支持工程建设、政府采购等领域带头应用"三新""三首"产品。

（四）先进城市重大科技项目管理带来的启示

1. 强化顶层规划引领

各城市围绕"十四五"规划重点产业布局，加强优势关键技术领域系统部署，已成为制定重大科技专项相关政策的出发点。通过健全系列配套政策体系，从顶层设计环节入手，建立专家论证前置制的项目指南编制办法，实现从"提需求—评需求—立项"模式向"产业需求—战略研究—顶层设计立项"模式的转变。同时，搭建产业关键技术项目收集平台，广泛征集重点领域最迫切的技术需求，精准识别科技创新需求。

2. 推动科技成果转化

加大科技成果转化力度，推动更多关键性技术成果转化为先进生产力，各城市充分认识到科技成果产业化对推动经济高质量发展的重要意义。从搭建需求对接、打造平台支撑、强化激励导向等方面着手，畅通科技成果链式转化渠道，激发企业科技成果转化热情，推动科技成果转化融合再创新，以结果导向推动科技成果高水平转化，为经济高质量发展持续注入活力。

3. 实行全过程管理

重大科技项目涉及面广，技术复杂程度和难度大，特别需要进行全生命周期管理。各城市都利用智能应用平台等数字化手段对项目进行全流程跟踪服务，融合面向服务的体系架构模式，依循多层级管理模式，有效解决重项目申报数量、轻过程管控，重科学研究、轻经费管理等问题。

四　对策建议

立足于"科技创新+先进制造"的城市定位，东莞创新重大科技项目组织模式。要以打通科技与产业的壁垒、让科技创新真正助力先进制造为牵引，以出台《东莞市重大科技项目实施办法（试行）》为契机，围绕产业全链条布局创新全要素，实现关键核心技术自主可控和产业前瞻布局。

（一）以建立市级专项调度机制为着力点

一方面，建立市重大科技项目专项工作小组。在东莞市全面深化改革加快实施创新驱动发展战略领导小组的框架内成立市重大科技项目专项工作小组，研究项目组织工作推进思路、方案，梳理分析和协调解决市重大科技项目实施过程中遇到的重大问题，并实行高位调度、提级管理，做好全链条协调服务和全流程跟踪对接。另一方面，建立市重大科技项目统筹调度工作机制。按照战略性、系统性、全链条、全周期、信息化、精准化的思路，推行"高位统筹协调、集成一体处理"的工作模式，对市重大科技项目库实行不

定期调度，强化过程管理、聚力服务破题，做到精准聚焦、靶向发力，形成从组织实施到成果转化及产业化的工作闭环。

（二）以夯实重点领域研发项目为基本点

重点领域研发项目要进一步加大支持的力度和精度。一是细化重点领域技术攻关维度。以产业链不同环节为基础，以"市场需求+竞争分析"为原则，分为关键技术攻关项目和链条式集成攻关项目。前者主要侧重"逐个突破"，重点实现"补短板、堵漏洞、强弱项"和核心技术自主可控；后者主要侧重"协同攻关"，由同一产业链条和技术领域的多个项目组成项目群，开展行业核心技术和关键技术集成式攻关。二是创新支持方式方法。创新以"定向委托"等模式，鼓励链主龙头企业联合上下游企业和科研机构组建创新联合体，围绕整条产业链的创新需求开展持续式、链条式的集成攻关项目，"免试"申报相关流程。三是优化资助资金拨付周期。结合重点领域研发项目资金费用支出时间节点，采取事中事后相结合的资助方式，及时解决项目研发过程中的资金压力等问题；借鉴合肥等城市做法，适当提高单个项目最高资助额度，科学设置资助等级和金额梯度。

（三）以瞄准产业化目标导向为落脚点

科技创新的最终落脚点是推动产业升级、引领高质量发展。与此同时，科技成果转化及产业化因其成功率低、要求严苛，被形象地称为"跨越死亡谷"。这是一项系统性工程，不仅需要政策布局，还离不开优良的服务配套和发展环境。在科技创新链条中，东莞要更加注重研发的"完整度"，既要解决技术问题——加大企业研发投入补助力度，也要解决转化问题——支持企业研发后续实现产业化的投入问题，重点解决在实施周期内可形成新经济增长点的新兴产业中的工程化和产业化技术问题，从而真正实现全链条、全覆盖、全方位的有力支持。

具体可以建立健全项目发现及培育机制为抓手进行推进。在发现项目上，将企业申报、专家评审的"广撒网"式传统做法，变为面向全社会广泛发动，征集技术创新能力强、成果转化成熟度高、市场应用前景好的研发项目，建设市重大科技项目库。在项目实施上，将原来的单兵作战、各自为政，变为产业界和科技界协同、产业链条抱团攻关；在资金奖补上，在企业完成研发形成科技成果后继续进行开发应用及产业化的，按照一定比例给予产业化绩效奖励，将原来的事后奖补变成事中奖补，缓解企业的研发投入压力；在服务保障上，一方面打破过往科研项目唯"技术专家"论，以项目实现"产业化"为目标导向，稳定组建一支长期从事技术开发、科学管理、金融财务、商务对接、法律咨询等方面工作的专家团队，为项目研发和成果转化及产业化提供专业咨询及服务；另一方面激活专业机构力量，委托第三方专业机构协助开展项目管理和项目服务，有针对性地提供科技金融服务、产学研合作资源对接、人才引培资源对接、市场资源对接。从发现到培育、从服务到落地，实现一个项目每个环节都有贴心细致的制度安排无缝接入，切实推进市重大科技项目组织实施高效有序推进。

（四）以创新组织服务模式为突破点

积极探索实施"揭榜挂帅"制，以"谁被卡谁出题、谁能干谁来干"为基本原则，由本土头部和腰部企业围绕创新链的关键需求，凝练提出科研攻关任务和需求，面向全社会发榜征集开展重点攻关解决技术难题，推动技术成果转化及产业化。在榜单设置方面，强化问题导向，体现企业需求，让企业在技术需求提出和榜单凝练过程中发挥主导作用。在成果评价方面，充分调动多元评价主体作用，试行对"揭榜挂帅"制项目采用科技成果分类评价，以实际问题为导向，以解决问题为准绳，综合全面评价最终成果。在服务支持方面，试行充分的赋权，探索相同的"项目+年度"检查结果互通互认，减少不必要的重复检查；采用科技金融等多种方式引导社会资本解决项目自筹投入资金需求，实现不同资助主体之间的资金整合与协同。

（五）以优化服务保障体系为支撑点

一方面，创新评价标准方式。探索将技术成熟度评价方法应用于项目全周期。综合国内外关于技术成熟度评价方法的应用实践，可以看到该方法能够显著提升科技成果的成熟度等级，推动项目单位及时优化技术攻关路线等。基于此，将技术成熟度的评价方法全方位嵌入前期立项、中期检查和后期验收的重大科技项目全流程中，能够提升项目服务保障的质量。另一方面，创新动态服务模式。实行动态管理，及时调整重大科技项目库项目清单，根据项目技术进展情况完善新增和退出机制。探索组建东莞市天使投资母基金，形成"母基金+子基金"的重大科技项目资金池，吸引社会资本参与，形成财政资金引导、国有投资机构股权投资跟进、银行机构贷款投放等多元化的扶持方式，有效将资源精准引入新质生产力的发展赛道中，不断激发市场的投入和发展活力。

参考文献

孔建忠：《边界要素对区域商贸流通产业协同发展的作用机制分析》，《商业经济研究》2024 年第 6 期。

孔建忠：《粤港澳大湾区探索建设数字特区的路径浅析》，《湖北第二师范学院学报》2024 年第 41 卷第 3 期。

李海丽、陈海燕、李玲：《国内典型省市"揭榜挂帅"机制实践与发展思考》，《科技智囊》2022 年第 7 期。

孙晶、曾基业、李正旺：《"揭榜挂帅"机制分析与优化路径探索》，《科技创新发展战略研究》2022 年第 6 卷第 5 期。

孔建忠：《"双区"建设背景下推动东莞数字经济高质量发展研究》，《科学发展研究》2022 年第 2 卷第 5 期。

孔建忠：《粤港澳大湾区建设金融离岛的思路探析》，《财经与市场》2022 年第 4 期。

东莞市电子计算中心：《东莞科技创新发展报告（2022～2023）》，社会科学文献出版社，2023。

高伟：《大数据时代科技项目管理的优化创新路径分析》，《黑龙江科学》2021 年第 12 卷第 8 期。

马广军、吴学鹏、江山红、周丽梅：《基于技术成熟度的科技项目管理体系探索与实践》，《石油科技论坛》2021 年第 40 卷第 2 期。

杨海深、王茜：《全面构建粤港澳大湾区数字经济协同发展新路径》，《新经济》2019 年第 10 期。

B.9
松山湖科学城与光明科学城共建创新共同体研究

江炎骏 孔建忠*

摘 要： 构建创新共同体是近年来区域协同创新的重要模式，对于破解原创性、基础性重大科技难题具有重要意义。大湾区综合性国家科学中心先行启动区跨越两个城市，松山湖科学城与光明科学城构建创新共同体有利于大湾区综合性国家科学中心更好履行国家赋予的重大创新使命。研究发现，松山湖科学城与光明科学城具有构建创新共同体的初步基础，但也存在尚未形成常态化的沟通机制、顶层规划衔接不够紧密、政策支持存在较大差距、交通连接不便捷等现实困境。为构建起大湾区综合性国家科学中心创新共同体，松山湖科学城与光明科学城应构建常态化沟通交流机制、争取上级赋予两地同等的政策支持、推动共建具有全球影响力的科创高地、推动两地公共服务配套资源共建共享、加快打造高效快捷的联通体系、提供低成本落地空间。

关键词： 综合性国家科学中心 松山湖科学城 光明科学城 创新共同体

一 引言

随着全球科技创新日益呈现多主体协作、集成式突破、大规模实施的趋势，区域协同创新已成为整合跨区域创新资源、实现科技经济融合发展和互

---

* 江炎骏，东莞市委党校副教授，博士，研究方向为创新管理与环境治理；孔建忠，东莞市电子计算中心助理研究员，高级经济师，研究方向为科技创新与产业发展。

利共赢的必然选择，而构建区域创新共同体是近年来区域协同创新的重要模式。自 2008 年美国大学科技园区协会等组织发布《空间力量：建设美国创新共同体体系的国家战略》并提出打造将全国各个创新主体系统化连接起来的"美国创新共同体"以来，创新共同体成为各国政府科技政策关注的重点内容。《京津冀协同发展规划纲要》《长江三角洲城市群发展规划》《粤港澳大湾区发展规划纲要》等跨区域发展规划文件中，明确提出要"建设协同创新共同体"，《三省一市共建长三角科技创新共同体行动方案（2022—2025 年）》更是以创新共同体为政策文件主体内容。

深圳光明科学城、东莞松山湖科学城被批复建设大湾区综合性国家科学中心先行启动区，构建创新共同体对于大湾区综合性国家科学中心履行"汇聚世界一流科学家，突破一批重大科学难题和前沿科技瓶颈，显著提升中国基础研究水平，强化原始创新能力"的国家科技创新使命具有重要意义。

二 松山湖科学城与光明科学城联动发展的重要意义

（一）有利于共建大湾区综合性国家科学中心先行启动区

松山湖科学城与光明科学城共同组成大湾区综合性国家科学中心先行启动区，强化两地的联动发展，有利于促进区域间的要素流动，实现资源高效配置，形成优势互补的发展格局。科学功能方面，光明科学城将装置集聚区作为科学城的核心区域，重点围绕信息科学、生命科学等领域，规划布局信息科学领域、生命科学与技术领域、材料学领域的大科学装置，现已引入了自由电子激光、脑解析与脑模拟、鹏城云脑Ⅲ等大科学装置，布局了深圳湾实验室等重点科研平台。而松山湖科学城则聚焦材料科学打造重大科技基础设施集群，已建成全国唯一、全球第四座脉冲式散裂中子源装置，松山湖材料实验室投入使用，中国散裂中子源二期已开工建设，先进阿秒激光可行性研究报告已获批并将于 2024 年底开工建设。两个科学城无论是在科技设施上还是在科学功能上都存在着较强的互补性，双方通过科技设施领域的协同

合作，能够错位发展，实现资源整合，避免重复建设和资源浪费。产业发展方面，深圳市开发起步早、建设发展快、产业规模大，在产业发展方面存在一定优势，但当前光明科学城产业空间趋于饱和，剩余产业承载空间难以满足科学城原始创新成果转化的巨大需求。而东莞市大多数与深圳接壤的镇有多个千亩以上的工业园及大量的可盘活存量用地，松山湖园区也建有多个产业园，背靠东莞完整的制造业体系，各类科技成果都能找到与之相匹配的承接平台或企业，能够为科技成果产业化提供承载空间。

（二）有利于提高效率，实现共赢发展

科学城的发展离不开以科技创新为核心的创新全链条。目前，松山湖科学城已经布局了大科学装置、重点实验室、大科研平台、高水平大学、一流企业等高端创新要素，形成了相对完善的创新发展链条。截至 2024 年 1月底，松山湖科学城已拥有高新技术企业 755 家、省级新型研发机构 18 家，集聚了院士 21 名、各类国家级人才 84 名、省级创新科研团队 28 个。[①] 而深圳拥有众多科技企业、多家高水平大学，金融资产规模排全国前列，光明科学城则依托其在科技创新、产业培育、招商引智、要素配置等方面的突出优势，布局了"科学装置+高水平大学+机构平台+成果转化中心"的创新生态闭环。集聚是科技发展的基本规律。加强两个科学城的联动发展，能够有效整合两地的高端创新要素，有步骤、有组织、有目的地布局打造科技创新链条，加快形成以创新为主要引领的经济体系和发展模式，提高创新效率，能实现 1+1>2 的效果。

三　松山湖科学城参与建设综合性国家科学中心情况

根据 2016 年国务院印发的《国家重大科技基础设施建设"十三五"规划》内容，综合性国家科学中心是服务国家战略需求、设施水平先进、多

---

① 东莞松山湖高新技术产业开发区管理委员会官网，http：//ssl. dg. gov. cn/zjyq/yqgk/content/post_ 4148029. html。

学科交叉融合、高端人才和机构汇聚、科研环境自由开放、运行机制灵活有效的创新平台。东莞参与大湾区综合性国家科学中心建设具有战略意义。从2020年7月东莞松山湖科学城与深圳光明科学城共同获批为大湾区综合性国家科学中心先行启动区以来，大湾区综合性国家科学中心先行启动区建设全面启动。经过2年的实施，已取得一定成效，先行区建设雏形渐显。

（一）大型科技基础设施逐步落地

一是散裂中子源装置建成并开放运营，多物理谱仪、大气中子辐照谱仪成功出束；散裂中子源二期项目、先进阿秒激光设施顺利被纳入国家重大科技基础设施"十四五"规划。二是大湾区大学和香港城市大学落地建设，其中，大湾区大学松山湖校区已完成教学区主要建筑封顶，计划2023年开办招生；香港城市大学（东莞）一期工程已全面启动主体工程建设。三是重大交通项目——科学城通道东莞段首期工程已动工建设；莞深高速改扩建、常虎高速改扩建、常平至龙华城际建设等项目加快推进，核心创新区约2000亩土地统筹基本完成。

（二）资源集聚与成果转化加速

一是散裂中子源装置完成十轮开放运行，全国首台具有完全自主知识产权的硼中子俘获治疗（BNCT）临床装置实现落地转化，"散裂中子源国家重大科技基础设施项目"获得2021年度广东省科技进步特等奖。二是截至2024年6月底，松山湖材料实验室分批从国内外知名高校、科研院所及高新技术企业引进了27个团队，项目团队发起成立产业化公司36家、融资9.5亿、销售订单8.15亿、申请国内外专利968件，已授权412件，① 研究成果入选"中国科学十大进展"。三是与中科院、北京大学、清华大学等国内知名高校院所组建新型研发机构。四是高水平建设了国际创新创业社区，创新孵化模式，打造了松山湖国际机器人产业基地，孵化了大疆创新、云鲸

---

① 数据来源：松山湖材料实验室官网，https://sslab.org.cn/core/factory。

智能等创业企业；松山湖港澳青年创新创业基地作为首批授牌的粤港澳大湾区港澳青年创新创业基地之一，进驻多家港澳人才创业企业。

四 松山湖科学城与光明科学城共建创新共同体的困境

（一）松山湖科学城与光明科学城联动发展的困难

1.尚未形成常态化的沟通机制

两地科学城在纵向上有明确的管理链条，但缺乏横向沟通机制、交流平台。在市级层面上，东莞和深圳仍未达成合作共识，未明确两地合作的思路、方向、机制、合作项目等事项，松山湖科学城与光明科学城之间的信息未能实现高效畅通，尚未形成作战合力。

2.顶层规划衔接不够紧密

两地科学城的规划体系均由市级相关部门牵头编制，缺乏更高层级的统一规划，存在衔接不够紧密的问题。空间规划上，两个科学城均布局了科学装置集聚区、产业发展区、科教集聚区和配套服务区，类似重复的空间布局不利于形成错位发展、优势互补的局面。科技力量布局上，两个科学城均布局和建设了一批科学装置设施以及一批以省级重点实验室、新型研发机构等为代表的高端科研平台，存在创新资源整合和共享程度不高、共建共享机制缺乏等问题。人才资源方面，由于缺乏统一的规划引领，目前两地科学城在人才的引进方面，竞争大于合作，人才资源的"共享性"不足。

3.政策支持存在较大差距

在国家支持深圳建设中国特色社会主义先行示范区的战略部署下，光明科学城作为深圳未来重点发展的区域之一，能够直接享有国家层面的政策赋能，获得更多的先行先试政策支持。而同为先行启动区的松山湖科学城，却无法享受与光明科学城同等的政策支持，两地政策体系差异客观上会造成资源的不均衡布局，不利于综合性国家科学中心先行启动区的整体建设。

4. 交通连接不便捷

两地科学城直线距离短，但南北分立于巍峨山两侧，两大科学城尚无直连道路和轨道，且受山体阻隔，规划新建直连交通通道难度较大。目前两地的日常通行需通过东西两侧莞深高速、龙大高速转公常路等地方道路绕行，通行时间超过 1 小时，交通效率低，不利于两地连片发展。为加快推动两大科学城的互联互通，东莞市自 2020 年起启动了松山湖科学城至光明科学城通道（科学大道）东莞段首期工程的建设，但受到莞、深两市对通道功能定位、建设标准及建设时序的认知差异影响，双方对东莞段二期工程和深圳段目前才达成基本共识，正式推进前期工作。同时，只有已开通的莞惠城际列车在松山湖设松山湖北站，能与轨道交通 2 号线、穗深城际、广深铁路等线路衔接，但缺乏衔接深圳光明科学城的快速轨道服务，接驳换乘时间长，对大湾区科技创新人才快速流动支撑和服务不足，城际通道不足，区域出行效率不高，联系不便。

（二）东莞参与综合性国家科学中心建设面临的困难

当前，东莞的内外部环境发生深刻变化，全球经济增长普遍疲软，东莞经济发展也存在较大的不稳定和不确定性。东莞作为综合性国家科学中心建设的重要城市，将面临许多的制约和困难。

1. 高端创新要素不足，难以支撑高质量发展

一是东莞虽然布局了散裂中子源、阿秒激光、松山湖材料实验室等大型的科技基础设施，但集群效应还不明显，散裂中子源与前沿技术攻关链式协同不强，阿秒激光设施尚在建设中，东莞尚没有国家实验室，基础研究难以得到有力支撑。二是东莞科教资源薄弱，大湾区大学、香港城市大学尚在建设中，本土尚未有高校达到国家"985"或"211"标准，尚未建有国家一类学科，没有博士学位授权点，学科培养及科研短板突出。三是新型研发机构对产业支撑不足，部分新型研发机构导入母校资源不够，自我造血能力不强、研发空心化。

2. 核心创新能力不强，难以承接重大项目

一是近年来东莞虽然构建了较为完备的全链条区域创新体系，但核心能

力建设不足，大学、实验室、新型研发机构等对优质项目、人才团队等创新资源的承接能力不强。如东莞虽然建设了一批新型研发机构，但只有东莞华中科技大学制造工程研究院、松山湖国际机器人研究院等少数几家在产品试验和产业孵化上有所成效；全市建设有多家科技孵化器，但孵化能力不高，在新动能培育上发挥作用有限。二是核心技术"非自主化"现象明显，突出表现为关键核心技术依赖进口。如在高端电子信息产业领域，为三大手机配套的企业多为外壳、玻璃、连接器、耳机等构件生产企业，电子元器件、软件、芯片、面板等核心技术和关键零部件生产企业缺失，核心技术和关键零部件对外依存度高，大部分高端核心零部件和控制系统向日本、德国采购。三是产业核心关键环节缺失。东莞制造业配套相对齐全，但创新链和价值链上游的企业不多，产业层级总体偏低，如在集成电路行业，企业以封装测试为主，仅有少量 IC 设计企业，缺少晶圆生产、芯片制造企业。

3. 创新生态系统有待完善，对高端人才吸引力有限

与广州、深圳等一线城市相比，东莞在城市品质、城市格局、发展平台和创新环境等方面存在差距。一是在人才落地和创新创业环境营造上，与深圳的"楼上创新、楼下创业"的综合体模式相比，东莞还未形成大气候，也缺乏小环境、小氛围，承接和吸纳高素质科技人才落地的高品质空间布局不足。二是在基础设施上，东莞的城际轨道规划和建设相对滞后，松山湖科学城与广州机场、深圳机场、重要口岸以及主要的科研区域等联系时效性有待提高，难以在市域、城际乃至大湾区内形成快速联系，支撑融入"半小时"科研圈。

4. 运行机制不健全，地方财政投入压力大

一是先行启动区双城联动合作机制尚未建立。东莞地处广、深之间，围绕广深港澳科技创新走廊，积极对接广深特别是深圳的资源，与广深实行错位竞争、优势互补。但东莞松山湖科学城与深圳光明科学城"两城"在战略定位、产业布局等方面具有较为明显的趋同性，导致在先行区建设的过程中，两城既是合作又是相互竞争的关系。当前，在纵向管理上，虽然建立了由省统一领导的统筹小组，但在横向协同上，两城各自独立发展，缺乏有效的沟通交流，尚未签订相关的合作框架协议，没能形成合力。二是投入方式

单一。东莞当前参与综合性国家科学中心的建设主要由政府主导，资金投入主要依赖地方财政投入。随着一大批大科学装置、实验室、大学等大设施大项目的落地，东莞地方财政投入将超百亿元，还有土地整备、道路交通建设、城市环境优化等，投入也将非常大，仅凭东莞本地财政投入，将捉襟见肘。三是权限不对等。广州、深圳、东莞共同参与综合性国家科学中心建设，省里将部分项目的自主立项权、审核权下放到广州、深圳相关部门，如省重大科技项目、人才团队项目等，但东莞至今未获得相关权限。

五　推动构建大湾区综合性国家科学中心创新共同体

（一）推动松山湖科学城与光明科学城创新共同体建设

1. 推动两地科学城构建常态化沟通交流机制

一是推动东莞市与深圳市签署松山湖科学城与光明科学城的合作开发框架协议，建立两地专项联动协调工作小组，建立深莞两市高层常态化会晤机制，明确共建综合性国家科学中心先行启动区的目标、路径和具体举措，定期研究解决重大问题。二是推动两地科学城在重大科技设施、科技成果转化、科教平台、人才招引等方面建立稳定的交流合作机制，推动两地科学城实现优势共享、短板互补。积极采取项目引导、活动资金补助等方式，推动两地科学城创新主体和市场主体开展市场化、社会化的交流、互动与合作，为实现更高层次的常态化官方交流机制打下良好的基础。

2. 争取上级赋予松山湖科学城与光明科学城同等政策支持

以建设综合性国家科学中心先行启动区为契机，积极争取国家和省一级政策的支持，一是争取国家、省将支持深圳建设中国特色社会主义先行示范区相关政策以及支持光明科学城建设的其他政策覆盖至松山湖科学城，实现两个科学城之间政策互通。二是争取国家和省出台符合东莞实际的支持政策，从财政投入、产业发展、科技布局、人才优惠、交通布局等方面整体争取与综合性国家科学中心战略地位相匹配的政策资源倾斜。

3. 推动两地科学城围绕巍峨山共建具有全球影响力的科创高地

松山湖科学城与光明科学城仅一山之隔，完全有条件有基础围绕巍峨山共同打造全球科技创新高地。一是推动两地科学城共同编制联动发展规划。从两个科学城各有侧重、互补促进的角度出发，深入研究两地科学城在科学功能、城市功能、产业发展等方面的分工定位，推动两地科学城共同编制综合性国家科学中心先行启动区总体发展规划，并在先行启动区大框架下，跨城市行政边界统筹划定两地科学城范围内的装置集聚区、产业转化区等功能分区，实现两地有机融合发展。二是推动大装置、大设施共建共享。重点面向新材料、新一代信息技术、生命科学等领域集聚更多高端要素和关键科研力量，推动两地联合搭建大型科学仪器设备共享服务平台或实现现有共享服务平台的互联互通，推动重大科技基础设施、重大创新平台等科研设备共建共享，推动两地高端创新资源开放共享。积极争取东莞市在散裂中子源机时分配方面拥有更大话语权，吸引和推动深圳高等院校和龙头企业前来合作。三是推动高水平院校、重点实验室、高科技企业等互相交流、互相促进。两地共同建立科研科教访问制度，定期开展访问交流活动；针对高等院校的学生培养，举办科技、人文、数学等领域的竞赛，举办学术交流活动，推动两地在大专院校、重点实验室、科研平台等方面互补促进发展，实现两地科研力量融合发展。四是推动人才等创新资源有序交流。两地共同建立高效的人才交流机制，探索共同打造多层次的人才培训基地，提升先行启动区对人才的整体吸引力。五是推动科技交流合作。依托国家重大科技基础设施和中科院战略科技力量，共同发起大湾区综合性国家科学中心国际创新论坛，提升先行启动区知名度、影响力。

4. 推动两地公共服务配套资源共建共享

一是聚焦科技创新活动需求，两地统筹布局，共同打造一批为科技创新活动服务的展演中心、大型酒店、综合服务场馆等配套设施，推动两地科学城相互协同，集聚和承载更多全球创新人才和高端创新资源。二是面向高层次人才发展需要，充分整合两地教育、医疗、文体等方面资源，探索突破两地的行政区域限制，实现公共服务配套的共建共享，为人才提供均等化、便利化的公共服务。

5. 加快打造高效快捷的交通联通体系

加快已规划交通设施的建设，研究编制松山湖科学城与光明科学城的交通衔接规划，共同打造"半小时"科研圈和生活圈。一是加快直连道路建设。加快推动科学大道、环莞快速三期建设，谋划推动科学城东西两侧纵向快速对接通道建设，提升路网连通效率；对标深圳，升级改造松山湖周边地区与光明区的连通道路，实现区域交通提质疏堵。二是加快轨道交通建设。加快推进东莞1号线规划建设，做好与深圳6号线支线的对接工作。结合交通需求，进一步探索两大科学城有轨电车等中型轨道运输交通的规划可行性，提高两地通行效率。三是加强区域交通基础设施的统筹谋划。积极争取省级交通规划的倾斜和支持，在规划建设佛穗莞城际、中南虎城际、中轴城际等区域级交通时，充分考虑两个科学城之间的连接需求，争取线路和站点等设施在两个科学城落地，实现两大科学城的高效互联。

6. 提供低成本落地空间

从国家高新区发展历程看，成都高新区、郑州高新区、深圳高新区、苏州高新区等国内先进高新区均先后实施过数轮扩区，为产业高质量发展提供了更大的土地承载空间，有力地促进了当地经济实现更高速度、更高质量发展。参考国内先进高新区的做法，结合松山湖高新区和松山湖科学城的发展实际，提出两个方案。方案一：将属于松山湖科学城规划范围但非松山湖高新区现状管辖范围的地块和协调区纳入松山湖管委会管辖，继续以高新技术开发区的行政架构运行。扩容后面积与深圳光明区、坪山区相当。方案二：为便于两地科学城在物理空间上连成一片，将大岭山南部、寮步中部（打通园区与生态园的地域连接）、黄江临深部分、大朗部分、松山湖园区（含牛杰园）纳入松山湖管委会管辖，继续以高新技术开发区的行政架构运行。

（二）加快东莞参与综合性国家科学中心建设

1. 加快重大科技基础设施集群建设，提升原始创新能力

科技基础设施是吸引和集聚高层次人才和优化创新资源的重要因素。

要以建设重大科技基础设施集群为核心，全力加快科技基础设施建设，带动创新能级的提升。一是积极争取更多的重大科技基础设施布局。推动散裂中子源二期和先进阿秒激光设施完成国家立项，散裂中子源二期年内动工建设；加快南方光源项目预研，争取落地与深圳合作共建。二是推动松山湖材料实验室争创国家级研发机构。围绕科技部对国家实验室体系的部署，密切关注苏州实验室的规划建设进展，全力争取纳入材料领域国家实验室基地，争取成为"材料基因工程全国重点实验室"。三是支持吸引高水平大学集聚。发挥东莞先进制造业基础雄厚、科研创新氛围活跃的优势，吸引境内外顶尖大学在东莞合作共建校区，加快推进香港城市大学（东莞）和大湾区大学的建设，支持东莞理工学校建设国际合作创新区。四是促进与广深港澳等地共建共用共享重大科技基础设施，搭建科创资源共享服务平台，联合共建大型跨境科研机构。五是深化与中科院的全面战略合作。加快完善院地合作体制机制，加速构建重大科技基础设施集群，争取支持东莞科研机构承担更多国家战略科研项目，提升东莞市高校院所原始创新能力。

2. 强化核心能力建设，提升自主创新"硬核"水平

一是实施扶企助企强企提升行动。建立"高新技术企业—瞪羚企业—百强创新型企业"梯队培育机制，提升企业核心竞争力；实施"一企一策"发展壮大高科技企业，增强其综合实力，培育龙头企业。二是实施关键核心技术攻坚行动。建立"卡脖子"技术清单和统一的市重点研发项目库，聚焦产业链关键共性技术"卡点""堵点"，实施一批技术攻关重点项目，提升产业创新策源能力，夯实产业安全基础。三是实施科研创新平台增效行动。推动新型研发机构、工程中心、重点实验室等平台机构提质增效，增强其产业孵化、成果转化、创新服务能力，促进高端资源的引进。四是实施产学研深度融合创新行动。推动以散裂中子源、松山湖材料实验室等为代表的科技战略力量，联合市内外龙头企业，开展产学研用协同，围绕国家重大战略目标、广东省重大科研需求和东莞市重点产业发展需求，主动承接一批具有前瞻性、引领性的重大科技项目。

3. 打造优质创新生态，提升城市竞争力

以松山湖科学城、光明科学城为核心，加速构建适合科学中心快速发展的创新生态，实现硬条件和软环境双轮驱动。一是提升城市服务品质。针对优质科技项目对落地环境和创新生态的要求，建立多部门联动机制，从空间载体品质、高校院所资源渠道、招才引智落地服务、产业和资本资源对接、生活居住和商业配套等方面进行统筹运作，将科学城打造成一个承接广深港澳及国内外知名高校院所创新资源的创新综合体标杆。二是加快基础设施建设。加快科学城核心创新区一期土地收储，推动松山湖科学城至光明科学城通道建设，积极推进莞番高速三期松山湖段、轨道交通1号线、环莞快速三期等省市重点项目建设。三是加强机构与人才汇集。加大对大学、龙头企业、500强企业和研发总部的布局力度，建设科技交流平台，加快打造国际科技交流中心。四是优化人才管理与服务。实行更加开放便利的人才政策，深化科技人才领域"最多跑一次"改革，畅通海外科学家来莞工作通道。

4. 建立灵活有效运行机制，实现资源集约高效利用

一是积极争取更多的上级下放权限。积极向上级部门申请，将更多的资源和项目立项权限、审批权限下放到地市，争取省重大科技专项、省创新人才团队、省重点实验室等立项权限下放到东莞，引入更多资源。二是探索实施科研组织"新型举国体制"。改革科研项目组织实施方式，探索采取"赛马式资助竞争机制""一技一策""一企一策""政府订购""并行资助""揭榜制"等组织方式，集约资源利用。三是建立多元投入机制。结合地方发展需要，积极争取中央政府、省级政府的财政支持，多头引入金融资本、社会资金，鼓励头部企业龙头企业参与，建立多方参与、多元投入的合作共赢新模式，拓宽资金来源渠道，缓解后期建设资金大批量投入的地方财政压力。

作为大湾区综合性国家科学中心建设的重要城市，东莞将迎来重大机遇，但同时也面临资金投入制约、城市竞争力不强、原始创新能力不足、高端人才匮乏等问题，东莞应立足自身，量力而行，探索出适合自身发展的独特、高效、可持续的路径。

参考文献

王秀玲、王亚苗：《加快京津冀协同创新共同体建设》，《经济与管理》2017 年第 3 期。

王峥、龚轶：《创新共同体：概念、框架与模式》，《科学学研究》2018 年第 1 期。

崔宏轶、张超：《综合性国家科学中心科学资源配置研究》，《经济体制改革》2020 年第 2 期。

赵新峰、李水金、王鑫：《协同视阈下雄安新区创新共同体治理体系的建构方略》，《中国行政管理》2020 年第 6 期。

胡俊峰、陈晓峰：《上海大都市圈创新共同体构建逻辑与协同治理策略》，《南通大学学报（社会科学版）》2021 年第 4 期。

赵菁奇、金露露、王泽强：《长三角区域创新共同体建设研究——基于技术创新政策效果评价的视角》《华东经济管理》2021 年第 4 期。

程风雨：《粤港澳大湾区科技创新的空间关联及其驱动机制》，《统计与决策》2022 年第 20 期。

数字化转型篇

B.10
东莞"数实融合"发展现状与对策研究

刘 程*

摘　要：　党的十八大以来，习近平总书记高度重视发展数字经济，当前发展数字经济已经上升为国家战略，促进数字经济和实体经济深度融合是我国数字经济发展的主线。本文立足于地级市层面，分析了东莞"数实融合"发展现状，并提出对策建议。当前东莞发展数字经济成效显著，但存在产业数字化发展较为滞后、数字产业化支撑不强、数字基础设施建设不足、数字经济人才较为短缺等突出问题。基于此，本文从健全工作机制、高效推进数字化转型，完善主体培育政策、激发企业转型活力，优化生态体系、强化全要素支撑三个方面提出东莞"数实融合"发展的对策。

关键词：　数实融合　数字经济　数字产业化

---

* 刘程，中共东莞市委党校讲师，主要研究方向为数字经济。

一　引言

党的十八大以来，习近平总书记站在统筹中华民族伟大复兴战略全局和世界百年未有之大变局的高度，把发展数字经济上升为国家战略。习近平总书记强调："要推动数字经济和实体经济融合发展，把握数字化、网络化、智能化方向，推动制造业、服务业、农业等产业数字化，利用互联网新技术对传统产业进行全方位、全链条的改造，提高全要素生产率，发挥数字技术对经济发展的放大、叠加、倍增作用。"这意味着推动东莞数字经济与实体经济融合发展，其实质是推动东莞实体经济数字化转型，利用数字技术提高实体经济的生产效率。

2023年东莞市政府"一号文"《关于坚持以制造业当家推动实体经济高质量发展的若干措施》（以下简称《若干措施》）发布，其中数字化转型被视为推动实体经济高质量发展的重要方式，这充分体现了东莞市委市政府对推动数字经济与实体经济融合发展的高度重视。

目前，关于东莞如何推动数字经济与实体经济融合发展（简称"数实融合"）、有哪些支撑条件和约束因素、国内外有哪些借鉴等现实问题，理论界缺乏相关的研究。同时，东莞市委、市政府以及有关职能部门并没有明确的建设思路和方案，东莞"数实融合"发展的现状如何？应该采取哪些对策加以深度推进？从宏观层面来说，对这些重大问题的回答，实际上是对东莞数字经济高质量发展模式的理论探索，而东莞"数实融合"发展，也将直接关系到东莞这座"世界工厂"转型升级的进程。在国家、省、市不同层面高度重视推动数字经济与实体经济融合发展的政策背景下，以研究东莞如何推动数字经济与实体经济融合发展作为课题的主要研究内容，具有一定的理论价值和政策参考，也能够为东莞制造业企业数字化转型提供强有力的政策支撑，帮助制造业企业提质增效。

二 东莞"数实融合"发展的实践成效

（一）东莞数字经济规模位居全省前列

第一，根据中国信通院《粤港澳大湾区数字经济发展与就业报告（2020年）》，2019年东莞数字经济以超千亿元的规模位列粤港澳大湾区数字经济发展第二梯队的榜首，在全省仅次于深圳和广州，排名第3；其中数字经济占GDP的比重超60%，仅次于深圳，排名全省第2。第二，根据腾讯研究院2020年9月发布的《数字中国指数报告》，东莞跻身数字中国指数城市第7位。第三，按照国家统计局公布的《数字经济及其核心产业统计分类（2021）》，经东莞市统计局初步测算，2019年东莞数字经济核心产业实现增加值1712.07亿元，占GDP的比重达到18.1%，高于全省平均水平。分行业来看，2020年东莞市电子信息制造业企业实现营业收入11166亿元，占比最大；数字产品服务业实现销售额722.98亿元；数字技术应用业中121家规上企业实现营业收入291.15亿元；数字要素驱动业中36家企业实现营业收入16.17亿元。总体来看，东莞市数字经济基础扎实。

（二）数字产业根基雄厚，新兴领域不断拓展壮大

一方面，东莞电子信息制造业基础雄厚。电子信息制造业已成为东莞标杆性支柱产业，具备比较优势。2020年，东莞拥有规模以上电子信息制造业企业1700家，电子信息制造业规上工业增加值达1366.77亿元，占规模以上工业增加值的比重达33.0%。以华为、OV等龙头企业为引领，东莞电子信息制造业与新一代信息技术深度融合，逐渐形成拥有上游的电子材料、中游的电子元器件、下游的硬件软件和信息服务等一整套生态发展体系，智能移动终端产业集群被认定为国家先进制造业产业集群。另一方面，数字经济新领域不断拓展壮大。其中：云计算领域，自2016年以来，东莞已认定

市级工业云公共服务平台8家，分别为广东兴业云、115+、华中科大综合云平台、瑞恩工业云、伊登工业云、金蝶云ERP、唯云和宏达工业云，累计服务东莞企业5108家，为东莞企业提供在线云服务约200个，基本覆盖和满足东莞中小微企业的日常经营需求。

大数据领域，东莞深入实施大数据发展战略，推动城市信息化建设和大数据产业同步发展，2017～2020年，省市共投入财政资金2631.12万元，挖掘出7个省级大数据示范应用项目、29个市级大数据应用项目与9个市级大数据平台项目，撬动企业信息化投入约1.8亿元，推动维沃公司"基于大数据的移动精准营销平台"项目入选国家级大数据产业发展试点示范项目。全市从事数据服务和大数据融合应用的企业有1000多家，形成了涵盖大数据基础设施服务、大数据组织与管理、大数据分析与挖掘和大数据应用服务的产业链，信息化服务机构和咨询机构不断增长。松山湖产业园获批为广东省大数据产业园，光大We谷产业园、中科院云计算园区、高盛科技园获批为广东省大数据创业创新孵化园。

人工智能领域，东莞拥有智能制造装备企业262家，涉及金属切削机床、金属成型机床、金属切割及焊接设备、电子工业专用设备、工业自动控制系统装置、木材加工机械、包装专用设备、塑料加工专用设备等十多个行业。在机器人产业方面，东莞市已集聚工业机器人领域相关企业超过30家，全市工业机器人研发及生产企业约占全国总数的10%，涌现出固高、李群自动化等一批行业领军企业。

5G产业领域，东莞5G上游环节发展相对较好，上游企业数量众多，在各细分领域均有布局，但部分环节企业层级有待提升，中游部分环节市场空白，下游5G手机终端已实现全球领先。从产业分布来看，松山湖片区和滨海湾片区是东莞市5G产业主要的研发基地。根据东莞市高新技术产业协会发布的《东莞市5G产业调研分析报告（2019）》，东莞市拥有5G产业关键环节及配套企业122家，主要分布在松山湖、长安镇以及塘厦镇，三个镇街企业数量占比分别达到16%、13%、12%。从产业链发展来看，5G产业链上游材料及核心部件环节企业110家，占比89%；产业链中游设备及配套企业占 9%；产业链下游终端企业占 2%。且下游 5G 手机终端领域华为、VIVO、OPPO 三大手机厂商的带动作用十分明显。

（三）产业数字化加速推进

在市委市政府的高瞻远瞩和巨大魄力下，2018～2020 年东莞市共计对 1243 家企业在数字化转型方面给予 16.42 亿元（技改 12.73 亿元，按当年实际拨付口径）资助，其中，省资金资助 6.64 亿元（技改 5.34 亿元），省资金约占 40%，形成"金字塔"式政策体系和路径方案，全力支持企业数字化转型。[①]

据税务部门数据，2018～2020 年有采购数字化产品和服务的制造业纳税人户数达 168537 户。经初步推算，2020 年末东莞市制造业市场主体（275168 户）中数字化转型比例达 61.2%，制造业企业（179725 户）中数字化转型比例达 93.8%。

通过技术改造政策，对 752 家企业的 1201 个项目共计资助 12.73 亿元，合计带动企业投资 235.67 亿元，其中，市技改资金资助 7.39 亿元，直接拉动企业投资 179.39 亿元，引进设备 3.87 万台，实现企业全员劳动生产率平均提升 223%。同时，另有 130 家企业的 164 个项目获得省资助 5.34 亿元。通过两化融合政策，对 148 家企业的 159 个项目共计资助 0.67 亿元，同时，通过上云上平台政策，对 413 家企业的 431 个项目共计资助 0.80 亿元，资助企业数量和金额均位居全省第 1，带动超过 80% 的制造类企业采用 CAD、CAM、CAE 等各类计算机辅助研发技术，机电行业企业应用二维 CAD 超过 90%，80% 的大型企业和超过 60% 的中小企业建立了企业管理信息系统。根据腾讯研究院于 2020 年 9 月发布的《数字中国指数报告》，东莞（58.2 分）上榜 2019 年产业互联网排名前十的城市，省内仅次于深圳（123.8 分）和广州（121.7 分），同时，列全国"用云量"前 20 城市第 7 名。

---

① 数据来自东莞市工信局。

通过工业互联数字化升级政策，共计资助 17 家企业 0.4 亿元，引导了一批企业搭建工业级网络平台，高效连接生产、经营、管理等各要素的信息资源，将产品、设备、生产线、工厂、管理者等紧密连接，一半以上的企业数字化生产设备联网率达到了 70% 以上，接入平台的设备产能利用率平均提升 30 个百分点，生产、经营和管理成本大幅降低、经营效率明显提升。通过智能化改造政策，共计资助 15 家企业 0.56 亿元。

标杆示范方面。截至 2021 年底，全市共有 20 家企业（23 个项目）被认定为省市工业互联网标杆示范，共计获得资助 0.72 亿元，其中，有 16 家企业（16 个项目）获省工业互联网标杆示范，共计获得资助 0.5 亿元，资助数量及金额排全省前列；6 家企业被认定为智能制造示范，共计获得资助 0.49 亿元。

三 东莞"数实融合"发展的问题与不足

（一）产业数字化发展较为滞后

企业数字化层级偏低，大多数企业存在观望情绪。根据东莞市工信局委托电子科技大学广东电子信息工程研究院针对新一代信息技术产业、高端装备产业、食品饮料产业、纺织服装鞋帽产业、家具产业五大产业集群 1107 家制造企业开展的数字化转型需求调研分析报告，制造企业数字化转型呈现三个特点。一是信息化投入偏低，信息化投入 50 万元以下（含）的企业占比最多，占调研企业总数的 46%。二是企业在用或在建工业软件偏基础化，应用企业资源计划管理系统（ERP）的企业有 621 家，占企业总数的 56%，而有关生产经营环节的信息化系统包括企业生产执行系统（MES）、企业供应链管理系统（SCM）、产品生命周期管理/产品数据管理系统（PLM/PDM）三项总和仅为 381 项。三是对工业互联网和上云上平台认知偏弱，30% 的企业对工业互联网概念不了解，57% 没有上云上平台意愿，此外，企业在选择云服务时，对信息安全性和系统可靠性有所顾虑，影响了上云的普及应用。同时，企业在应用工业互联网进行数字化转型时，需要既懂软件技术又熟悉工业生产流程的复合型人才，而这类人才市场供应远低于需求，这增加了企业数字化转型的决策难度。

（二）数字产业化支撑不强

数字基础设施中硬件设施较强，软件设施建设不足，不便于加快产业化转型。数字经济核心产业中，东莞市数字产品制造业走在前列，但数字产品服务业、数字技术应用业、数字要素驱动业发展滞后。据统计，2020 年全市信息传输、软件和信息技术服务业，互联网和相关服务税收仅为 8.98 亿元，在数字经济核心产业税收中占比不足 10%，数字经济偏"硬"的问题比较突出。数字服务商引培不足，阻碍数字化转型。据摸查，超 73.41% 的莞企在数字化转型中使用外地供应商提供的产品及服务，规模较大的莞企在实施数字化转型过程中大多选用 SAP、Oracle、西门子、施耐德等国外系统，部分选用金蝶、用友、益模、盘古等国产系统，然而，上述大部分服务商尤其是国外服务商并未在莞设立分支机构，以市场换产业力度不足。市数字产业协会反映，东莞研发设计类软件市场的 80%、生产控制类软件市场的 60% 被跨国企业占据。数字经济应用场景需求导向不清晰，难以扩大数字应用。

（三）数字基础设施建设不足

5G 基站方面，截至 2020 年 8 月底，广东省全省累计建成 5G 基站 98613 座（宏站数约占全国的 15%），其中，深圳 30591 座、在全国率先实现 5G 独立组网全覆盖；广州 23555 座，基本实现主要城区连续覆盖；东莞仅建成 5G 基站 8305 座，覆盖度不及广深，还需进一步推进建设。数据中心方面，东莞数据中心目前主要承载金融证券、网络游戏、云计算、视频播放、数据托管、灾备等业务，支撑制造业数字化转型、高性能的数据中心较为紧缺。

（四）数字经济人才较为短缺

一方面，数字经济配套人才培养滞后。东莞高校设置数字经济相关专业较少，主要集中于大数据方向，根据教育部公布的2017～2019年普通高等学校本科专业备案和审批结果，广东科技学院获批开设数据科学与大数据技术专业，东莞理工学院获批开设数据科学与大数据技术以及智能制造工程专业，东莞理工学院城市学院获批开设机器人工程专业，但各院校基本处于探索实验阶段。相比于数字经济发展情况，配套人才培养却显滞后。另一方面，数字人才保留率有待提高。东莞高质量人才与数字经济人才总体尚处于流失状态。

四 其他城市"数实融合"发展经验分析与借鉴

2020年以来，江苏省率先提出加快推动制造业"智改数转"，通过打造标杆示范释放企业"愿转"动能，推广免费诊断打开企业"会转"通道，加大资金支持增强企业"敢转"勇气，走出了一条制造业"智改数转"的有效路径。苏州、无锡、常州等市分别在建设"灯塔工厂"、推广绿色智能制造、实施"智改数转"十百千工程等方面形成了一系列成功经验，取得了明显成效，值得东莞市深入学习借鉴。

（一）苏州市：实施"灯塔工厂"示范工程，带动产业集群"智改数转"迈上新台阶

截至2023年第一季度末，全国50家"灯塔工厂"中有6家位于苏州，苏州在"灯塔工厂"数量上领跑全国。苏州6家"灯塔工厂"全部属于外资企业，涉及汽车零部件、笔记本电脑、日用消费品、医疗器械、食品等产业集群。2018年以来，苏州强力推动"灯塔工厂"创建，支持大型企业加快引进世界领先水平的新管理理念、新创新技术、新生产设备、新应用场景等。"今日的灯塔，明天的标准"，当前苏州通过免费诊断服务、建设智造

服务超市、智能制造贷款贴息、"智改数转"投资奖补等一系列措施,引导"灯塔工厂"向优势制造产业集群"智改数转"输出经验、输出服务,牵引带动优势制造产业集群不断提升在全球产业分工中的地位和竞争力。

(二)无锡市:依托"智改数转"擦亮低碳城市底色,赋能制造业探索零碳路径

2022年,无锡出台《加快智能化改造数字化转型绿色化提升推动制造业降本降耗降碳三年行动计划》,依托施耐德电气(无锡)有限公司等"灯塔工厂"创建数字化绿色低碳试点示范,更加突出扩大优势制造产业集群绿色智能制造、绿色能源管理等行业解决方案供给,大幅降低绿色智能制造、绿色能源管理等"智改数转"项目财政资金奖励门槛,通过实施规上工业企业数字化诊断、绿色工厂星级管理全覆盖,重点用能单位和"两高"企业绿色化诊断和节能降碳改造全覆盖等一系列措施,力争2024年重点行业能源利用效率达到国内领先水平,全市单位工业增加值能耗、单位工业增加值二氧化碳排放量显著下降,力争率先建成国家智能制造先行区。

(三)常州市:实施"智改数转"十百千工程,加快切入"智改数转"新赛道

2022年,常州出台《关于在全市智能化改造和数字化转型中推进"十链突破、百企领航、千景应用"的实施方案》,省级智能工厂(工业互联网标杆工厂)连续两年增量保持江苏省第1位。常州主动加压,用1年半的时间全部完成"智改数转"十百千工程。"十链突破"即在特钢材料、纺织服装、农业机械、工程机械、新型电力装备5条传统优势产业链,动力电池、新能源汽车(核心零部件)、太阳能光伏、工业机器人、集成电路5条战略性新兴产业链全部实现"智改数转"标杆示范零突破。"百企领航"即建设20个省级智能工厂(工业互联网标杆工厂)、80个智能车间。"千景应用"即鼓励基于制造业企业、生产性服务业企业"智改数转"模式创新,形成1000个应用场景推广案例。

五 东莞"数实融合"发展的对策研究

（一）健全工作机制，高效推进数字化转型

1. 健全高效的高位统筹机制

（1）强化组织保障。一是推进"数字经济大会"常态化。建议借鉴苏州经验，由市主要领导主持召开"数字经济"推进季度大会，形成全社会关注支持"数字经济"的浓厚氛围；二是设立"制造业数字化转型示范城市"工作专班。建议由分管市领导牵头，下设基础设施、数字产业化、产业数字化、政府数字化治理、数字技术创新发展五个推进小组，定期总结全市制造业"数字化转型"进展，研究和部署下一阶段工作任务；三是制定《东莞市推进制造业数字化发展三年行动方案》，明确工作目标、主要任务和职责分工。

（2）建立常态化沟通协调联络机制。一方面，建立数字经济"部门联席会议"制度。建议由市工信局牵头，联合发改、商务、科技、金融、统计等相关职能部门，统筹数字经济发展重大任务，协调制定重点领域规划和政策，督促年度重点工作，开展工作进展评估，推进"数字经济"制度、机制和规范化建设。另一方面，加强市级职能部门与各镇街、行业在数字经济推进过程中的沟通联系，探索数字经济发展的改革举措。

2. 完善市镇两级推进工作机制

（1）摸清"制造业数字化转型"底子。建议采用座谈会、问卷调查等多种形式，在全市范围内开展"制造业数字化转型"摸底工作，重点围绕战略组织、研发设计、营运管理、生产控制、物流供应链五大维度和相关细分子项目，摸清各镇街制造业数字化转型现状和潜力。

（2）明确工作方法和路径。建议从区域、行业和规模三个维度，精准制定数字化转型工作指引和专项细则，明确具体工作路径。特别是针对东莞前期"机器换人""企业上云"等数字化转型实践，率先对全市分行业进行

"智能制造"成熟度测评，明确"头部企业树标杆、腰部企业推改造、尾部企业助诊断"的推进思路，明确"分行业、分层次、分阶段"的推进方法，明确"两化"改造、标杆创建、上云示范、综合诊断、数据采集项目的主攻方向。

（3）引进和培育党政机关高素质数字经济人才。一是加强对领导干部在数字经济领域法律、法规、规章及技术等方面的教育培训，全面提高其数字化思维能力和专业素质。二是在相关党政机关重点引进和培育数据工程师、数据分析师、AI工程师/科学家等数字经济高端人才，提升数字经济治理能力。三是完善"十百千万百万"数字人才图层，加大"数字工匠"培训力度。

3. 建立健全监督落实机制

（1）强化职能部门监督职责。一是探索建立制造业数字化转型成效评估指标体系，开展全市制造业数字化转型监测工作。二是相关职能部门切实履行牵头职责，将东莞制造业数字化转型作为"头号工程"，分解落实各年度具体目标，加快梳理形成任务、项目和责任三项清单，争取"十四五"期末实现规上企业数字化转型升级全覆盖。

（2）细化各镇街对内监督机制。建议各镇街细化各职能部门任务分工，明确工作职责，强化时间节点，对本区域范围的制造业企业，开展"数字化转型"摸底工作，形成"横向到边、纵向到底"的工作格局。

（3）建立情况通报制度。一是按照月度跟踪季度推进的要求，定期跟踪项目并通报总体进展情况，定期反映各地工作目标任务完成情况，对年度项目目标进行考核。二是建立项目定期跟踪报送制度，确保进度超前、广度拓展、质量保证。

（二）完善主体培育政策，激发企业转型活力

1. 创新政策扶持体系

（1）加大财政资金支持力度。建议工信、财政部门围绕支持企业投入、突出典型示范、数字化转型具体类型、鼓励中小企业上云上平台及推动示范

基地（载体）建设五个方面制定具体激励措施，加大财政资金支持力度。对于特别重大、具有示范引领作用的数字化车间、数字化工厂、工业互联网产业示范基地，采用"一事一议"的方式给予重点支持。建议设立工业企业数字化转型贴息奖励资金，对获得数字化转型项目贷款的企业，市级财政按项目贷款额的1%给予贴息奖励。

（2）创新激励方式。坚持产融对接原则，建议金融部门通过普惠金融方式鼓励银行、证券、保险等金融机构为企业数字化转型或工业互联网等重点领域项目提供信贷支持；鼓励融资担保公司为需购置数字化设备的相关企业贷款提供担保，缓解融资难题；鼓励有条件的企业开展数字化装备租赁和融资租赁业务，建立数字化装备租赁和融资租赁担保机制。建议税务部门把企业数字化转型的投入纳入免税范围。建议财政、金融和市金控集团成立东莞数字经济产业基金，激活财政资金引导效应，撬动社会资本。

（3）加强激励政策全流程监督管理。建议工信、财政部门在企业数字化项目实施的不同阶段设置对应财政补贴政策，同时对获补贴的标杆企业设置推广任务，可以根据对标杆输出情况确定奖励力度，充分发挥立项企业的标杆效应，要求标杆企业开放数字化转型场景，带动其他企业参与，同时加强事后监督管理，对获补贴企业的数字化项目和进程进行监督，执行不佳则回收补贴。

（4）强化系列政策支持。编制发布东莞市推进数字经济和数字化发展行动计划及相应专项工作方案，鼓励各镇街出台配套支持政策，形成政策体系，着力解决企业"智改数转"成本高、人才少、方案缺等问题。同时完善细化智能工厂资助政策、前沿技术应用场景资助政策。

（5）落实政策宣贯兑现行动。抓好已出台的各项政策的兑现工作，全面梳理从中央到地方的惠企干货政策，继续用好有效投入奖补等政策，建立政策兑现督促机制，通过召开惠企政策宣讲会、入企走访等形式，一对一逐企"把脉问诊"、逐企送策入户，确保惠企政策精准直达企业，提升企业获得感。

2. 强化标杆赋能作用

（1）探索建立"灯塔工厂"培育机制。东莞应探索建立"灯塔工厂"培育机制，鼓励和支持更多的龙头企业参与"灯塔工厂"建设，引领东莞市制造业高质量发展。一是建议由政府部门牵头组织十余家条件和基础比较好的企业，评选出制造业"灯塔工厂"培育单位，参加全市推进建设"灯塔工厂"培训班。二是深入学习推广"灯塔工厂"建设经验，鼓励更多企业特别是本土企业加入"灯塔工厂"行列，进一步发挥"灯塔效应"，带动全市制造业智能化改造和数字化转型向纵深发展，打响"东莞制造"品牌。三是联合世界经济论坛委托的世界"灯塔工厂"评选单位麦肯锡咨询公司，专程到"灯塔工厂"建设企业开展深度调研，并安排专人全程与麦肯锡对接，为企业免费提供后期咨询服务和申报指导。

（2）开展标杆示范引领行动。筛选基础好、能力强、水平高的重点企业，开展标杆示范引领行动，以"设施高度互联、系统高度互通、数据高度互享、业态高度互融"为建设理念，引导企业创新应用离散型智能制造、流程型智能制造、网络协同制造、大规模个性化定制、远程运维服务等智能制造新模式，集成运用自主可控的智能制造装备、软件和控制系统，建设一批覆盖企业生产全流程、管理全方位和产品全生命周期的省市智能制造示范工厂。

（3）发挥标杆企业典型示范作用。充分发挥标杆企业典型示范作用，就是要加快构建多场景、全链条、多层级的梯度示范体系。推动综合效益显著的示范标杆输出技术和服务，开展集成应用创新，建设产业链协同平台。鼓励领军企业分离软件、信息等业务，成立专业机构，为中小企业提供解决方案和服务。

3. 协同推动中小企业集群数字化

（1）加大对中小企业资金支持力度。建议通过设立并运行中小企业数字化转型基金、设立中小企业数字化转型贴息贷款项目和补贴券、设立中小企业数字化转型典范奖励、出资购买服务后免费或低价提供给中小企业、组织中小企业集体采购以帮助中小企业在购买设备设施和服务中获得更好的价

格折扣等多种方式，为中小企业的数字化转型提供直接或间接的资金支持。

（2）建立诊断服务制度。要通过建立诊断服务制度，挖掘中小企业转型需求。一是面向全国招标优秀机构，通过政府购买服务，选定十余家诊断服务机构，分行业、分层次、分区域深入车间、工厂一线免费帮助企业"把脉问诊"，精准聚焦企业问题，挖掘激发转型需求，同时建议设置1~2家监理单位，加强服务监督考核，推动诊断取得实效。二是可通过线上开发免费诊断平台，支持企业开展快速自评估。三是政府应主导制定诊断服务标准方案和配套政策，从事前编制大纲手册、事中对接专业服务机构、事后梳理企业潜力项目清单匹配全方位政策支持，加快推动"数字化"技术改造落地。

（3）发挥产业链协调带动作用。鼓励龙头企业集成应用，由点上示范向面上推广转变，推动中小企业加速普及应用，推动产业链条共同实现精益生产、精细管理和智能决策。

4. 加大氛围营造力度

一是打造"数字化转型"直播平台，每月组织各类政策宣讲直播活动。二是在东莞电视台、东莞日报等本土主流媒体上开设"数字化转型"专栏，定期宣传"数字化转型"工作推进情况，或组织示范企业，通过网络微视频方式，展示典型做法和实施成效。

（三）优化生态体系，强化全要素支撑

1. 扎实提高数字技术自主研发能力

（1）实施工业软件攻关行动。支持行业龙头骨干企业、工业软件企业、制造业数字化转型服务商、高校院所等，围绕"制造业数字化转型"需求，加强自主可控工业软件技术攻关、产品研发和解决方案集成，支持工业软件开源生态建设。加快突破工业软硬件、智能算法等核心技术，聚焦工业场景，推进工业仿真、数字孪生、运维管控等软件研发及产业化。促进更多工业软件进入国家、省级工业软件供给能力清单，鼓励制造业企业运用目录和清单内软件产品推进数字化转型。

（2）东莞应加强与广深港澳交流合作，加快推动软件与信息服务产业集群赋能制造业数字化转型，培育安全可控软件产业生态。同时东莞要依托电子信息、集成电路、装备制造、智能家电等产业基地，加快发展嵌入式软件、集成电路设计软件、办公软件等，大力发展平台化软件和新型信息服务。

（3）发挥政府引导作用，开放数字化转型应用场景，鼓励数字技术创新。建议市工信局会同政务服务数据管理局探索"城市机会清单"机制，为制造业与数字技术融合应用发展创造机会。

（4）东莞要积极以"揭榜挂帅"的方式发布制造业企业数字化转型场景，引导揭榜主体投入最先进的技术、最优质的团队服务东莞制造业，充分发挥社会各界创新主体的积极性，使数字化转型项目建设得以迅速落地推广。

2. 高质量建设新型数字基础设施

（1）加大"千兆城市"和5G基站建设力度，支持企业利用5G、IPv6、工业无线等技术和新型工业设备改造升级企业内网，积极构建基于"网+云+端"的企企通综合服务体系，实现中心城区和工业集中区等生产生活重点区域5G网络全覆盖。

（2）支持重点企业建设5G内网改造标杆、5G全连接工厂，推动建设市级"5G+工业互联网"公共服务平台，加快"5G+工业互联网"融合应用创新推广。

（3）加速标识解析二级节点建设，推动工业互联网标识解析在设计、生产、服务等环节应用，加快推进建成上线国家工业互联网标识解析二级节点，鼓励更多企业接入，争取综合型节点和行业型节点覆盖电子信息制造、装备制造等多个优势产业。

3. 健全数据资源运营管理体系

（1）建议政府部门牵头制定工业互联网平台信息安全标准和管理方案，加大对服务商、运营商的监管力度，开展专业信息安全培训，并为企业提供定期系统检测，做到风险可控，为企业发展提供一个安全可靠的数字化环境。

（2）建议工信、市场监管、政数局等部门开发建设"企业数字化转型

数据监测系统",可与主要云服务商协商导入联网企业基本信息,系统监测分析企业数据安全运维情况。

(3)组织编制东莞市制造业领域数据安全防护方案供应商及优秀产品、解决方案和应用案例,以及制造业数据空间应用场景及产品、解决方案和服务供应商名录,提升工业企业数据安全防护能力,推动制造业大数据共享流通和产业发展,积极培育数据要素市场。

4. 增强数字化转型服务供给保障

(1)建议工信部门、镇街园区联合宣传部门搭建数字化转型项目对接平台,邀请产业数字化联盟或协会、服务商以及标杆企业分享数字化转型项目开展经验,打造并推广东莞制造业数字化转型整体解决方案,支持开展政策宣讲、产需对接、技术交流、业务培训、项目管理等公共服务项目。同时依托东莞市制造业数字化转型赋能中心等载体,为各类服务商和用户提供更精准快捷的对接服务,组织专业供需系列对接活动。

(2)加大对优质服务商、国家级双跨平台引进力度,增强企业的数字化转型服务方案保障。落实优质项目双向补贴政策,以目标绩效为导向,对已实施解决方案并取得成效的企业给予一定资金补贴,同时对认定的优秀服务机构给予奖励,降低企业改造成本,提高服务商参与积极性。同时积极培育工业信息安全防护星级企业。

(3)建议商务、工信等部门积极培育数字化转型服务主体,围绕做大做强服务商及工业互联网平台、鼓励标杆企业服务能力输出、加快工业互联网App发展、提升基础服务能力等方面,制定支持激励措施,夯实服务基础、扩大服务范围,提升东莞市智能化改造和数字化转型服务能力。

(4)支持大中型企业剥离软件开发、系统集成、信息服务等技术业务,成立独立法人实体,面向行业尤其是中小企业输出解决方案和经验,提供专业化服务。

(5)建议出台东莞市数字化转型领军服务机构遴选培育实施意见,发布东莞市数字化解决方案供应商推荐目录,给予政策支持,培育壮大本地工业互联网平台,支持系统解决方案供应商做大做强。同时通过免费诊断等政府采购方式，引领和撬动服务市场，培育一批产值过亿元的智能制造集成服务商和服务客户上规模的工业互联网平台。

5. 加快形成强有力的人才支撑体系

（1）建议积极引进"制造业数字化转型"领域创新创业团队、高层次人才、复合型技能人才，健全人才评价机制。

（2）统筹建立数字经济人才培养机制，开展制造业数字化转型人才培养试点，加强高职院校相关学科和专业建设，推进产教融合、校企合作，培养专业人才。

（3）大力实施数字化产业工人培训工程，依托工业互联网平台建设制造业数字化人才实训基地。实施产业人才数字技能提升行动，加大企业数字化人才培训补贴力度，如发放数字券引导企业购买数字化培训服务，鼓励数字化人才参与不同层次的培训，努力培育一支高素质的数字化技能人才队伍。

参考文献

郭倩、王志：《路径明确 多方助力中小企业数字化转型》，《经济参考报》2022年11月24日。

徐强、刘欣：《以数字化转型促进实体经济高质量发展》，《法治日报》2022年11月18日。

谢杰、崔秋霞、蔡思腾、马晓双：《数字经济时代下制造业中小企业数字化转型问题及建议》，《中国科技产业》2022年第11期。

石建勋、朱婧池：《全球产业数字化转型发展特点、趋势和中国应对》，《经济纵横》2022年第11期。

傅立海、张振鹏：《数字经济的典型发展模式、全球动向及中国探索》，《东南学术》2022年第6期。

谢杰、崔秋霞、蔡思腾、马晓双：《数字经济时代下制造业中小企业数字化转型问题及建议》，《中国科技产业》2022年第11期。

武杰、李丹、赵鲁南：《中国制造业融入数字全球价值链的测度构建和特征研究》，《经济问题探索》2022年第9期。

B.11
数字技术助推东莞制造业产业链
韧性升级的机制与路径研究*

摘 要： 面对世界百年未有之大变局及复杂多变的国内外环境，东莞市制
造业产业链韧性指数总体仍呈现增长态势。数字化浪潮下，东莞制造业产业
链转型升级提速、科技创新驱动增强、智能化改造加快，但存在数字化转型
进程缓慢、数字关键核心技术薄弱、数据要素共享和监测难度大、数字技术
支撑能力不足等问题，阻碍数字技术助推东莞制造业产业链韧性升级。数字
技术能通过数字化改造、优化投入要素配置、整合链条资源、提高应急协同
能力、催生新业态新模式、深化绿色创新助推制造业产业链韧性升级。稳
链、补链、强链、拓链成为数字技术助推东莞制造业产业链韧性升级的关键
任务，建议东莞强化数字基础设施建设、优化配置数字要素、打造"链主+
专精特新"生态体系、加强数字技术人才培养。

关键词： 数字技术 制造业产业链 韧性升级

东莞号称"世界工厂"，制造业产业链门类齐全、规模实力全国领先。
2023年，东莞拥有21万家工业企业，1.3万多家规上企业，1万家国家高

---

* 基金资助：国家社科基金年度一般项目"数字经济驱动产业虚拟集群的机制及路径研究"
（23BJL088）。
** 卢敏，广东科学院管理学院副教授，主要研究方向为物流与供应链管理、数字经济；罗天
龙，博士，深圳职业技术大学管理学院讲师，主要研究方向为供应链管理、产业经济。

新技术企业，一个万亿级产业集群、四个千亿级产业集群，① 扎实的制造业基础，构筑起东莞经济高质量发展的基本盘。为贯彻落实党中央国务院、省委省政府数字化发展的战略部署，2022 年 1 月，东莞市人民政府制定《关于推动数字经济高质量发展的政策措施》，同年 11 月，印发《东莞市数字经济发展规划（2022—2025 年）》；2023 年 3 月，东莞市工业和信息化局印发《东莞市推动产业数字化转型实施方案》，同年 8 月，印发《东莞市关于推动工业企业开展新一轮技术改造的若干措施》。数字技术赋予产业链崭新生机和时代特征，但在面临巨大不确定性的当下，东莞制造业产业链如何发展得更强健、更具可持续性？如何促进数字技术发展推动东莞制造业产业链韧性升级？研究百年未有之大变局下数字技术推动东莞制造业产业链韧性升级的作用机制和路径具有重要的现实性和紧迫性，具有重要价值。

一　东莞制造业产业链韧性升级的必要性分析

（一）东莞制造业产业链的风险因素分析

1.地缘政治风险

近年来，随着国际社会、经济和政治环境的动荡，地缘政治风险显著上升，制造业产业链健康发展面临重大潜在风险。关税和非关税贸易壁垒增加、贸易政策的不确定性加剧产业链外迁风险，发达国家对东莞龙头企业的技术封锁，加之出口控制、制裁、网络攻击等强制性"脱钩"策略，使东莞制造业面临技术"卡脖子"风险，关键核心技术受制于人。面对这些外部挑战，增强产业链的韧性不仅是应对短期冲击、减少对外部技术依赖的必要措施，也是确保长期竞争力和可持续发展的战略需求。

2.制造业回流

随着国际局势的不断演化，以美国为代表的发达国家推出"再工业化"

---

① 资料来源：《解码东莞"三季报"：工业经济企稳回升，重大项目"牵引力"不断释放》，21 世纪经济报道，2023 年 10 月 31 日。

政策，推动制造业回流，包括高端制造业回归本土及中低端制造业向近岸（墨西哥）和友岸（印度、越南）转移。东莞的电子信息和装备制造业关键部件依赖进口，国际科技合作面临阻力。纺织服装、家具、玩具等出口导向产业受到发展中国家低成本竞争的挑战。这些政策对全球贸易格局和国际制造业竞争力产生深远影响，尤其是出口导向型制造业面临需求减少的压力，促使其向高附加值和技术密集型方向转型，产业链和生产力要素重新配置，需增强产业链韧性和应对外部冲击的能力。

3. 外资迁往周边国家的冲击

近年来，多家大型跨国公司将部分制造业业务或生产链迁出中国，转向越南、泰国等东南亚地区。发达国家实施再工业化战略，一些国家限制本国资本流入其他国家，使得中国引进外资面临更加激烈的竞争。东南亚地区为吸引外资，推出很多产业扶助政策。中国引进外资工作受到来自发达国家和新兴市场国家的双向挤压，外资迁往周边国家对制造业的发展带来一定的冲击。

（二）东莞制造业产业链韧性评价指标体系构建

制造业产业链作为东莞经济高质量发展中的重要一环，其韧性评价既要考虑自身产业内在基础属性，又要兼顾应对外部冲击、抵御风险的能力。在物理学韧性基本概念的基础上，借鉴郑涛和杨如雪（2022）的研究，同时遵循全面性、科学性、可比性、可操作性等原则，本文从断裂韧性和冲击韧性两个层面构建东莞制造业产业链韧性评价指标体系（见表1）。

表1　东莞制造业产业链韧性评价指标体系

准则层	维度层	领域层	指标说明	指标属性
断裂韧性	可靠性	产业基础	制造业企业单位数（个）	正向
			制造业资产总额（亿元）	正向
			制造业负债总额（亿元）	负向
		产业规模	制造业增加值（亿元）	正向
			制造业营业收入（亿元）	正向
		产业效益	制造业利润总额（亿元）	正向
			制造业亏损总额（亿元）	负向

续表

准则层	维度层	领域层	指标说明	指标属性
断裂韧性	流动性	资金流	制造业固定资产投资（亿元）	正向
		人才流	制造业从业人员平均人数（万人）	正向
		技术流	有 R&D 活动的企业数（家）	正向
	适应性	产业结构	高技术制造业增加值占规模以上制造业比重（%）	正向
			先进制造业增加值占规模以上制造业比重（%）	正向
		产业合作	制造业外商直接投资（亿美元）	正向
			外商投资企业数占比（%）	正向
		产业竞争	规模以上工业企业产品销售率（%）	正向
冲击韧性	脆弱性	价格风险	地区工业生产者出厂价格指数	负向
		失业风险	城镇登记失业率（%）	负向
		国际竞争力	进出口总额（亿美元）	正向
	更新性	创新投入	规模以上工业企业 R&D 人员数（万人）	正向
			规模以上工业企业 R&D 经费支出（亿元）	正向
		创新产出	新产品销售收入（亿元）	正向
			有效发明专利数（件）	正向
	可持续性	绿色化水平	制造业综合能源消费量/制造业增加值（万吨标准煤/亿元）	负向
			一般工业固体废物综合利用率（%）	正向
		消费潜力	地区城镇化率（%）	正向
		消费层次	地区恩格尔系数（%）	正向

（三）东莞制造业产业链韧性测度与分析

1. 数据来源和收集

本文收集 2010～2022 年东莞市制造业产业链韧性评价指标数据开展研究，数据主要来源于《东莞统计年鉴》《广东统计年鉴》《中国科技统计年

鉴》《东莞市国民经济和社会发展统计公报》等。

2. 韧性测度结果与分析

本文首先选取熵值法计算指标权重系数,其次选取 TOPSIS 法计算东莞制造业产业链韧性评价综合指数。2010～2022 年东莞制造业产业链韧性的可靠性、流动性、适应性、脆弱性、更新性和可持续性六个维度评价指数见图 1。

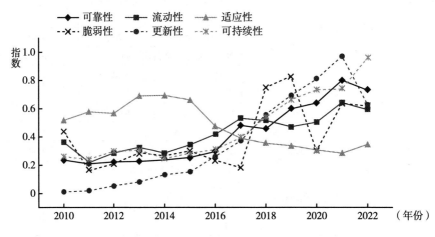

图 1　2010～2022 年东莞市制造业产业链韧性变化趋势

可靠性指数反映制造业产业链的固有积累规模,2010～2022 年该指数大体呈上升趋势,2010～2016 年缓慢增长,2016～2017 年、2018～2021 年快速增长,2017～2018 年、2021～2022 年略微下降。

流动性指数反映制造业产业链发展的内在资源禀赋,2010～2022 年该指数整体呈波动增长趋势,其中 2010～2011 年、2013～2014 年、2017～2019 年、2021～2022 年呈下降趋势,其余年份均呈增长趋势。

适应性指数反映制造业产业链内在动态调整以适应当前资源环境约束的能力,2010～2022 年该指数呈倒"U"形下降趋势,2010～2013 年呈现上升趋势,2013～2015 年缓慢下降,2015～2022 年下降趋势明显。

脆弱性指数反映制造业产业链面临的外部风险与障碍,2010～2022 年该指数波动性较大，2010～2011 年下降，2011～2017 年呈现较小幅度的倒"W"形变化趋势，2019～2020 年快速下降，2017～2018 年、2020～2021 年都呈现快速增长趋势，2021～2022 年略微下降。

更新性指数体现制造业产业链自主创新构建新模式和新路径的能力，2010～2022 年该指数呈反向倒"V"形变化趋势，2010～2015 年缓慢增长，2016～2021 年逐年加速上升，2021～2022 年呈现下降趋势。

可持续性指数体现制造业产业链长远可持续发展的动力，2010～2022 年该指数呈波动增长趋势，2010～2014 年较平稳，2014～2020 年逐年加速增长，2020～2021 年增长缓慢，2021～2022 年快速增长。

2010～2022 年东莞市制造业产业链韧性变化趋势如图 2 所示。

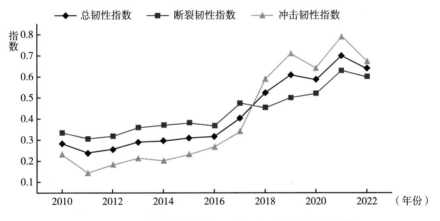

图 2　2010～2022 年东莞市制造业产业链韧性变化趋势

总体韧性水平方面，东莞市制造业产业链韧性在 2010～2022 年总体呈现增长态势，韧性指数从 2010 年的 0.2844 增长到 2022 年的 0.6382，2011～2016 年缓慢增长，2016～2019 年快速增长，2020 年、2022 年指数有所回落，2021 年又快速增长。这表明近年来东莞市制造业产业链韧性不断增强，发展基础比较扎实，整体韧性水平较高，具有较强的抵抗风险、应对冲击和组织恢复的能力。

断裂韧性方面，受内部因素影响的东莞市制造业产业链断裂韧性的均值

为 0.4327，最小值为 0.3070，最大值为 0.6305，除 2011 年、2016 年、2018 年、2022 年发生下降外，总体呈现上升趋势，2011~2016 年平缓上升，2016~2017 年、2018~2021 年呈现快速增长。

冲击韧性方面，受外部因素影响，东莞市制造业产业链冲击韧性的均值为 0.4013，最小值为 0.1431，最大值为 0.7907，除 2011 年、2014 年、2020 年和 2022 年发生下降外，总体呈现上升趋势，2011~2017 年缓慢上升，2017~2019 年、2020~2021 年呈现快速增长。2010~2017 年东莞市制造业产业链断裂韧性指数大于冲击韧性指数，2018~2022 年东莞市制造业产业链冲击韧性指数大于断裂韧性指数。此外，冲击韧性指数的最大值与最小值之差大于断裂韧性指数最大值与最小值之差，这说明冲击韧性变化幅度和趋势比断裂韧性更加明显。

二 数字技术助推东莞制造业产业链韧性升级的现状和现实困境

（一）数字技术助推东莞制造业产业链韧性升级的现状分析

1.产业转型升级提速

东莞市三次产业结构由 2020 年的 0.3∶53.8∶45.9 调整为 2023 年的 0.3∶56.6∶43.1[①]。东莞市聚焦"科技创新+先进制造"，着力打造粤港澳大湾区先进制造业中心，瞄准新一代电子信息、高端装备、数字经济等七大战略性新兴产业，大力推进产业链的中高端化，产业结构持续优化改进。东莞市工业总体规模在"十三五"期间稳步增长。2023 年，东莞制造业承压展韧性运行，规模以上工业增加值下降 1.9%，高技术产业和先进制造业发展态势良好，电子及通信设备制造业增长 4.5%，高端电子信息制造业增长 4.3%，先进装备制造业增长 0.4%。[②]

---

① 资料来源：东莞市统计局。
② 资料来源：东莞市统计局。

2. 科技创新驱动增强

顺应国家创新驱动发展战略要求，东莞市在"十四五"时期立足本地实际，进一步加大政策引导力度。东莞市将创新驱动作为发展核心战略，打造全链条科技创新生态体系。2023 年，东莞规上科技服务业全年营业收入为 139.68 亿元，增长 15.6%，拥有国家高新技术企业超过 10000 家，国家级专精特新"小巨人"企业 172 家，省级工程技术研究中心、重点实验室等研发机构 574 家，[①] 科技创新政策体系不断完善。2022 年，东莞规上工业企业 R&D 经费支出达 405.61 亿元，相比上年增长 31.51%，[②] 这表明东莞规模以上工业企业的研发费用在规模和强度上持续提升，为企业创新提供了重要的驱动力。

3. 智能化改造加快

东莞推动新一代数字技术的产业化及其在制造业的应用，引导数字技术在制造业的拓展应用，积极打造数字技术创新应用场景，持续推动工业企业自动化智能化改造。从 2015 年起，东莞成功举办七届"广东国际机器人及其智能装备博览会"。2022 年，东莞遴选认定 129 家重点企业授予"东莞市智能工厂（车间）培育企业"称号，认定 32 家智能工厂（车间）[③]。2023 年，新增 157 家重点企业开展数字化标杆项目改造，新增认定 81 家智能工厂（车间）[④]。此外，东莞利用其区域优势，如松山湖国际机器人产业基地，发展机器人科技研发和产业集聚，进一步推动智能装备制造业的发展。

（二）数字技术助推东莞制造业产业链韧性升级的现实困境

1. 数字化转型进程缓慢使得数字技术对产业链韧性提升效应难以发挥

近年来东莞陆续围绕"数字化转型""互联网+制造业""工业互联网"

---

① 资料来源：《科技引领产业腾飞，东莞高新技术企业突破 1 万家》，东莞阳光网，2024 年 1 月 18 日。

② 资料来源：东莞市统计局。

③ 资料来源：东莞市工业和信息化局。

④ 资料来源：东莞市工业和信息化局。

"智能工厂"等出台了一系列促进政策。2023 年,东莞数字经济核心产业、数字经济需求、数字政策环境三大关键领域均进入全国 10 强,在全国城市数字经济竞争力指数排名中位列第 18①,展现出强大的发展韧性与活力。但东莞制造业企业数字化转型仍相对缓慢,根据东莞市工业和信息化局、中国信息通信研究院调研结果,目前东莞制造企业实施的数字化转型项目大多属于"订单拉动式",部分企业对工业互联网概念认识不清,找不到数字化转型的方向,数字化转型需企业在创新领域投入大量时间、资金和人力等,企业资源受限,大多数企业"不会转、不想转、不敢转"。企业上云上平台面临较多顾虑及制度性障碍,接入工业互联网平台意愿较低,将不利于企业生产效率提升、资源要素优化配置和创新能力提升,进而限制数字技术对产业链韧性的提升效应。

2. 数字关键核心技术薄弱导致数字技术对产业链韧性提升作用不显著

东莞制造业产业链规模基础庞大,但从质量上来看,部分关键领域核心技术产业被垄断,核心电子元器件、软件、芯片、面板等领域的自主研发水平较低,智能装备产业在关键零部件、元器件方面研发力量薄弱,拥有核心知识产权的产品较少,导致产业链不完整,存在"断链"隐忧,制约产业链韧性升级。加之全球单边主义与贸易保护主义的兴起,国际贸易摩擦日益加剧,国外技术和产品的封锁愈演愈烈,这给东莞制造业产业链安全带来严峻考验,也将对数字技术提升东莞制造业产业链韧性的作用产生限制。

3. 数据要素共享和监测难度大导致数字技术对产业链韧性稳定性提升效果不突出

制造业产业链数据涵盖设备、产品、运营和用户等方面,包括上下游企业信息、政府监管信息和用户基础信息,共享和整合这些数据才能充分发挥其应用价值。然而,目前东莞制造业产业链数据资源分散、覆盖率低,数字平台建设刚刚起步,数据共享能力弱,缺乏市场化的数据共享交

---

① 资料来源:东莞市工业和信息化局。

易平台。此外，对于哪些数据可以公开共享、哪些必须保密，缺乏详细标准和规定，导致数据交换和使用存在风险。随着全球化工业分工加深，制造业产业链层级和节点增多，复杂性和不确定性增加，加大了全链条安全风险监测难度，难以实现大规模数据优化配置，导致产业链控制力不足，韧性提升受限。

4. 数字技术支撑能力不足导致产业链数字化转型不顺畅

目前，东莞制造企业数字技术还处在初级水平阶段，数字化基础设施体现着不平衡不充分，标准化体系建设工作需要进一步加强。此外，人才作为产业链数字化转型的核心支撑要素之一，在提升东莞制造业产业链韧性方面发挥着关键作用。据《东莞市人才发展趋势报告》，东莞市数字经济产业2022年人才需求同比提升16%，对既懂数字技术又懂生产制造的复合型人才产生大量需求。专业性数字化人才短缺将成为制约制造业产业链智能化发展的障碍，进而影响制造业产业链向中高端升级迈进，并对产业链韧性的提升带来不利影响。

三 数字技术助推东莞制造业产业链韧性升级的作用机制

立足于制造业产业链韧性内涵，结合前文构建的韧性评估指标体系，本文从可靠性、流动性、适应性、脆弱性、更新性、可持续性六个方面阐释数字技术对制造业产业链韧性提升的作用机制。

（一）通过数字化改造提升制造业产业链可靠性

数字技术助推制造业进行全方位数字化改造，推动企业内部管理数字化，如组织结构、运作流程、部门管理、部门协调等，通过工业互联网等硬件设施和工业软件等软件设施，加速企业"上云上平台"步伐，增强企业的可选择性。借助数字技术和平台，制造业产业链生产端可以将原材料零部件生产商、产品生产加工商、分销商等接入数字共享平台，打破信息壁垒。

流通端可以实现原材料零部件采购数字化、业务流程数字化、业务核算数字化，使得制造业产业链整个运营过程更透明化，链条运作效率得到有效提升，从可靠性方面提升制造业产业链韧性。

（二）优化投入要素配置提升制造业产业链流动性

依托数字技术，制造业产业链上的企业可以突破生产要素在时空上的限制，重塑依赖分工、地域和交易成本的传统产业链边界。数字技术介入能使企业在短时间内对生产要素进行有效连接和重组，降低信息和知识共享的成本、新技术的传播成本以及交易成本，显著增强产业链的整体韧性。制造企业能够利用高级数据分析和人工智能工具，从海量的信息数据中精确筛选出对产业链运作至关重要的技术、人力和资金资源。精准的要素配置不仅能降低生产成本、优化资源配置效率，还能增加产业链流动性、提升整条链条的响应能力，从流动性方面实现制造业产业链韧性提升。

（三）整合链条资源提升制造业产业链适应性

数字技术与制造业的深度融合，将加速传统制造业产业链全领域、全方位、全链条的数字化改造。互联网、人工智能等数字技术的深度嵌入，不仅能有效拓展制造业的功能和范围，而且能显著提升数字产业在产业链中的比重。全面、大规模的数字技术能有效改善现有生产模式，将生产环节、机器、原材料、顾客等全链条资源有效连接起来，促进链条上主体有效满足直接合作者和间接合作者的生产需求。数字技术的全面应用和深度整合，能增强产业链对外部冲击的感知能力和预警能力，通过实时数据分析和模型预测，使产业链迅速适应市场变动和供应链中断等挑战。

（四）提高应急协同能力降低制造业产业链脆弱性

在复杂多变的外部环境下，制造业产业链通过数字技术的应用能有效链接产业链上下游，从而开始配置劳动、资本及其他生产要素，进而在效率和包容之间形成协同效应。产业链风险存在关联性和传导性，任何一个节点和环节遭遇冲击，都会对整个产业链的韧性形成考验。数字技术和平台可以助力解决链条信息不对称问题，提升制造业产业链的应急协同能力，减弱冲击在链条上下游的传导，使得链条上下游企业能够在发生外部冲击时迅速共享关键信息，减少信息延误或失真的可能性，从而减弱冲击的传导效果。例如，通过使用人工智能和机器学习算法，企业能够预测和识别风险热点，提前制定应对策略，有效防止某一环节的问题导致整个产业链停摆，从而有效保障制造业产业链的安全和稳定，大幅降低整个产业链的脆弱性。

（五）催生新业态新模式提升制造业产业链更新性

在数字化浪潮的推动下，大数据、互联网、人工智能、云计算、物联网等核心数字技术正在不断地重塑制造业产业链的结构和功能，持续催生如互联网制造、人工智能制造等新的数字化业态，为提升产业链韧性注入持续的创新动力。数字技术与平台能更好地促进科技创新资源、产业链创新人才等的集聚，有效打破制造业产业链创新过程中信息孤岛的现象。通过建立更加开放和互联的数据交换平台，制造企业可以更容易地访问和利用外部的创新资源，实现生产过程的优化和产品创新。

（六）深化绿色创新助推制造业产业链可持续性提升

数字技术在制造业产业链深入应用，能够推动资源配置逐渐向拥有技术优势的制造企业倾斜，提高生产效率，降低能耗和环境污染，促使传统高耗能、低效率、高污染制造业向更节能、高效、环保的模式转型。数字技术保障计算存储和数据中心的可持续性，如人工智能和机器学习正被广泛用于提升网络服务的效率和减少生产过程中的能源消耗，有助于企业降低运营成本，优化能源使用，促进清洁能源技术的应用。数字技术能促进制造业产业链绿色低碳转型工作持续深化，提升产业链的环境友好度，引领产业链朝着可持续路径方向发展。

四 数字技术助推东莞制造业产业链韧性升级的路径

（一）数字技术助推东莞制造业产业链韧性升级的关键任务

1.稳链：稳固产业链基础设施建设

制造业产业链韧性涵盖产业链在应对外部风险冲击和压力时的"稳链"能力，牢固的产业链基础设施建设是稳链的关键要素，产业链固有积累规模是实现制造业产业链稳定发展和持续升级的根基。从要素角度来看，制造业产业链的基础设施包括关键技术、先进工艺、关键零部件和高性能材料，构成了制造业持续发展和技术升级的基石。东莞面临诸如供应链断裂、流程堵塞和技术瓶颈等多重挑战，加强产业链基础设施的建设和升级尤为重要。东莞部分基础核心技术及核心电子元器件等主要依赖国外巨头供给，对外依赖性较高，基础设施可控性较差，应通过巩固产业链基础设施建设，牢牢掌握产业链发展的主动权和控制权，稳固其发展根基，保障其可靠性，这是提升东莞制造业产业链稳定性和应对外部风险挑战的关键。

2.补链：补齐产业链短板

制造业产业链韧性涵盖产业链面临外部多重风险要素冲击时适应调整的"补链"能力。"十三五"以来，东莞制造业产业链存在发展不平衡、链条不够完善、盈利能力不强等短板问题。[①] 运用数字技术能助力产业链精准识别和解决短板、瓶颈问题，优化运作效率并增强对外部冲击的应对能力，成为"补链"的有效途径。政府可以利用大数据技术全方位监督和分析不同区域、产业链和层级的资源信息，确定需要重点"补链"的节点企业和重要环节，提升治理效能和决策效力。制造企业通过物联网、大数据分析和人工智能技术，能够实时监测和分析生产过程中的关键环节，识别出关键技术

---

① 资料来源：《东莞市制造业高质量发展"十四五"规划》，东莞市人民政府门户网站，2021年12月。

瓶颈和薄弱环节。东莞制造业产业链应加速数字化转型，突破短板弱项，实现产业链治理结构优化升级，这成为提升产业链应对风险的适应性和灵活性的关键。

3. 强链：强化产业链创新驱动发展

制造业产业链韧性涵盖产业链更新发展路径的"强链"能力，通过"创造性破坏"打破原有的发展模式，探索新的发展路径，成为"强链"的关键战略要素。东莞制造业产业链面临关键核心技术受制于人的根本原因包括产业链创新能力不够强、自主研发水平较低。科技创新作为数字技术对东莞制造业产业链韧性的影响要素，是制造业产业链韧性提升的关键。数字技术通过促进产业链上下游的信息共享和协同作用，有效打破信息壁垒，加强企业间的合作和协同创新，信息的透明化和流动性有助于内外部资源整合，提高创新的整体效益。通过数字化管理和智能化的物流配送，企业可以更加高效地管理供应链，降低创新成本和缩短创新周期。产业链的创新发展是一项长期复杂的工程任务，数字技术响应新时代多主体、多环节、多领域创新生态系统的要求，推动创新链的创新供给与产业链的创新需求更精准匹配，强化产业链创新驱动发展成为产业链韧性升级的关键突破口。

4. 拓链：拓展产业链新业态

制造业产业链韧性涵盖产业链持续拓展新技术、新业态、新模式的"拓链"能力，着力增强产业链长远可持续发展的动力，提升产业链应对外部环境变化的灵活应变能力。随着全球经济形势和市场需求的不断变化，传统制造业所面临的挑战与压力日益增加，拓展新的产业链业态成为东莞制造业提升产业链竞争力和适应性的关键任务。数字化浪潮下，5G、物联网、人工智能、大数据、区块链和云计算等前沿数字技术与东莞制造业产业链深度融合，对东莞制造业进行全方位改造升级，推动东莞制造业产业链向高端、智能化和绿色化方向发展，提升产业链的创新能力和发展活力。东莞制造业产业链具有利用数字技术的先发优势，应充分主动把握产业变革和技术演进的中长期规律，积极向产业链中高端迈进，优化产业链布局，加快制造业智能化改造，为制造业产业链韧性升级注入有效动力提供保障。

（二）数字技术助推东莞制造业产业链韧性升级的实现路径

1. 强化数字基础设施，促进数字技术与产业链的高效衔接

随着科学技术的快速发展，强化数字技术基础设施建设成为提升制造业产业链韧性的重要基础，持续推进稳链、补链、强链、拓链等工作，是确保产业链稳定和增强竞争力的关键策略。

一是加强基础数据服务平台建设。数据的采集、存储、处理、分析和共享都离不开数据服务平台。以政府部署引导和市场主体广泛参与的机制，布局数字新基建战略规划。依托互联网、行业协会等建设数字设施平台，加大对工业互联网、数据中心等数字化基础设施的建设投入，实现对产业链上数据的采集和应用。

二是打造新型数字化平台。制定数字化平台建设规划，明确平台定位、功能和发展方向，根据产业链的特点和需求，设计合适的平台架构和技术方案。建立统一开放的数据共享平台和产业链系统研发设计平台，整合生产制造数据资源，实现对生产、供应链、销售等方面的数字化管理和智能化运营，降低运营成本和风险。建立开放、创新、协调的示范型数据交易平台，以市场中网络大平台为核心，强化政府协同治理效能，为链上寻找合作伙伴提供支撑，深化企业间合作。

2. 优化配置数字要素，加速数据链与产业链的深度融合

为实现数字链与产业链的深度融合，需解决制造业产业链中的堵点、难点和断点，进而实现稳链、补链、强链、拓链，促进东莞制造业产业链韧性升级。

一是规范和健全数据标准。建立适用于制造业产业链的数据标准和规范，确保数据的一致性、可靠性和互操作性，包括制定数据格式、数据字段、数据交换协议等方面的标准。

二是提升产业链智能制造水平。引入先进的智能制造技术，加速数字化设备和工厂的建设，推动生产设备的智能化改造和数字化管理。通过自主研发、制造和应用工业机器人、3D打印技术和高端数控机床等智能装备，实现技术、网络和数据的深度渗透整合，有效打破数据壁垒。

三是充分借助数字技术挖掘数据要素价值。及时储存和获取产业链各环节的实时数据要素，通过深度数据挖掘、数据分析和人工智能等手段，发现潜在的商业机会和生产优化空间，提升数据要素的价值。

四是完善信息共享机制。充分利用人工智能、云计算等数字技术对产业链供需信息进行有效梳理，加强产业链上下游企业、科研机构、政府部门等各方的合作伙伴关系，共同参与信息共享机制的建设和运营，实现产业链各参与方之间的数据共享和互联互通。

3. 打造"链主+专精特新"生态体系，推动创新链与产业链的精准匹配

制造业产业链的核心竞争力体现在其抗风险能力、创新能力和活力上，应借助数字技术，重点培育一批具有引领作用的龙头企业和扶持"专精特新"企业，带动链上企业共同稳链、强链，提升产业链韧性。

一是培育"链主"企业并加速其数字化转型。着重支持和鼓励产业链上具有核心技术、资源、市场份额等优势的主导企业加速数字化转型，通过系统性布局新型基础设施、工业互联网平台及关键共性技术，在产业链上发挥引领示范作用。通过自主创新、引进吸收、合作研发等方式，不断提升企业的技术实力和创新能力。借助数字技术创新商业模式和打造自主创新能力，加强上下游企业间的协同作用。

二是大力扶持充满活力的"专精特新"企业。积极扶持富有活力的"专精特新"中小企业，鼓励"专精特新"企业与产业链上下游企业加强合作，特别是领军企业和数字化转型服务商，共同开发数字技术实施与应用方案，创建标杆性的数字化应用模式。鼓励"专精特新"企业在技术创新、产品研发、市场拓展等方面取得突破和进展，聚焦专业化、精细化、特色化、新颖化发展路线，充分激发中小企业发掘自身内在潜力和活力，加速其在数字化转型过程中的升级。

此外，打造"链主+专精特新"生态体系应充分考虑产业链各环节特殊性和不同应用场景适配性，精选出有效可借鉴的实践方案，实现整个产业链的数字化转型和升级。通过发挥"链主"企业在产业链的引领作用，鼓励

中小企业积极参与产业链的分工和协作，促进大中小型企业之间的协同发展和内外部联动，从而有效预防产业链中断的风险。

4. 加强数字技术人才培养，实现人才链与产业链的协同发展

在"互联网+"的推动下，制造业产业链的升级关键在于加强数字技术人才的培养，需加速培养具备数字素养、掌握数字技术、了解产业发展需求，并具备专业技能的复合型人才，以支持和加速产业链的现代化进程。

一是制定数字人才培养规划。制定符合产业发展需求的数字技术人才培养规划，根据产业链的特点和数字化转型的需求，合理规划培养数字技术人才的数量和结构。鼓励发展与数字技术、数字经济相关的新兴交叉学科、专业和方向，将数字素养、数字技能等培养纳入相关专业人才培养方案中，制定相应的行动框架体系。

二是打造高端数字人才聚集高地。依据国家战略导向，聚焦涉及产业链数字化前沿技术和现代化的关键领域，构建有利于高端数字人才聚集的生态环境，打造数字人才的创新高地。

三是推动产学研用结合培育数字人才。加强产业界、学术界和研究机构之间的合作，建立产学研用联盟，共同开展数字人才培养和科研项目。

四是完善数字人才引进机制。探索柔性引进数字人才机制，构建多元化的引才渠道，提供如税收优惠、住房补贴、子女入学等优厚的人才激励政策。建立健全的数字人才培训和交流机制，尤其是加大对数字技术领域、工程技术领域尖端人才的培养力度，夯实数字技术领域工程人才队伍，着力解决制造业产业链人才供需不平衡的问题。

参考文献

戚聿东、刘翠花、丁述磊：《数字经济发展、就业结构优化与就业质量提升》，《经济学动态》2020 年第 11 期。

钱海章、张强、李帅：《"十四五"规划下中国制造供给能力及发展路径思考》，《数量经济技术经济研究》2022 年第 1 期。

贺正楚、李玉洁、吴艳：《产业协同集聚、技术创新与制造业产业链韧性》，《科学学研究》2024 年第 4 期。

李连刚、张平宇、谭俊涛等：《韧性概念演变与区域经济韧性研究进展》，《人文地理》2019 年第 2 期。

陈晓东、刘洋、周柯：《数字经济提升我国产业链韧性的路径研究》，《经济体制改革》2022 年第 1 期。

王高凤、郑琼洁：《产业链视角下新冠疫情对我国制造业的影响研究》，《产业经济评论》2020 年第 4 期。

裘莹、晏晨景、张利国：《数字经济时代我国产业链安全保障体系构建与对策研究》，《国际贸易》2022 年第 12 期。

蒋瑛、谢勇、常群：《美国制造业回流对中国供应链安全的影响研究》，《亚太经济》2023 年第 2 期。

邢会、李明星、杨子嘉等：《创新型人力资本对制造业产业链现代化的作用机制——基于省级面板数据的实证检验》，《华东经济管理》2023 年第 12 期。

郑涛、杨如雪：《高技术制造业的技术创新、产业升级与产业韧性》，《技术经济》2022 年第 2 期。

B.12
数字化能力视角下东莞制造业
数字化转型纵深推进研究[*]

蒋键 李欣 刘佩毅 饶熠飞[**]

摘 要： 本文在研究东莞制造企业数字化能力发展现状的基础上，构建企业数字化能力模型；通过问卷调查，研究东莞企业数字化能力情况，认为东莞制造业数字化转型企业数量较多，政策措施发力较好，数字化转型支撑日趋完善；东莞制造业企业数字化技术能力、数字化重构能力、数字化组织能力较强，但是数字化战略能力、数据管理能力、数字化业务能力较弱。东莞应进一步强化数字化战略引领、建设数字化人才高地、纵深推进工业数字化、打造数字化协同创新生态、提升数据安全与共享能力。

关键词： 数字化能力 数字化转型 新质生产力 制造业 东莞

制造业数字化转型和高质量发展既是推进新型工业化和加快发展新质生产力的关键一环，也是建设现代化产业体系以实现中国式现代化的重要基础。国务院印发的《"十四五"数字经济发展规划》中，数字经

---

* 基金资助：教育部人文社会科学研究项目"动态能力视角下制造企业数字创新绩效的影响机理研究"（21YJAZH034）；东莞市社科联项目"数字化能力视角下东莞制造业数字化转型纵深推进研究"（2023CG25）。
** 蒋键，博士，东莞职业技术学院经济与管理学院副教授，主要研究方向为技术创新管理、数字化转型；李欣，东莞职业技术学院数字媒体学院助理研究员，主要研究方向为创新与创业管理；刘佩毅，广东培正学院法学院本科生，主要研究方向为数字化转型与管理；饶熠飞，东莞理工学院经济与管理学院本科生，主要研究方向为数字化转型与管理。

济被提升到国家的战略高度。该《规划》明确提出，要大力推进产业数字化转型，纵深推进工业数字化转型。习近平总书记强调"制造业是国家经济命脉所系，加快推动制造业数字化、智能化、绿色化转型升级"。《东莞市数字经济发展规划（2022—2025年）》明确指出："3年以内，实现规模以上企业数字化转型升级全覆盖，高水平建成国际知名的数字经济名城、国家制造业数字化转型示范城市。"2024年东莞市政府一号文《东莞市人民政府关于加快推进新型工业化，高质量建设国际科创制造强市的实施意见》指出，东莞将以"新型工业化"为引领路线，持续深化"制造业当家"主题，厚植东莞产业发展生态优势，聚焦传统产业转型升级和新质生产力培育发展，推动传统优势产业向高端化、智能化、绿色化转型，培育壮大战略性新兴产业和未来产业，建设现代化产业体系。

本文借助文献查阅、案例分析、实地调查研究、问卷调查和专家论证等研究方法，深入分析和总结东莞制造企业数字经济发展现状，从推进路径、转型模式、转型成效三个方面来阐述东莞制造业数字化转型的成效。通过构建数字化能力模型和进行大范围问卷调查，得出数字化能力得分情况、剖析发展难点，并借鉴国内外制造企业数字化能力发展的经验，对数字化能力视角下东莞制造业持续深化转型提出建议。

一　东莞制造企业数字化转型推进现状分析

（一）东莞数字经济发展成就

1.数字经济规模居全省前列

近年来，东莞市先后出台支持数字经济产业发展的相关政策规划，涉及数字产业化、产业数字化等多个方面的具体政策措施，成为全国数字经济新一线城市，位居广东省第3，并且在数字中国指数中位列第7。截至2022年上半年，东莞拥有规模以上电子信息制造业企业2106家，并以华

为、VIVO 等龙头企业为引领。2023 年，东莞规模以上电子信息制造业产值达到 9476 亿元，东莞规模以上软件和信息技术服务业企业营收突破 463.4 亿元，同比增长 47.4%，增速高出全省、全国平均增速 30 个百分点，位居全省第 1。①

2. 数字产业化基础雄厚

一方面，东莞电子信息制造业基础雄厚，已成为东莞标杆性支柱产业，具备比较优势。截至 2022 年 12 月，东莞在 45 个国家级先进制造业集群中占据 3 席。② 2023 年 3 月，东莞智能移动终端产业集群以第四名的成绩入选"2023 中国百强产业集群"③，还被认定为国家先进制造业产业集群。另一方面，依托电子信息产业集群，东莞还大力发展云计算、大数据、人工智能、5G 等新一代信息技术产业，积极推进数字产业化。

（二）制造业数字化转型成效

东莞作为全球制造中心加快产业数字化步伐，于 2023 年入选省级中小企业数字化转型城市试点名单和全国首批中小企业数字化转型试点城市名单，具有一定的特色。下文将从推进路径、转型模式、转型成效三个方面来介绍东莞制造业数字化转型方面的典型经验。

1. 推进路径

东莞针对不同企业、不同行业特点，采取"一企一策""一行一策""一园一策""一链一策"等多种办法，因地制宜推进企业数字化转型（见表 1）。

---

① 《东莞市数字经济发展报告（2023 年）》，东莞市工业和信息化局网站，https：//im. dg. gov. cn/attachment/0/261/261512/4203499. pdf。

② 《国家先进制造业集群名单》，工业和信息化部网站，https：//www. gov. cn/xinwen/2022 - 11/30/5729722/files/4f50411cc5a144669fea2c3f47afd94e. pdf。

③ 《2023 中国百强产业集群发布》，中华全国工商业联合会网站，https：//www. acfic. org. cn/fgzs/fgdt/202303/t20230328_ 189638. html。

表 1　东莞推进制造企业数字化转型的路径类型

路径类型	实施主体	特征	优点	典型案例
一企一策	行业龙头及重点企业	重点企业数字化能力提升+样本经验借鉴转型模式	加强自身能力，提升效率，优化流程，已有经验形成标准化解决方案，为其他地方提供借鉴	中集作为特种车辆制造龙头企业，在"灯塔工厂"——东莞中集车辆工厂，通过数字化利用，生产效率提升了约66%，物流效率提升了近90%，节约了45%的人工，产品保修期限也从原来的5~7年提升为10年以上
一行一策	中小型制造企业	中小企业政策帮扶转型模式	普及企业数字化技术应用与制造技术，降低企业转型成本	东莞通过利用数字技术推动慕思、创域实业等龙头企业实现产业链数字化转型，实现从订单式生产到制造业服务化转型
一园一策	产业园和产业集聚区	园区平台搭建转型模式	提升区域制造资源和创新资源的共享和协作水平	松山湖高新技术产业园区发布政策引导企业上云上平台，同时在2020~2022年投入25亿元进行包含数字基建的基础设施建设。目前帮助约100家重点企业实现数字化转型，为25批企业提供上云上平台服务
一链一策	企业产业链及供应链	产业龙头企业牵引+行业骨干企业数字化赋能产业转型模式	提高产业链协作效率和供应链一体化协同水平	华为作为智能终端制造的龙头企业，参与供应链集成，达成供应商的全连接协同，为近百个主流供应商伙伴实现100%全连接，共完成80多个服务化子系统的改造和建设。华为云帮助松山湖上百家企业上云用云和数字化转型

资料来源：《广东省人民政府关于印发广东省制造业数字化转型实施方案及若干政策措施的通知》（粤府〔2021〕45号）。

2. 转型模式

东莞制造企业数字化转型模式包括数字化管理、智能制造、平台化设计、个性化定制、网络化协同和服务化延伸等，具有以下特色。一是企业数字化转型以数字化管理和智能制造两种模式为主。48.2%的制造企业实现了数字化管理，这表明这些企业正在利用工业互联网打通内部各管理环节，打造数据驱动、敏捷高效的经营管理体系。38.8%的制造企业正在探索智能制造模式，推动自身加速向数字化、网络化、智能化发展。二是大型企业转型

模式多样化，中小企业重视个性化定制转型模式。近三年营业额在10亿元以上的大型企业中，数字化转型模式更为多样化，普遍以三类至四类转型模式相结合的方式，而中型及小型企业更重视个性化定制的数字化转型模式（分别占比40.5%和35.7%）。

3. 转型成效

（1）制造业数字化转型企业多，覆盖面大

2023年，东莞坚持以"科技创新+先进制造"为发展方向，纵深推进制造业数字化转型。2023年全年新增数字化转型企业1216家，累计达到6407家，位居全省第1。同时，已建成81个智能工厂，并新增了157家重点企业开展数字化标杆项目改造，带动约500家企业启动数字化转型标杆项目建设。① 截至2023年，东莞市已有超过9000家规模以上工业企业启动了数字化转型工作，约占全市规上工业企业总数的70%。②

一是东莞制造业企业数字化转型覆盖面较大。未开展数字化转型的制造企业仅占17.1%，正在实施和着手开展数字化转型的制造企业占比达82.9%，已经实施并取得数字化成效的制造企业占比达62.9%。二是东莞战略性新兴产业数字化转型水平高。以新能源、新材料、新一代信息技术、数字经济为代表的东莞战略性新兴产业的制造型企业数字化转型程度高，总体数字化转型参与度达82.9%。从全面实施数字化和核心业务实施数字化企业占比来看，数字经济产业是75%，新一代信息技术产业是57.2%，新能源产业是83.3%。三是东莞先进制造业数字化转型向纵深推进。以电子信息制造业为代表的东莞先进制造业的数字化转型程度高，总体数字化转型参与度达80%，全面实施数字化和核心业务实施数字化的企业合计占29.3%，而部分业务实施数字化的企业占31%。四是东莞传统产业数字化转型稳步推进。以纺织服装鞋帽制造业、玩具及文体用品制造业、家具制

---

① 《东莞市数字经济发展报告（2023年）》，东莞市工业和信息化局网站，https://im.dg.gov.cn/attachment/0/261/261512/4203499.pdf。

② 《"世界工厂"东莞逾九千家规上工业企业启动数字化转型》，中国新闻网，https://www.chinanews.com.cn/cj/2023/10-18/10096224.shtml。

造业和造纸及纸制品业为代表的东莞传统产业整体数字化转型程度较高，数字化转型参与度达到了81%，其中全面实施数字化和核心业务实施数字化的企业合计占比达14.28%，部分业务数字化的企业占比为47.62%。究其原因，传统行业以消费品为主，消费品行业以其快节奏、短周期服务市场，市场竞争激烈和用户个性化需求促使企业积极开展数字化转型，侧重于渠道模式数字化和供应链模式数字化转型。

（2）扶持措施发力，企业数字化转型效果明显

根据东莞市工信局的数据，截至2022年，东莞已带动4.5万家企业实现上云用云，其中32家智能工厂（车间）已经投入使用。智能移动终端产业集群也已经成功通过国家验收。首先，通过技术改造政策，对752家企业的1201个项目共计资助12.73亿元，合计带动企业投资235.67亿元，其中，市技改资金资助7.39亿元，直接拉动企业投资179.39亿元，引进设备3.87万台，实现企业全员劳动生产率平均提升223%，同时，另有130家企业的164个项目获得省资助5.34亿元。其次，通过工业互联数字化升级政策，超过50%的企业生产设备物联网率达到了七成以上，产能利用率平均提升30个百分点，同时通过搭建工业级网络平台，有效获取生产、经营、管理等数据资源，生产、经营和管理成本大幅降低、经营效率明显提升。最后，在标杆示范方面，截至2023年，东莞市取得了长足的进展。全市新增2家企业入选国家服务型制造示范企业，新增5家企业入选国家智能制造优秀场景，同时还有2家企业入选工信部新一代信息技术与制造业融合发展示范项目。

（3）数字化转型支撑日趋完善，营造良好数字生态

数字化转型支撑平台建设方面，东莞建成一批重大数字技术创新平台，扎根东莞的新型研发机构正在突破数字化技术瓶颈，如中科院云计算中心等纷纷投身数字化技术研发。

智能移动终端方面，东莞市将于2024年开始实施《东莞世界级智能移动终端先进制造业集群培育提升三年行动方案（2023—2025年）》。首先，该方案从产业布局优化、企业集群培育等七个方面入手，引导优质要

素资源高效汇聚到产业集群中，打造"产业+科技+金融+人才"高水平循环的集群发展生态系统。其次，该方案着重打造智能移动终端产业的全产业链，加快培育具有全球影响力和竞争力的世界级智能移动终端先进制造产业集群。因此，东莞正在通过优化产业布局和培育企业集群，构建完整产业链，营造良好的数字生态环境，深入推动制造企业数字化转型向纵深发展。

服务机构培育方面，大力培养和引进数字化转型供应商，引导一批本土企业通过加强数字化技术研发投入，成功转型为数字化服务平台商，省工信厅、市政府和华为公司已签订协议开展东莞"5G+工业互联网"应用示范等合作，已培育出华为公司跨行业、跨领域工业互联网平台；共计推动18家东莞本土机构入选广东省工业互联网产业生态供给资源池，占广东省资源池机构数量的4.07%。[①] 2023年，东莞构建的"赋能中心—促进中心—服务商"制造业数字化转型赋能体系日益成熟。目前，已有2家赋能中心、4家制造业数字化转型促进中心和58家服务商，形成了"行业平台+专业技术服务"的转型能力和资源矩阵，这个体系为制造企业提供了多样化和个性化的数字化转型解决方案，从而在数字化转型的过程中给予了企业强有力的支持。

试点和载体方面，松山湖电子信息产业集群入选广东省2020年特色产业集群数字化转型试点。截至2023年，东莞模德宝智能科技有限公司成为广东省唯一的模具产业集群数字化转型试点。同时，广东旺盈环保包装实业有限公司成功入选国家智能制造标准应用试点项目，[②] 为东莞市智能制造领域的发展提供了有力支持。

---

① 《东莞市数字经济发展报告（2023年）》，东莞市工业和信息化局网站，https：//im. dg. gov. cn/attachment/0/261/261512/4203499. pdf。
② 《东莞市数字经济发展报告（2023年）》，东莞市工业和信息化局网站，https：//im. dg. gov. cn/attachment/0/261/261512/4203499. pdf。

二 数字化能力视角下东莞制造业数字化转型现状调研分析

（一）数字化能力的概念及结构维度

数字化能力是指通过运用数字技术改造企业流程、业务以及商业模式，进而高效快速响应环境变化和创造价值的一种新型组织能力体系。关于数字化能力的构成，不同学者分别从不同视角进行研究，从价值共创理论看，Lenka 等（2017）认为数字化能力划分为分析能力、连接能力、智能能力三个维度；Warner 和 Wäger（2019）通过动态能力的理论视角，提出了数字感知能力、数字获取能力、数字转化能力三维能力；柳学信等（2022）认为数字化能力包含数据感知与获取、数字技术使用与集成、数字应用转化与分析。数字化能力是企业价值创造新的推动力，它涉及战略、组织、技术、流程和业务、数据治理和生态等支撑要素（吉峰，2022）。国际管理咨询公司 Accenture 认为数字化能力涵盖数字渠道与营销、产品与服务创新、智能生产与制造、数字商业模式、数字创投与孵化、智能支持与管控共六个维度。[①] 本文综合国内外学者的研究成果和咨询机构对数字化能力的维度划分，认为数字化能力包括数字化战略、数字化技术能力、数字化组织能力、数字化业务能力、数字化重构能力和大数据能力六大子能力维度。

（二）问卷设计与调研

基于国内外相关文献，笔者设计了《东莞制造企业数字化能力发展现状调查问卷》并咨询相关行业领域专家加以完善，然后在东莞市工信局、行业协会和部分市内企业的协助下分两次发放问卷。第一次共回收 236 份问卷，其中有效问卷为 192 份，这些问卷用于探索性因子分析。第二次共回收 686 份问卷，得到有效问卷 570 份，有效问卷率为 83.1%，覆盖了全市 279

---

① https：//www.accenture.cn/cn-zh/insights/digital/corporate-digitaltransformation-index.

家制造企业。从样本企业行业类型、企业性质、企业规模、成立时间、被调研人员职位构成等方面进行分析，符合数据分析要求。

（三）信度和效度分析

本文量表的测量题项主要是借鉴已有相关研究成果，同时结合国家工信部门、专家建议和行业调研信息，在制造业数字化转型情景的基础上进行适当修改与补充，使之更符合理论假设和现实背景。本文首先以第一次回收的192份有效问卷为样本，利用SPSS27.0软件对数字化能力进行信度分析和探索性因子分析（CFA），数字化能力降为6个子维度；然后，在小样本探索性因子分析的基础上，以第二次回收的570份有效问卷为样本，利用SPSS27.0软件进行信度分析，以及利用AMOS26.0软件对研究模型中的六个变量作验证性因子分析（CFA），各量表内部一致性信度系数大于0.8，AVE大于0.5，CR大于0.7，具有良好的信度和效度。

（四）东莞制造企业数字化能力整体得分综合分析

制造企业数字化能力包括数字化战略、数字技术能力、数据管理能力、数字化组织能力、数字化业务能力、数字化重构能力六个子能力维度，本文根据调查问卷的结果对东莞制造企业数字化能力的六个子能力进行评分，各项子能力评分范围为1~7分。其中数字化技术能力表现得最为突出（5.30分）、数字化重构能力得分较高（5.18分）、数字化组织能力得分较高（5.17分）、数字化战略能力得分一般（4.99分）、数据管理能力得分一般（4.94分）、数字化业务能力得分最低（4.87分）（见图1）。

（五）东莞各行业制造企业数字化能力得分比较分析

以新能源产业、生物医药产业、新一代信息技术产业、电子信息制造业为代表的战略性新兴产业数字化能力表现突出，多项能力得分超过全市平均水平，在制造业数字化转型中居于领先地位。纺织服装、造纸行业等传统制造业数字化能力的子能力得分普遍低于全市平均水平。另外机械及电气设备

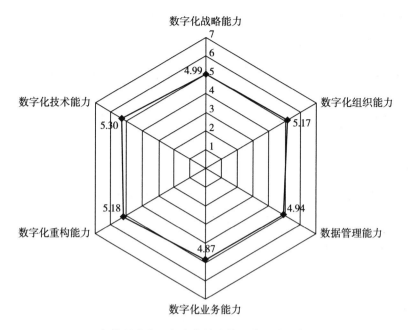

图1 东莞制造企业数字化能力的六大子能力得分分析

制造业行业得分表现一般，传统类型制造企业仍占据行业较大份额，进而影响行业整体的数字化能力得分，其中数字化业务能力和数字化重构能力得分均低于全市平均水平。

（六）东莞制造企业数字化能力发展的突出问题

1.制造企业数字化战略引领作用不突出

东莞制造企业数字化战略能力得分较低，仅为4.99分；根据问卷数据分析，认为数字化战略与企业核心业务战略同等重要的受访者比例为45.18%，认为数字化战略支撑企业核心业务战略的比例为41.57%。从行业分析来看，电子信息行业、电气机械及设备制造业、纺织服装鞋帽业、造纸及纸制品行业企业对数字化战略的重视程度不够，不认为其与企业核心业务战略同等重要。这表明目前大部分样本企业的数字化转型依然局限在部分职能或者业务层面，在顶层设计上缺少全局性，数字化战略的引领作用不突出。

2.制造企业数字化基础弱，先进数字技术应用少

东莞在推进制造业数字化转型的建设中，部分难点问题制约了工作进度，影响了工作成效。在东莞制造企业数字化转型中存在的主要困境中，35.5%的企业认为企业数字化基础弱，转型能力不足；33.7%的企业认为缺乏先进的工业软件或数字技术支撑（见图2）。主要原因是东莞的优势主要集中在数字产品制造业，当前关键工业软件、底层操作系统等数字转型技术及服务商供给尚不充足。这使得东莞多数企业数字化水平仍停留在软件基础化阶段，对边缘计算、数字孪生、人工智能这些先进数字技术的应用程度不高，阻碍数字化转型。目前企业信息系统使用较为集中单一，企业普遍使用企业资源管理（ERP）（占比 64.91%）、办公自动化（OA）（占比 63.16%）。

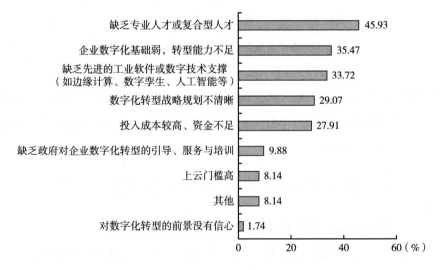

图2　东莞制造企业数字化能力发展的主要障碍

3.中小型企业的数字技术与产业融合程度有待加深

首先，整体上来说，东莞制造企业全面数字化转型和核心业务数字化转型程度不高，两者之和仅为 27.1%，有待纵深推进。其次，根据企业规模分析企业数字化转型程度，东莞大型企业数字化转型程度高，中小型企业数字化转型程度一般。营业额超 10 亿元的大型企业"全面实施数字化"占比 70%，"核心业务实施数字化"占比 10%，而中小型企业以"部分业务实施数字化"为主。这是因为目前东莞企业实施的数字化转型项目大多属于"订单拉动式"，即供应商为获取龙头企业长期订单而被动参与龙头企业的供应链数字化转型。中小企业受制于认知、资金、人才等，普遍存在"不会转、不敢转、不想转"的情况，影响产业链数字化转型的整体推进。

4. 数字化人才培养机制不健全，数字化人才短缺

数字化人才掌握数字化专业能力，是企业数字化转型的关键智力资本，而东莞数字化人才短缺。一方面，数字经济配套人才培养滞后。东莞高校设置数字经济相关专业较少，主要集中于大数据方向，但各院校基本处于探索实验阶段。另一方面，数字化人才保留率有待提高。东莞地区高水平人才和数字化人才占比不高。根据清华经管学院发布的《粤港澳大湾区数字经济与人才发展研究报告》，粤港澳大湾区内部的高质量人才与数字化人才绝大部分集聚于深圳、广州和香港三地，而作为制造强市的东莞和佛山两地数字化人才短缺，两地高水平人才和数字化人才占比分别为 9.19%、7.76% 和 5.53% 和 3.85%，人才集聚水平低和区域分布不均衡问题突出。此外，从图 2 可知，东莞制造业企业缺乏专业人才或复合型人才（占比45.9%），主要表现在两个方面。一方面，制造企业众多，各企业争抢数字化人才。企业也表明所需数字化人才的方向主要为数字化研发设计（占比50.88%）、数字战略管理（占比 49.71%）和数字创新（占比 46.78%）。另一方面，缺乏数字化人才培养机制，仅有 50% 的制造企业拥有数字化人才培养计划，企业缺乏人才培养意识，没有形成数字化人才培养体系，制约人才发展的可能。

5. 企业数字化业务能力一般，工业互联网赋能需要加强

数字化业务能力作为企业完成业务作业及决策过程的能力，它包括组织内部流程数字化集成能力和外部供应链协同能力等。首先，制造企业的内外部数字化集成覆盖面较小。34.1% 的制造企业正在推行平台化设计，约 30%的制造企业推进网络化协同、个性化定制和服务化延伸，这表明 1/3 的制造

企业正在利用工业互联网进行内外部数字化集成和供应链优化。其次，从内部协同来看，46.78%的企业开展"内部集成规划"及 33.92%的企业开展"少数环节集成"，主要集中在运营管理、研发设计等单一环节。最后，从外部集成来看，60.82%的企业通过邮件、微信等方式进行跨企业数据传输，仅有 11.7%的企业通过建立的协同制造平台传输数据，10.53%的企业的主要业务实现跨企业资源共享和协同优化，因此，企业数字化业务能力得分一般。

6. 数据管理能力弱，亟待提升

首先，对数据资产化认识不够。数据管理能力是企业实现数据资产化的重要前提。价值化的数据是数字经济发展的关键生产要素，但是，东莞目前尚未在数据确权定价、流通交易方面开展探索实践，在所出台的与数字经济发展相关的规划纲要中，数据价值化的目标、措施等也存在缺位。而且，东莞在安全运维、安全咨询、安全认证等方面也未有相关的标准要求和制度规范，一定程度上也制约数据的采集汇聚以及高效流通。其次，东莞制造企业数据管理能力得分一般，具体表现为数据管理主体责任不清晰、数据底数不清、数据安全风险严峻、数据质量不高、数据流通不畅、数据价值挖掘不够等问题。

三 数字化能力视角下东莞制造业数字化转型持续深化的策略

本文基于制造业数字化能力模型和大范围问卷归纳出东莞数字化能力存在的突出问题，围绕东莞率先打造我国制造业数字化转型示范城市的战略任务要求，以及东莞制造企业数字化转型政策诉求（见图3），对东莞制造业企业的数字化转型升级和数字化能力提升提出以下五方面建议。

（一）强化数字化战略引领，明确提升数字化能力的目标

东莞制造业在数字化进程中遭遇了一系列挑战，其中约三成企业反映，

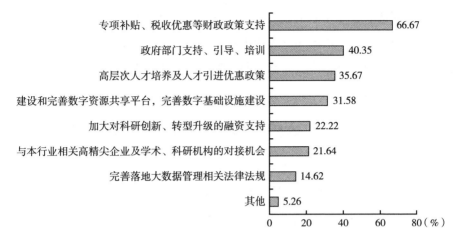

图3 东莞制造企业数字化转型政策诉求

最大的阻碍在于缺少明确的数字化转型愿景，这直接影响了企业策略制定的针对性和有效性。此外，企业对数字化转型认识的不足及企业内部观念的分歧，进一步削弱了数字化转型策略的引导效能。鉴于此，东莞的制造企业亟须加强数字化战略的引领，增强高层的数字化领导能力，确立数字化转型的核心地位，明晰数字化转型纵深推进的方向与目标，绘制清晰的实施路线图，以数字化为纽带，引领企业迈向高质量发展的未来。

（二）建设数字化人才高地，培育数字化能力提升主体

在企业数字化转型中，数字化人才作为新兴人才，是新质生产力的最具主观能动性的要素，发挥着重要作用。为实现建设数字化人才高地并强化人才支撑的目标，可采取以下具体措施。第一，政府人力资源部门应积极优化和落实高层次数字化人才的引进政策，吸引数字经济高端人才、复合型人才在莞集聚，提高数字化人才对外的数量和质量。第二，东莞制造业行业协会积极与高校联合开展产教融合，并基于企业、市场对数字化人才的需求，在市域产教融合共同体和行业产教融合联合体的基础上建设数字化专业人才的培养基地，构建适合数字化人才的能力和素养教育与评估框架，以及制定相应的数字化人才联合培养方案，提升数字化人才培养的针对性与适应性。第

三，东莞制造企业基于自身的数字化战略规划和路径，强化数字化文化培育，坚持引培并举，以数字化人才为核心打造人才"储水池"，引进并集聚数字化转型领域的高层次人才和专业技能人才，从而为企业自身数字能力的提升打下坚实基础。

（三）纵深推进工业数字化，落实不同类型企业数字化转型路径

针对各规模企业数字化转型这一问题，一方面，按照行业龙头骨干企业"一企一策"，可通过财政补贴、科研补贴、创新成果奖金等政策，鼓励诸如华为、OPPO、VIVO等数字领军企业深入推进数字技术创新，大胆研究和开发创新型关键数字技术和应用。同时鼓励大型制造企业推进工业互联网平台建设和智能制造，大力建设"数字化灯塔工厂"，提升东莞在制造业数字化转型方面的领先地位。另一方面，按照行业龙头骨干企业"一企一策"，推进中小企业数字化转型升级。当前东莞中小企业数字化转型程度一般，数字技术与产业融合度有待加深。一是围绕中小企业和"专精特新"企业的数智化发展需求，通过技术改造、智能制造、工业互联网等方面的专项资金以及相关政策措施，全面引导、鼓励和帮助企业加速提升设备设施的自动化、数字化、网络化水平，以数智化转型驱动生产方式和管理方式变革，坚持制造业服务化转型和数智化转型相互融合，实现网络化定制和个性化生产。二是借鉴德国"digital now"等成功经验，采用专项财税政策支持的方式为中小企业数字化转型提供资金支持，降低转型成本。三是借鉴西班牙等国的成功经验，加快启动中小企业"数字工具包"计划，支持专业服务商为中小企业"量身定制"数字解决方案，集中解决云服务和网络安全系统、员工数字化技术培训等中小企业数字化转型难题。

（四）打造数字化协同创新生态，夯实数字化能力提升基础

鼓励构建为企业发展服务的数字化协同创新生态，着力打造基于"研发+生产+供应链"的数字化产业链生态圈以及打造良好的数据治理生态。一是依托龙头企业构建工业互联网平台，整合产业链供应链上下游企业，促

进"专精特新"企业融入本地创新及产业生态。二是加快实施"上云用数赋智"行动，带动上下游企业"上云"，加快东莞制造业企业上云上平台，打造"云上产业生态"。三是加快建设以"工业互联园区+行业平台+专精特新企业群+产业数字金融"为核心架构的新制造生态系统，针对东莞战略性新兴产业集群和传统特色产业集群，因地制宜探索集群整体数字化转型的创新路径，助推数字经济与技术虚拟化，构建数字经济与技术新形态，助力东莞制造业领域的新质生产力发展。

（五）提升数据安全与信息开放共享能力

目前，我国制造业数字化、网络化和智能化发展的步伐正在加快，信息的开放共享也便于促进资源开放共享。制造企业在数字化转型过程中应围绕数据安全与信息共享能力方面进行完善。一方面，在工业数据采集、流通、应用时应加强保护，加强企业数据资源管理，并且要对数据安全隐私进行分类分层分级管控；另一方面，要打造一个科学、准确、管理有序的数据治理体系和数据资源全生命周期安全保护机制，确保企业与用户在运作过程中的信息安全。

参考文献

马名杰、田杰棠、戴建军、杨超、沈恒超：《我国制造业数字化转型的特点、问题与对策》，《发展研究》2019 年第 6 期。

董小英、胡燕妮、晏梦灵：《从追赶到领先——华为战略升级与转型路径解析》，《清华管理评论》2019 年第 11 期。

周丹、林府杏：《制造企业数字化能力驱动的绿色转型机制研究》，《中国管理信息化》2022 年第 19 期。

张省、杨倩：《数字技术能力、商业模式创新与企业绩效》，《科技管理研究》2021 年第 10 期。

Lenka S., Parida V., Wincent J., "Digitalization capabilities as enablers of value co -creation in servitizing firms," *Psychology & marketing* 34（2017）：92-100.

Warner K. S. R., Wäger M., "Building dynamic capabilities for digital transformation: An ongoing process of strategic renewal," *Long Range Planning* 52 (2019): 326-349.

柳学信、杨烨青、孙忠娟：《企业数字能力的构建与演化发展——基于领先数字企业的多案例探索式研究》，《改革》2022年第10期。

吉峰、贾学迪、林婷婷：《制造企业数字化能力的概念及其结构维度——基于扎根理论的探索性研究》，《中国矿业大学学报》（社会科学版）2022年第5期。

产业园区篇

B.13

东莞低效镇村工业园升级改造空间
指引和实施对策研究

黄 燕 陈伟杨 钟丹乘 刘伟聪 陈远青*

摘 要： 产业是东莞城市发展的根本动力和基石，改革开放四十多年来城镇空间的快速扩张支撑了东莞市产业的高速发展，但也让东莞面临着增量空间不足、存量挖潜有限、优质项目难以落地的困境，存在大量已不符合高质量发展新要求的低效产业空间，亟待盘活利用与升级改造。因此，如何识别低效产业用地、实现精准改造，成为镇村工业园区提质增效的重点内容。本文依托坐标爬虫和 GIS 空间分析技术，利用三维实景遥感、规上企业统计数据、土地变更调查等城市厚数据资源，综合分析东莞市镇村工业园土地现状

* 黄燕，东莞市地理信息与规划编制研究中心地理信息研究室负责人、高级工程师，主要从事土地资源利用量化研究、遥感应用与信息化工作；陈伟杨，东莞市地理信息与规划编制研究中心助理工程师，主要从事区域经济、土地利用及城乡规划的研究与应用工作；钟丹乘，东莞市地理信息与规划编制研究中心助理工程师，主要从事乡村振兴、土地利用及城乡规划的研究与应用工作；刘伟聪，东莞市地理信息与规划编制研究中心助理工程师，主要从事国土资源利用及城市规划的研究与应用工作；陈远青，东莞市地理信息与规划编制研究中心助理工程师，主要从事陆海资源统筹、土地开发利用的研究与应用工作。

与经济效益情况，初步识别了全市低效的镇村工业园区空间并分区分类，围绕强化顶层设计、完善政策体系、创新实施路径、落实行动计划等方面对低效镇村工业园提质增效提出对策建议。有效拓展与优化产业空间布局，可为存量时代东莞经济高质量发展提供空间保障，亦可为其他高度城镇化地区低效工业用地治理提供创新思路和有益参考。

关键词： 镇村工业园区　低效工业用地　空间指引　东莞

一　研究背景及研究进展

随着我国高质量发展战略的加快推进，大量城市逐步进入存量发展时代。东莞作为制造业大市，过去"村村点火、户户冒烟"的发展模式带动了东莞工业经济实现腾飞，但也给东莞带来了镇村工业园"空间分散、产业低端、产出低效、管理粗放"等难题，使得东莞可利用工业用地资源日趋紧张，优质连片产业空间尤其缺乏，东莞在国内率先进入存量发展阶段。镇村工业园区作为东莞制造业高质量发展的攻坚潜力空间载体，不仅是镇街经济结构体系的重要组成部分，也关系着地方镇街城乡建设发展水平。在高质量发展诉求和土地资源供需矛盾日趋尖锐的现实情况下，推动镇村工业园改造升级、提质增效是东莞适应新时代经济高质量发展、打造高品质城市、保障产业发展空间的必由之路。

目前众多学者对低效工业用地、工业园区改造升级进行了大量研究，自2013年国土资源部在《开展城镇低效用地再开发试点指导意见》中对城镇低效用地相关概念进行界定后，相关研究成果不断攀升。在研究内容上，众多学者从低效用地的内涵、成因、识别、评价体系、再开发利用对策等诸多方面进行了探讨，极大丰富了低效工业用地研究的内容。在研究方法上，已有城镇低效工业用地利用现状评价多从集约利用角度出发，采用先定性、后定量的评价方法，以面板数据构建评价指标体系者居多，如土地开发率、土地闲置率、建筑密度、低均税收、单位GDP能耗等，各学者在研究对象、指标选择和结论之间存在差异。由于高度城镇化地区，尤其是自下而上发展模式主导的城市，建设用地破碎程度高，仅以面板数据作为评价指标的数据来源，缺乏翔实的土地利用数据、工业厂房调查数据以及微观企业数据，无法满足城镇低效工业用地、工业园区精细化再开发的要求，甚至一定程度上失去对现实工作的指导意义。随着第三次全国国土调查工作的完成，需利用精确的调查数据弥补现有研究在土地利用评价上的不足，将调查落实到宗地。大数据挖掘技术的发展，特别是POI数据在空间分析方面的优势，可为低效工业用地识别提供新的技术支持。

因此，本文以制造业大市东莞为例，秉持"城市精细化治理"理念，以东莞市2021年土地变更调查数据库、2019年镇村工业园区厂房调查数据为基础，根据2022年东莞市规上企业名录开展企业落图落空间工作，通过GIS空间分析叠加遥感影像人工判别等方法，梳理形成全市镇村工业园区经济效益台账，初步识别低效镇村工业园区空间并分区分类，形成符合东莞实际的升级改造空间指引和实施对策，亦可为其他高度城镇化地区低效工业用地治理提供创新思路和有益参考。

二 研究对象、方法与数据来源

（一）研究对象

本文以东莞市第三次全国国土调查确定的683个村（社区）[①]为单元，以镇村工业园区为研究对象，包括东莞市域范围内建设用地面积在50000平方米以上（含）的镇级、村级工业园区和工业用地连片区域（以下统称"镇村工业园"），不含松山湖、滨海湾新区等市属园区。梳理整合其中的规上企业、工业厂房、现状工业用地相关情况，并按东莞市、镇街（园区）、村（社区）多级空间尺度进行数据分析与应用研究。

---

① 根据第三次全国国土调查数据，东莞市共有683个村（社区）调查单元（含水库、林场、部队、电厂等管理区域）。考虑本次工作的统计单元为现状的村（社区），并以村（社区）的现状工业用地为底数，因此，将第三次全国国土调查的调查单元作为分析统计范围。

（二）方法与数据来源

本文相关数据分析共涉及东莞市 34 个镇街（园区）577 个村（社区），为开展相关研究工作，将东莞市 2021 年土地利用变更调查数据库作为工作底图，还收集了 2023 年东莞市全域三维航拍遥感影像图、2019 年镇村工业园调查成果、2022 年规上企业名录及经济效益①等数据资料。截至 2022 年底，东莞市规上企业共 1.28 万家，本次共收集 11311 家规上企业名单与信息，经信息化处理与人工校核，发现部分企业存在无法搜索到具体坐落、企业已搬迁、数据信息不齐全等问题，为保证数据的合理性和准确性，以信息齐全的规上企业为有效统计样本数据，共 10868 家。

本文以创新低效镇村工业园区识别评价和镇村工业园区效益提升为目标，依托坐标爬虫和 GIS 空间分析技术，利用三维实景遥感、规上企业统计数据、土地变更调查等城市厚数据资源，通过百度 POI 数据坐标爬虫技术将 2022 年规上企业落图落空间，经多轮筛选与修正，联动企业经济效益数据与空间地理位置数据，梳理形成市级—镇级—村级多尺度镇村工业园区经济效益情况，并提取识别建设时间超过 15 年的低效旧厂房，根据构建的低效镇村工业园空间识别体系初步确定低效工业用地空间，综合东莞实际政策因素，对初识别的低效空间进行分区分类并提出针对性建议，进而指导全市低效镇村工业园区空间有序升级改造，有效拓展与优化产业空间布局，为存量时代城市经济高质量发展提供空间保障。

三 东莞市镇村工业园现状分析

（一）工业经济效益情况

1. 总体情况

2022 年，全市规上企业共计 1.28 万家，其中，可用作有效统计的规上企业共 10868 家，重点分布在塘厦、长安、厚街、寮步、常平、大朗等镇

---

① 2022 年全市规上企业统计数据来源于东莞市企业公共服务平台。

街。这些规上企业总产值约 2.46 万亿元、总实缴税收约 586.96 亿元。规上企业所属村（社区）涉及现状工业用地共 64.00 万亩，全市平均亩均产值约 383.67 万元，全市平均亩均税收约 9.17 万元。

2. 镇街园区情况

从工业总产值来看，松山湖、长安镇、塘厦镇、麻涌镇、清溪镇等镇街（园区）最高，其中，松山湖和长安镇的工业总产值占全市工业总产值的比例分别达到 20.02% 和 12.29%。镇域之间经济效益规模差距较大，如松山湖（4915.35 亿元）是莞城街道（30.05 亿元）的 163.57 倍。从实缴税金来看，松山湖、长安镇、清溪镇等领先，莞城街道、滨海湾、石龙镇等较低，实缴税金最多的松山湖（82.89 亿元）约是最少的莞城街道（1.18 亿元）的 70 倍。从亩均产值①来看，松山湖以 4672.80 万元居全市第 1，南城街道、凤岗镇、虎门镇等 27 个镇街（园区）的亩均产值均低于全市 383.67 万元的平均水平，各镇街（园区）亩均产值总体呈现梯级分类差异，处于 300 万元等级以下的镇街（园区）共 22 个，处于 300 万元等级以上的镇街仅 12 个，从侧面反映了大部分镇街（园区）的工业用地仍以中低端的产业为主，工业用地亩均效益不高，土地集约利用水平有待提升。从亩均税收②来看，松山湖（78.80 万元）和莞城街道（72.35 万元）最高，全市平均水平仅 9.17 万元，有 22 个镇街（园区）的亩均税收低于全市平均水平，各镇街（园区）间亩均税收水平分级差异明显，头部镇街和尾部镇街亩均水平相差悬殊（见表 1）。

表 1 　2022 年东莞市镇街（园区）规上企业经济效益统计

序号	行政区名称	规上企业数量(家)	工业总产值(亿元)	实缴税金(亿元)	规上企业所属村(社区)涉及现状工业用地面积(亩)	亩均产值(万元)	亩均税收(万元)
1	松山湖	225	4915.35	82.89	10519.09	4672.8	78.8
2	莞城街道	7	30.05	1.18	162.46	1849.64	72.35
3	长安镇	780	3018.02	51.32	34437.05	876.39	14.9

---

① 亩均产值＝工业总产值（万元）/现状工业用地面积（亩）。

② 亩均税收＝总实缴税收（万元）/现状工业用地面积（亩）。

续表

序号	行政区名称	规上企业数量(家)	工业总产值(亿元)	实缴税金(亿元)	规上企业所属村(社区)涉及现状工业用地面积(亩)	亩均产值(万元)	亩均税收(万元)
4	石龙镇	58	209.15	5.09	2690.24	777.43	18.92
5	东坑镇	237	631.88	10.34	9266.83	681.87	11.16
6	麻涌镇	165	1134.82	25.41	19678.97	576.67	12.91
7	石碣镇	317	552.81	11.44	12700.26	435.28	9.01
8	南城街道	84	157.65	7.09	4231.13	372.6	16.76
9	凤岗镇	378	896.28	24.47	24688.13	363.04	9.91
10	虎门镇	468	766.4	27.12	22446	341.44	12.08
11	大朗镇	506	850.93	29.13	25854.26	329.13	11.27
12	厚街镇	523	947.55	21.19	31113.11	304.55	6.81
13	洪梅镇	72	299.07	9.7	10012.59	298.69	9.68
14	清溪镇	714	997.73	34.28	33869.42	294.58	10.12
15	樟木头镇	170	262.73	6.24	9012.55	291.51	6.93
16	寮步镇	512	710.49	19.28	25207.48	281.85	7.65
17	塘厦镇	803	1175.11	27.22	41698.09	281.81	6.53
18	东城街道	409	599.41	17.87	21999.1	272.47	8.12
19	黄江镇	259	553.43	16.21	20319.48	272.36	7.98
20	石排镇	363	454.31	12.84	16694.4	272.13	7.69
21	望牛墩镇	169	248.6	8.12	9399.54	264.48	8.63
22	横沥镇	415	470.05	15.09	17956.98	261.76	8.41
23	桥头镇	393	588.64	14.29	24194.47	243.29	5.91
24	大岭山镇	382	672.71	17.4	29991.68	224.3	5.8
25	谢岗镇	210	294.07	6.22	13496.7	217.88	4.61
26	高埗镇	170	286.39	8.21	13619.42	210.28	6.03
27	茶山镇	336	382.43	10.24	18674.46	204.79	5.48
28	常平镇	511	686.01	15.57	34336.53	199.79	4.53
29	万江街道	223	300.04	9.84	16001.04	187.51	6.15
30	沙田镇	221	398.8	12.82	21885.37	182.22	5.86
31	中堂镇	191	384.06	10.28	21377.52	179.66	4.81
32	企石镇	258	297.1	7.12	17909.77	165.88	3.98
33	滨海湾	135	155.41	4.79	9725.68	159.79	4.93
34	道滘镇	204	228.64	6.67	14865.92	153.8	4.49
	东莞市	10868	24556.12	586.96	640035.73	383.67	9.17

资料来源：东莞市企业公共服务平台。

3. 村（社区）情况

各村（社区）入驻的规上企业数量规模水平不一，有 106 个村（社区）无规上企业。各村（社区）产值、税收与亩均效益差异显著，超七成村（社区）亩均效益低于全市平均水平。从工业总产值和实缴税金来看，工业总产值最多的松山湖石龙坑村 1959.61 亿元，最少的莞城街道市桥社区仅 188 万元；实缴税金最多的松山湖牛杨村达 42.53 亿元，最少的莞城街道市桥社区仅 20.80 万元。从亩均产值来看，共 409 个村（社区）的亩均产值低于全市 383.67 万元的平均水平，亩均产值最高达 383400.56 万元（松山湖大塘村），最低仅 1.52 万元。从亩均税收来看，共 433 个村（社区）低于全市 9.17 万元的平均水平，亩均税收最高达 8588.89 万元，最低仅 0.04 万元。各村（社区）间的亩均产值差距极大，说明各村（社区）的工业发展经济水平不一，入驻的规上企业发展规模水平也不尽相同。此外，约有 27 个村（社区）工业用地面积大于 100 亩，但暂不存在规上企业，此部分村（社区）的工业用地规模相对较大、现状用地占比较高，说明其还是以中低端产业为主，经济效益相对较差。

（二）工业厂房用地情况

1. 总体情况

根据东莞市镇村工业园调查结果（2019 年），全市镇村工业园区中厂房建筑图斑（以下简称"厂房"）共 37512 个，涉及 34 个镇街（园区）565 个村（社区）。经分析统计，厂房总用地面积共计 52.32 万亩，占全市现状工业用地（根据 2021 年土地变更数据，现状工业用地约 64.87 万亩）总面积的 80.64%。其中，镇村工业园区的低效厂房[①]用地面积共计 37.14 万亩，占厂房总用地面积的 71%，约占现状工业用地总面积的 57%。

[①] 一般建设年限超过 15 年的厂房被视为旧厂房，其建设要求、开发强度、环境条件已不符合新时代发展需求，因此，本文将旧厂房作为具备升级改造潜力或者具备提升改造必要性的低效厂房。

2. 镇街（园区）情况

从厂房用地规模来看，以塘厦镇（31358.07亩）、长安镇（30070.08亩）、清溪镇（29666.08亩）、厚街镇（26781.04亩）等镇厂房用地面积排在全市前列，各镇街（园区）之间厂房用地规模差距显著，最小的为莞城街道（394.04亩）、松山湖（223.61亩）、滨海湾（1.18亩），与工业园区厂房用地面积最大的塘厦镇相差3万多亩。从低效厂房用地规模来看，全市各镇街（园区）中，塘厦镇低效厂房用地面积（24957.18亩）最大，超过八成镇街（园区）的低效厂房用地占其现状工业用地的比例在50%以上，比例最大的莞城街道高达84.39%，从侧面反映镇街以往粗放式发展。此外，部分镇街（园区）城市化水平较高，镇村工业园厂房少，存在低效厂房用地面积小但占现状工业用地比例高的现象，如莞城街道（见表2）。

表2　2022年东莞市镇街（园区）用地情况

序号	镇街（园区）	现状工业用地面积（亩）	工业园厂房面积（亩）	占现状工业用地比例（%）	工业园低效厂房面积（亩）	占现状工业用地比例（%）
1	塘厦镇	41731.93	31358.07	75.14	24957.18	59.80
2	长安镇	34438.57	30070.08	87.32	23482.53	68.19
3	清溪镇	33945.68	29666.08	87.39	22851.58	67.32
4	厚街镇	31115.59	26781.04	86.07	19626.54	63.08
5	常平镇	34336.53	24580.17	71.59	18929.3	55.13
6	大岭山镇	30032.26	24421.29	81.32	18920.44	63.00
7	东城街道	22024.68	19798.21	89.89	16661.87	75.65
8	寮步镇	25346.18	23031.62	90.87	15692.4	61.91
9	凤岗镇	24731.57	23348.31	94.41	15429.7	62.39
10	桥头镇	24312.01	22324.41	91.82	14764.4	60.73
11	大朗镇	25932.35	22153.65	85.43	14566.47	56.17
12	虎门镇	23408.03	19102.2	81.61	14178.12	60.57
13	中堂镇	22144.36	16878.59	76.22	12655.67	57.15
14	沙田镇	22414.87	18309.43	81.68	12241.45	54.61
15	麻涌镇	20104.04	21838.54	108.63	11946.67	59.42
16	黄江镇	20490.4	15976.85	77.97	11652.36	56.87
17	茶山镇	18674.47	16570.09	88.73	10614.47	56.84
18	横沥镇	17956.98	15613.1	86.95	9604.3	53.49

序号	镇街(园区)	现状工业用地面积(亩)	工业园厂房面积(亩)	占现状工业用地比例(%)	工业园低效厂房面积(亩)	占现状工业用地比例(%)
19	石碣镇	12804.6	11252.87	87.88	8878.2	69.34
20	万江街道	16327.41	10902.59	66.77	8746.82	53.57
21	高埗镇	14006.24	10848.21	77.45	8511.44	60.77
22	石排镇	16694.4	13471.22	80.69	8236.12	49.33
23	道滘镇	14865.92	12477.96	83.94	8115.97	54.59
24	企石镇	17968.06	13144.14	73.15	7320.23	40.74
25	谢岗镇	13890.45	9145.32	65.84	6450.65	46.44
26	洪梅镇	10257.95	10138.34	98.83	5751.72	56.07
27	东坑镇	9266.83	7756.35	83.70	5250.2	56.66
28	望牛墩镇	9417.13	7540.69	80.07	4956.35	52.63
29	樟木头镇	9255.67	7358.83	79.51	4798.38	51.84
30	南城街道	4728.64	4337.58	91.73	3572.84	75.56
31	石龙镇	2817.74	2344.75	83.21	1585.08	56.25
32	莞城街道	448.82	394.04	87.79	378.61	84.39
33	松山湖	11998.19	223.61	1.86	101.71	0.85
34	滨海湾	10835.25	1.18	0.01	1.01	0.01
总计		648723.81	523159.4	80.64	371430.94	57.26

资料来源:东莞市企业公共服务平台。

3. 村(社区)情况

村(社区)之间厂房、低效厂房、现状工业用地占比差异大,近七成村(社区)低效厂房比例在50%以上,还存在大量低效厂房及超出工业用地建厂现象。从厂房用地规模来看,长安镇乌沙社区(6443.70亩)、麻涌镇漳澎村(3399.23亩)、凤岗镇雁田村(4848.64亩)等村(社区)排在前列,全市共有91个村(社区)的厂房用地占其现状工业用地比例超过100%,从侧面反映部分村(社区)存在用地合法性问题。从低效厂房用地规模来看,以长安镇乌沙社区(4682.06亩)、东城街道牛山社区(4062.30亩)、中堂镇潢涌村(3850.99亩)等村(社区)较多,有17个村(社区)的低效厂房用地占现状工业用地比例超过100%,355个村(社区)低效厂房用地占现状工业用地比例在50%~100%,仅193个村(社区)比例低于50%,表明村(社区)工业园土地使用效率较低,厂房低效现象较为普遍。总体来看,各村(社区)

之间厂房、低效厂房的面积及其占现状工业用地比例差异较大，一方面是部分村（社区）不存在低效旧厂房，因此比例为0%，另一方面是部分村（社区）仅有边角工业用地，但存在大量违法建设，导致比例较高。

四 东莞市低效镇村工业园空间识别

（一）识别体系构建

本文以东莞市683个村（社区）为研究单元，进行村（社区）低效镇村工业园提质增效分区识别。通过经济效益和旧厂用地情况综合评价，结合政策因素统筹考虑，识别出工业园区低效的区域，并按类型将其划分为五个级别分区。

1. 指标选取

（1）经济效益方面，主要选取村（社区）规上企业亩均产值作为指标。根据东莞市实际情况，将村（社区）亩均产值分为五个等级，分别为2000万元以上、1000万～2000万元、500万～1000万元、300万～500万元、小于300万元。其中，亩均产值小于300万元的为经济效益差村（社区），亩均产值在300万～500万元的为经济效益较差村（社区）。

（2）旧厂用地方面，主要选取村（社区）低效旧厂房占现状工业用地比例作为指标。根据东莞市实际情况，利用自然断点法，将村（社区）低效旧厂房用地占现状工业用地比例分为五个等级，分别为74.61%以上、63.84%～74.61%、53.97%～63.84%、39.11%～53.97%、0～39.11%。其中，低效旧厂房用地占现状工业用地比例在74.61%以上的为厂房用地效率低下村（社区），比例在63.84%～74.61%的为厂房用地效率次低下村（社区）。

（3）政策因素方面，以东莞市5年内整备10万亩连片土地、打造现代化产业园区等重点区域[①]为评价因素，将现代化产业片区范围内的村（社区）作为重点关注对象。

---

① 《关于整备连片产业用地打造现代化产业园区的实施方案》（东委办字〔2023〕7号）。

2. 分区标准

根据村（社区）亩均产值和低效旧厂的分等定级，综合"打造60个现代化产业园区"的政策因素，初步制定村（社区）提质增效分区标准，并进行空间叠加分析，形成五级分区（见图1），具体情况如下。

（1）一级分区——位于现代化产业园区范围内，村（社区）同时符合经济效益差、厂房用地效率低下。

（2）二级分区——除一级分区涉及的村（社区）外，其他位于现代化产业园区范围内的村（社区）。

（3）三级分区——位于现代化产业园区范围外，村（社区）同时符合经济效益差、厂房用地效率低下。

（4）四级分区——位于现代化产业园区范围外，村（社区）同时符合经济效益差、厂房用地效率低下，或同时符合经济效益较差、厂房用地效率次低下。

（5）五级分区——村（社区）不符合一、二、三、四级分区情况，且存在现状工业用地。

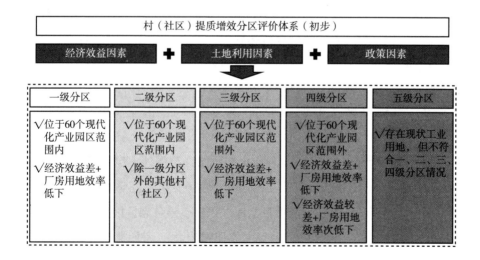

图1 村（社区）提质增效分区评价体系（初步）

（二）识别结果分析

无现状工业用地的村（社区）有 18 个，本文对剩余 665 个村（社区）进行提质增效分区识别。其中，位于一级区的村（社区）有 26 个，二级区 165 个，三级区 43 个，四级区 57 个，五级区 374 个，现状无工业用地不作分区的村（社区）18 个，具体如表 3 所示。

（1）一级分区，共涉及 26 个村（社区），占全市村（社区）数量的 3.80%，涉及 16 个镇街（园区）。其中，东城街道和厚街镇的村（社区）最多，分别为 4 个和 3 个。此类村（社区）同时符合经济效益差、厂房用地效率低下，其经济效益和厂房用地效率均属于全市最低水平，且位于 60 个现代化产业园区范围内，具有整备迫切性，建议充分利用现有政策，优先分批开展工业园区升级改造工作，总结经验，形成示范样板，逐步在全市范围内推广。

（2）二级分区，共涉及 165 个村（社区），占全市村（社区）数量的 24.16%，涉及 33 个镇街（园区）。其中，望牛墩镇、清溪镇、麻涌镇和大岭山镇的村（社区）最多，均为 8 个。此类村（社区）位于 60 个现代化产业园区范围内，目前市里对推进现代化产业园区建设出台了一系列政策要求，建议加快开展专题调研，理清现状，出台相应建设工作指引，整理出一批近期迫切需要升级改造、具备改造潜力的村（社区），将其纳入近三年行动计划重点，结合建设方案有序推进升级改造。

（3）三级分区，共涉及 43 个村（社区），占全市村（社区）的 6.30%，涉及 21 个镇街（园区）。其中，厚街镇的村（社区）最多，为 4 个。此类村（社区）位于 60 个现代化产业园区范围外，但同时符合经济效益差、厂房用地效率低下情况，建议纳入镇村工业园提质增效三年行动计划，作为东莞市试点工业园的项目参考。积极引导各园区因地制宜，鼓励采用"政府主导、权利人自改、单一主体挂牌招商"等各类符合自身实际情况的多元化改造模式。

（4）四级分区，共涉及 57 个村（社区），占全市村（社区）的 8.35%，涉及 26 个镇街（园区）。其中，寮步镇的村（社区）最多，为 5

个。此类村（社区）位于 60 个现代化产业园区范围外，同时符合经济效益差和厂房用地效率低下情况，或同时符合经济效益较差和厂房用地效率次低下情况，建议形成常态化监测管理，及时对园区进行整治改造，持续保证产业环境、产业经济可持续发展，纳入未来 3~5 年提质增效行动计划。

（5）五级分区，共涉及 374 个村（社区），占全市村（社区）的 54.76%，涉及 34 个镇街（园区）。此类村（社区）改造需求较小，建议结合"三旧"改造、城中村改造、乡村振兴等专项工作的实际需求开展改造工作，进一步优化提升用地效益。

表3　东莞市村（社区）提质增效分级分区数量情况

单位：个

序号	镇街（园区）	分级分区村（社区）数量						
		一级分区	二级分区	三级分区	四级分区	五级分区	无现状工业用地	总计
1	滨海湾	0	3	0	0	13	0	16
2	茶山镇	0	5	0	2	11	0	18
3	常平镇	1	3	1	3	24	0	32
4	大朗镇	2	6	2	4	18	1	33
5	大岭山镇	1	8	2	2	11	1	25
6	道滘镇	1	3	0	1	8	0	13
7	东城街道	4	3	3	2	10	2	24
8	东坑镇	0	7	1	1	5	0	14
9	凤岗镇	0	5	2	1	4	0	12
10	高埗镇	1	6	3	2	6	0	18
11	莞城街道	0	0	0	0	7	0	7
12	横沥镇	0	7	0	2	8	0	17
13	洪梅镇	0	7	1	0	1	0	9
14	厚街镇	3	3	4	4	9	1	24
15	虎门镇	1	6	3	3	20	1	34
16	黄江镇	0	4	1	0	17	0	22
17	寮步镇	1	3	3	5	20	1	33
18	麻涌镇	0	8	1	1	4	0	14
19	南城街道	1	3	1	1	8	1	15

序号	镇街(园区)	分级分区村(社区)数量						总计
		一级分区	二级分区	三级分区	四级分区	五级分区	无现状工业用地	
20	企石镇	0	6	1	0	14	1	22
21	桥头镇	2	5	0	4	7	0	18
22	清溪镇	2	8	2	4	6	1	23
23	沙田镇	2	4	0	2	10	0	18
24	石碣镇	0	5	3	1	5	0	14
25	石龙镇	0	5	0	0	4	1	10
26	石排镇	0	7	0	2	9	0	18
27	松山湖	0	2	0	0	44	5	51
28	塘厦镇	0	5	2	2	12	0	21
29	万江街道	1	2	3	1	20	0	27
30	望牛墩镇	2	8	0	2	10	0	22
31	谢岗镇	0	7	0	0	5	1	13
32	樟木头镇	0	3	2	0	6	0	11
33	长安镇	1	4	0	2	7	1	15
34	中堂镇	0	4	2	3	11	0	20
	总计	26	165	43	57	374	18	683

五 升级改造对策建议

(一)强化顶层设计

一是强化顶层规划,加快编制完成东莞市工业园区专项规划,加强规划之间的功能定位导向和产业发展布局衔接,确定工业园升级改造的一本台账、一张蓝图、一套指引、一个计划。二是强化顶层管理,以东莞面临的产业空间分布零散、品质低下、管理粗放等问题为导向,建议加快研究建立一套符合东莞模式的工业园区全流程管理体系,加强"园区运营"理念落实。三是强化顶层引导,深化"一园一策"实施,确定园区功能导向、园区升级改造工作方式、土地优化整合方案、开发利用建设模式等内容。四是强化顶层研究，建议持续深入开展工业园区升级改造系列工作，从产业布局、空间利用、资源盘活、合作模式、资金筹集、运营管理等多方面开展专题研究。

（二）完善政策体系

一是完善体系架构，建立健全政策体系，落实从空间整备、资源保障、招商引资、规划配套、开发建设到运营管理的项目全过程配套政策文件与工作指引。二是完善规范标准，建议提炼各地村级工业园升级改造经验，形成《东莞市镇村工业园升级改造标准导则》《镇村工业园升级改造产业项目准入条件指引》，全面梳理相关标准和法律法规。三是完善实施指引，建议谋划《镇村工业园升级改造工作指南》《镇村工业园标准化厂房建设指引》《镇村工业园升级改造样本指引》《镇村工业园升级改造资金优惠政策》等一系列建设实施指引，进一步明确镇村工业园改造各项标准化工作的方向和路径。

（三）创新实施路径

一是建立信息化管理机制，以"互联网+政务服务"为抓手，加快自然资源一张图、集体资产数字地图、工业厂房库数据平台、企莞家、投资东莞等土地、厂房、企业、招商平台的互联互通，实现厂房基本信息、投资监管协议、经济效益情况、污染能耗情况、产权动态信息等协同联动，实现提升园区智能化、数字化、精细化管理水平。二是建立园区优化整合机制，深入探索"一镇一园""一园多区""一区一方案"的模式，鼓励零散、低效、存在历史遗留问题的园区进行优化整合，充分借鉴市级工业园区建设和镇村工业园改造升级的经验，引导各园区因地制宜，采用符合自身实际情况的提质增效模式。三是建立园区跟踪评估机制，科学制定镇村工业园效率评价体系，并依据评价结果进行划档分级，定期识别认定低效镇村工业园区，常态化监测判断工业厂房变化，及时掌握东莞市产业经济动态。四是建立低效园

区退出机制，探索研究低效园区倒逼清退一系列措施，如对低效园区采取差别化的资源要素配置、违建清拆、金融信贷、财政奖补等政策，借助联合执法专项行动腾退低效空间，倒逼园区内低效产业空间改造升级。

（四）落实行动计划

一是尽快开展全市工业园区产业状况摸底调查，全面摸清现有镇村工业园产业发展状况，如土地规模、企业数量、行业属性、产值营收、增加值、税收、能耗电耗、污染物排放、就业人数、研发投入、发明专利等情况，形成镇村工业园产业数据库，实行动态更新管理，为支撑全市工业园区专项规划编制打下扎实的数据基础。二是加快建立镇村产业园区分类分时序提质增效计划，充分利用打造60个现代化产业园区、城中村改造专项工作和美标杆村建设等市级重点工作契机，结合低效镇村工业园空间评估结果，确定全市分类分时序提质增效计划，谋划形成镇村工业园区升级改造行动方案，以"一村一园一策"的模式，加快建设打造试点，形成可复制推广的经验。三是加快出台现代产业园区培育建设工作方案，将产出低效、产业低质、空间连片的镇村产业园区纳入现代化产业园区建设范围，明确现代产业园建设管理、扶持政策、准入条件、建设标准等内容，加大对园区土地出让、动工建设、投产运营等全链条的政策扶持力度，力促现代化产业园区落地。

东莞正处于大力实施创新驱动发展战略、稳中求进推动经济爬坡过坎、建设具有国际竞争力的科创制造强市的关键时期。然而，针对新增产业用地供给不足、存量产业用地挖潜不够、产权历史遗留问题复杂、土地产出效益普遍偏低等问题，遴选一批改造意愿强、用地规模大、具有较强示范性的镇村工业园纳入市级试点工业园，打造适应东莞市先进制造业发展需求的高品质产业空间成为当务之急。

本文以村（社区）为基本单元开展镇村工业园区空间效益评价研究，并结合东莞实际提出相应的对策建议，一方面，可摸清各镇街（园区）工业用地利用现状水平，为存量低效工业用地再开发利用与镇村工业园区升级改造提供科学有效的空间指引，并为产业园区更新提供思路；另一方面，也可为探索其他城市存量工业空间优化路径提供借鉴参考。然而，工业用地是处在动态发展中的，其利用水平随着产业的更迭而不断变化，因此不能仅以某一时间节点的经济效益和工业用地水平对镇村工业园区进行审视，而是要进行持续、动态的跟踪评估，进一步提升产业园区的信息化、精细化管理水平。

参考文献

罗遥、吴群：《城市低效工业用地研究进展——基于供给侧结构性改革的思考》，《资源科学》2018 年第 6 期。

甄延临、瞿嗣澄、陈玉洁：《节约集约背景下城市低效工业用地的更新路径与机制研究——以嘉兴市城北片区为例》，《城市发展研究》2023 年第 11 期。

王宇、王考、郝润梅等：《城镇低效用地多准则识别与空间格局研究——以呼和浩特市中心城区为例》，《东北师范大学学报（自然科学版）》2023 年第 1 期。

赵慧宇、蔡为民：《探索低效工业用地再开发路径》，《东南大学学报（哲学社会科学版）》2020 年第 22 卷。

谷晓坤、周小平、刘博研等：《基于"情境—结构—行为—结果"分析的上海市低效工业用地减量化治理》，《自然资源学报》2022 年第 6 期。

蔡立玳、何继红、梁雄飞等：《存量低效工业园区改造全周期监管策略——以佛山市顺德区村级工业园升级改造实践为例》，《规划师》2021 年第 6 期。

顾岳汶、吕萍：《产权博弈视角下存量低效工业用地更新机制研究——以深圳市新型产业用地改革为例》《城市发展研究》2021 年第 1 期。

彭涵雨、李洪义、吴逸超：《基于城镇地籍数据三维建模的城镇低效用地调查研究》，《中国农业资源与区划》2020 年第 9 期。

瞿忠琼、王晨哲、高路：《基于节地原则的城镇低效工业用地宗地评价——以江苏省泰州市海陵区为例》，《中国土地科学》2018 年第 11 期。

B.14
东莞市新型产业社区建设研究

谢飞 胡青善*

摘 要： 新型产业社区的建设，需以产业链为核心，通过整合各类资源，打造产城融合、生态宜居的新型城市空间，为产业发展提供良好的环境，进而实现产业升级、城市可持续发展和居民生活质量的提高。本文通过理论研究和实证分析对东莞新型产业社区进行研究，总体上看目前东莞产业社区数量呈增长态势、综合服务型园区占比偏多、基地产出效益较高，但也存在产业结构相对单一、产业链较短、配套设施不完善、产业人才不足等问题，应围绕产业空间、生活空间、文化空间和交通空间构建新型产业社区发展模式，按照多元化、多维混合、模块化的模式构建新型产业社区组织形式，在建设方面应加强自上而下统一规划、注重综合空间功能打造、强调产业链条整合互补、注重多元共享空间、优化办公配套环境。

关键词： 新型产业社区 产城融合 东莞

一 东莞产业社区发展历程与特征

（一）东莞产业社区发展历程

1.1980~1990年：起步阶段

东莞在改革开放后开始重点发展外向经济，以"三来一补"为着力点，

---

* 谢飞，东莞城市学院城建与智造学院讲师，主要研究方向为城市规划；胡青善，东莞市社会科学院经济研究中心副主任、助理研究员，主要研究方向为决策咨政。

开始大规模建设工业区域，东莞成长为一个传统的工业城市，以轻工业和制造业为主要经济支柱，设立了一批传统的工业园区，这些园区以纺织、鞋业、家具等劳动密集型产业为主。

2. 1991~2000年：快速发展阶段

1994年东莞提出了"第二次工业革命"的发展战略，形成了以加工贸易为主的工业体系。产业结构开始向技术密集型转变，电子、电器、机械设备等高新技术产业开始在园区内快速发展，东莞工业园区的数量和规模进一步扩大。

3. 2001~2010年：转型阶段

2001~2010年，东莞经历了从"世界工厂"向创新型城市的转变。这一转变主要体现在产业结构的调整、创新驱动、绿色发展和人才引进等方面。东莞市开始规划建设规模较大的高新技术产业开发区，形成了具有较强竞争力的产业集群，东莞产业园区的发展进入了一个新的阶段。

4. 2010年至今：创新阶段

2010年至今，东莞市产业社区发展呈现注重创新科技、产业协同融合、绿色低碳以及产城融合发展的特征。特别是2010年之后市政府着力推动产城融合与城市化发展，通过健全基础配套设施，将工业园区与城市发展相结合，逐步形成和谐统一的发展格局。

（二）东莞产业社区发展特征

20世纪80年代，东莞开始建设初具规模的工业区，吸引了大量国内外企业，形成了要素聚集型产业园区，以加工制造业为主。在产业组织上，缺乏明确的定位和主题，园区与城市之间关系脱节，内部功能不完善，建筑形式单一，空间品质和环境质量较低。

20世纪90年代末，东莞市的产业园区逐步以高新技术为主导，形成了高新技术产业集群，但整体空间氛围较为单调。

进入21世纪后，随着全球对创新文化和高新技术的重视，东莞开始关注园区公共空间的设计，产业园区与城市之间逐渐形成了中枢辐射式的互动

关系。

近年来，东莞市不断优化和升级产业结构，产业园区的组织模式从产业链式联系转变为产业生态型互动，产业功能与城市功能多层次互动深度融合。产业园区的空间逐渐向城市开放共享，内部功能也从单一的产业功能和简单配套扩展为城市产业综合体模式，园区与城市的关系趋向全面融合（见表1）。

表1　东莞市产业园区发展历程及特点

	发展阶段	产业类型	功能	建筑形态	产城关系
1980~1990 年	起步阶段	传统制造业	生产	工业厂房	疏离
1991~2000 年	快速发展阶段	制造业服务业	生产、研发、居住等	混合型	改善
2001~2010 年	转型阶段	服务业高科技产业	生产、研发、居住、休闲等	多样化	进一步改善
2010 年至今	创新阶段	高科技产业创新型产业	生产、研发、居住、休闲、教育等	现代化	紧密

资料来源：相关资料整理。

二　东莞产业社区发展条件

（一）自然环境

东莞市地处珠江三角洲的东岸、粤港澳大湾区的中心地带，具有良好的周边产业基础，发达的交通路线、航运资源和外贸口岸，优越的区位条件为东莞市工业园区的发展提供了良好的外部条件。

亚热带季风气候提供了适宜的气候环境；丰富的水资源保障了产业发展的水源需求；良好的生态环境和多样化的土地资源为产业社区建设提供了有力支撑，为东莞市新型产业社区的建设和发展创造有利的内部环境。东莞市通过编制实施《东莞市国土空间生态修复规划（2021—2035）》，明确未来十五年的生态修复路径，为产业社区的发展和建设奠定基础。

（二）人口特征

城市的人口结构和产业结构是城市发展中动态互动的两极。统计数据显示，2022年东莞户籍人口292.4万人，比2010年增加110.6万人，年均增长8.50%。东莞外来人口总规模达795.22万人，占同期常住人口的75.98%，居全国首位，外省流入人口619.35万人，省内流动人口为175.87万人，人口增长率和迁入率一直维持较高水平。[①] 东莞常住非户籍人口多于常住户籍人口，人口结构倒挂，人口流动性强，城市极具多样性和包容性。

（三）经济因素

2022年，东莞市的经济总量攀升至11200.32亿元的新高度。第一产业的表现相对平稳，增加值达到36.50亿元，但对地区生产总值增长的贡献率仅为0.2%。[②] 相比之下，第二产业继续发挥其主导作用，增加值高达6513.64亿元，为地区生产总值增长贡献了77.4%的力量。与此同时，第三产业也取得了显著成就，增加值为4650.18亿元，对地区生产总值增长的贡献率为22.4%。

尽管当前经济增长面临一定的压力，但第二产业在东莞市经济发展中的核心地位依然稳固，其对地区生产总值增长的巨大贡献进一步印证了这一点。通过以上分析可以清晰地看到，第二产业不仅是东莞市经济增长的主要驱动力，而且在未来一段时间内，其主导地位预计将继续保持。

因此，第二产业仍是东莞市经济增长的支柱。由于产业结构调整和升级不断推进，第二产业增速逐步放缓。第三产业在东莞市经济结构中的比重逐渐上升，是未来经济增长的新引擎。东莞应充分利用第二产业的资源优势，培育和发展第三产业，实现产业结构的优化和升级，为产业社区发展创造条件。

（四）空间布局

2023年东莞全市有产业园区170个，入驻企业19259家。[③] 东莞市城市

---

① 资料来源：《2022年东莞市统计年鉴》。
② 资料来源：《东莞市2022年国民经济和社会发展统计公报》。
③ 资料来源：《东莞市产业园区发展报告白皮书》。

产业布局具有显著的片区化特征和战略性的发展策略。从片区化视角来看，东莞市秉承"多中心、分片区、网络化"的发展理念，致力于构建"三位一体"的都市核心区空间结构，以及"三心六片"的城市空间布局。这种布局方式不仅有助于优化资源配置，还能提升城市的整体功能。同时东莞市通过布局战略性新兴产业基地，打造了一个以特色产业园区为核心的空间布局体系，体现了东莞市对未来产业发展的前瞻性思考，还有助于推动产业结构的优化升级，进而提升城市的竞争力和可持续发展能力。

（五）用地政策

2018 年，东莞市颁布了《新型产业用地（M0）管理办法》，旨在构建一批多样化、灵活性强、成本适宜且配套设施完善的创新产业综合体。这一举措意在以高品质的产业发展空间吸引新兴产业，并助力新动能的培育。根据《东莞市城市规划管理技术规定》，东莞市在城市用地分类中的"工业用地"（M）大类下，新增了"新型产业用地"（M0）亚类，以此推动新型产业的发展，提升城市品质，满足新业态和新产业在东莞快速发展的需求。

此外，《东莞市现代产业体系中长期发展规划纲要（2020—2035 年）》为东莞市的现代产业体系制定了长远的发展规划。通过规范和完善新型产业用地的管理，打造一系列创新型产业综合体，以实现产业结构的持续优化和城市竞争力的提升。

三　东莞市产业社区发展现状与问题

（一）东莞产业社区发展现状

1.产业社区数量呈增长态势

东莞市产业园区数量和面积逐年增加。截至 2019 年底，东莞市市级及以上产业园区 30 个，其中国家级产业园区 2 个、省级产业园区 5 个、市级产业园区 23 个；全市产业转型升级基地、M0 产业园及 50 亩以上其他产园合计 85 个,[1] 为东莞市产业发展提供了良好的平台。

2. 综合服务型园区占比偏多,M1类紧缺

从类型上看,全市 85 个产业平台中,产业转型升级基地 9 个、M0 园区 25 个(不包括自用 M0)、其他产业园 51 个。[2] 85 个产业平台当中,规划打造为专业型园区(主导产业占比超过 40%)的只有 21 个,其余 64 个产业平台是以多种产业灵活集聚的综合型园区。

3. 产业转型升级,基地产出效益较高

据采集到产值数据的 33 个产业平台,2019 年的总产值约 571 亿元,总税收约 20 亿元,年均产值 496 万元/亩,平均税收 17 万元/亩。产业转型升级基地的年均产值为 504 万元/亩,税收 32 万元/亩;其他产业园的年均产值 495 万元/亩,税收 16 万元/亩。[3] 产业转型升级基地比其他产业园的年均产值略高。产业转型升级基地具有更完善的软硬件配套以及优惠政策,吸引更多优质企业入驻,园区的整体效益更好。

4. 构建产业生态系统,实现产业集聚和优化

通过引导多元化的企业入驻,东莞形成了协同发展的产业生态系统,注重产业优化升级,打造"生产+生活+生态"的综合城市体验功能区,产业社区内部形成产业链的上下游联系,促进产业的协同发展,园区企业从单一的生产企业转变为集研发、生产、销售于一体的综合性企业。各镇街根据自身优势和产业发展规划,有针对性地吸引相关企业入驻,产业社区内形成良好的互动关系,不同产业和企业共享资源、创新与合作,共同发展。

(二)东莞市产业社区发展存在的问题

1. 产业结构相对单一

东莞市传统产业社区企业以传统制造业为主,尤其是电子、玩具、服装等劳动密集型产业占据了较大的比重。这些产业的发展主要依赖于低成本的

---

[1] 资料来源:《中国农村集体经济发展报告(2022)》。
[2] 资料来源:《中国农村集体经济发展报告(2022)》。
[3] 资料来源:《中国农村集体经济发展报告(2022)》。

优势，但随着劳动力成本的上升和国际贸易环境的变化，其竞争力逐渐减弱。虽然近年来东莞市政府通过一系列政策引导布局高端产业，但总体上东莞市的高端产业相对较少，缺乏培育。

2. 产业链较短

东莞市产业社区的产业链条相对较短，产业社区的整体附加值较低，产业链的各个环节之间衔接不够紧密，一些关键环节和零部件需要从外地引进，生产成本较高，缺乏具有自主知识产权的关键技术和产品，难以向高附加值和高技术含量方向发展，产业社区的整体竞争力受到限制。

3. 配套设施不完善

东莞市传统产业社区与产业相关的交通、物流、仓储等方面的设施不够完善，导致企业在生产和运营中难以实现高效运作，增加企业的运营成本，影响产业协同发展的效果，企业难以获得全面的支持和发展帮助，进而影响企业的竞争力和市场占有率。

4. 产业人才不足

东莞虽然在制造业领域的人才较多，但是高技能、高层次的人才相对较少，难以适应产业升级和发展的需要。因此相对于周边的广深两地而言，东莞市吸引高端人才的能力较弱，导致一部分优秀的人才流失到其他城市，加之产业社区内部缺乏完善的人才培养机制，对于新进人才缺乏系统的培训和提升计划，使得人才发展后劲不足。

四 东莞新型产业社区建设的动因与影响因素分析

（一）东莞新型产业社区建设动因分析

1. 产业结构

东莞大力发展电气机械及设备制造业、电子信息制造业等现代产业体系，为东莞经济增长提供了强大动力。2021年东莞市政府明确以七大战略性新兴产业基地为核心承载平台，这种高度的战略集聚对于吸引相关产业的企业和人才具有重要作用。此外，东莞市还注重打造创新创业综合体，以此培育高质量发展新动能。

2. 区域经济发展水平

近年来东莞区域经济发展始终保持在较高水平。2022 年，东莞市经济总量在全国排名第 18，显示出其强大的经济实力。同年，东莞市成功新建了 143 个重大项目，并累计完成了 1262.2 亿元的投资，同比增长 7.8%。[①] 此外，2022 年还有 222 个重大项目开工建设，总投资额高达 2604 亿元，这些项目涵盖了通用航空、人工智能和新能源等多个战略性新兴产业领域。

由此可见，东莞市在发展战略性新兴产业方面取得了显著成果，这些新兴产业的崛起将为东莞市的经济发展注入新的活力，并推动其产业结构的持续优化升级。

3. 生态环境条件

根据 2022 年利用遥感技术进行东莞市生态环境质量监测的结果，东莞市生态环境状况良好，生态环境状况指数 EI 值为 57.4。东莞市在推进战略性新兴产业基地高质量发展的过程中，强调了智慧、绿色低碳、配套完善和生态优美的理念，为新型产业社区的建设提供了良好的生态环境条件。

4. 社会文化条件

近些年，东莞市在促进哲学社会科学繁荣发展、顺利获评全国文明城市、确保市民享有基本文化权益、增强文化经济实力等多个方面均取得了卓越成就。如今，文化产业已成为东莞市的第九大支柱产业，其文化经济的蓬勃发展不仅极大地丰富了市民的精神世界，而且为东莞市未来文化发展的宏伟蓝图奠定了坚实的基础。

5. 创新和科技生态系统

当前东莞市的经济发展模式正经历从生产要素驱动向创新驱动的转变。2018 年，东莞市荣获国家创新型城市的称号，政府致力于构建优越的创新生态系统。面对新能源产业的蓬勃兴起，东莞市积极顺应发展趋势，将新能

---

① 资料来源：《东莞市 2022 年国民经济和社会发展统计公报》。

源汽车和高性能电池作为重点发展领域，大力推广新型能源技术，并着手建设智能化的能源网络。这些举措为东莞市新型产业社区的建设和进一步发展指明了新的方向，注入了新的动力。

6. 产城关系

东莞市提出以产城融合推动新型城镇化建设，构建市、组团、镇三级产城融合区，这种转变使得产业园区从单一的生产型空间转变为综合性社区。通过"工改工""微改造"等方式，注入满足人发展需要的"社区"功能，形成"产城互动、产城融合"的局面。同时东莞市的城市化水平也不断提高，城市基础设施和公共服务设施得到了不断完善和提升，为东莞市新型产业社区的建设提供了良好的基础和条件。

（二）东莞市新型产业社区建设影响因素分析

1. 产业社区的企业和人员特征

东莞市致力于构建以高新技术为主导的新型产业社区。社区内聚集了少数大型科技创新高成长性企业以及众多处于发展阶段的中小型创新型企业。在这些企业中，大型科技创新型企业通常已经建立了完善的运营机制和服务网络，并形成了较为稳固的产业链，园区内提供的日常生活和生产性服务的依赖度相对较低。与此同时，大型科技创新型企业的聚集对创新人才和中小型创新型企业产生了强烈的吸引力，对于塑造产业社区的品牌形象和提升园区的整体形象具有重要意义。综上所述，产业社区的人员构成、行为习惯以及需求特点在新型产业园社区的建设过程中发挥着至关重要的作用。对这些因素进行深入理解和关注，有助于推动新型产业社区的持续发展和繁荣。

2. 产业社区的地理区位

新型产业社区的发展紧密依赖于城市的整体环境，包括周边配套设施的完善程度和交通组织状况等的整体环境对东莞市新型产业社区的建设和成长具有显著的影响。

位于城市核心区域的市区型产业园区，周边的市政配套设施往往相当完备。而复杂的城市环境因素，对产业社区的空间布局和组织结构带来了一定的影响。因此，在建设和发展产业社区时，应充分考虑与城市道路的连接和交通接驳，以便更好地融入城市服务体系，同时为城市提供必要的支持和服务。另外，位于城市周边镇街的产业园区，由于距离市中心较远，其内部服务设施的需求相对较高，园区需要不断优化其内部的功能布局和空间设计，使之成为辐射周边地区的重要城市活力点。

因此，新型产业社区的建设和发展需要紧密结合城市的整体环境，既要充分利用城市提供的便利条件，又要努力提升自身的服务水平，以实现与城市的和谐共生和可持续发展。

五　东莞新型产业社区发展模式

（一）东莞市新型产业社区空间结构

产业社区的建设就空间而言，涉及产业空间和城市空间两大体系，涵盖多个方面的要素。

1. 产业空间

东莞市的产业空间规划，应优先考虑主导产业的选择和对企业科技研发能力的培养。为此，东莞市的新型产业社区建设应始终紧扣 R&D（研究与开发）产业化这一核心。在产业社区内部，通过适度集聚，形成多个主导功能鲜明的区域，进而构建多样化的功能片区，以方便生产和生活的组织安排。

对于各类企业所需的公共服务设施，建议采用产业社区共建的模式。不仅可以节省土地资源和建设成本，还能有效促进不同企业员工之间的社会交流与互动，从而营造一个更加和谐、高效的产业社区环境。

2. 生活空间

注重生活空间的拓展与延续，实现就业与居住的有机结合是东莞市新型产业社区发展的根本目标。为此，不仅要在产业社区内实现职住平衡，还需精心规划公共服务配套设施，以最大限度地实现产业空间与居住空间的有机融合。在产业社区内部，努力实现多功能的复合布局，构建一个多层次、多

元化的公共服务设施体系，确保各服务模块的定位清晰明确，同时实现产业社区内外服务功能与交通联系的均衡，为居民提供便捷、高效的生活服务，进一步推动新型产业社区和谐发展。

3. 文化空间

在新型产业社区建设中需要区分不同级别文化空间的不同内涵，以满足不同使用人群的需求。东莞市产业社区的员工构成呈现高度多元化，使得个体在适应新环境时面临挑战，常常难以与不同背景的人建立联系，导致"新莞人"普遍缺乏归属感。

因此，新型产业社区在社会文化空间的建设上应致力于重建"社会网络"。通过营造一个有利于交流、互助和融合的环境，帮助产业工人树立积极的定居意愿，并培养他们对社区的强烈归属感。这样的努力将有助于提升新型产业社区的凝聚力和吸引力，为社区的持续发展奠定坚实的社会基础。

4. 交通空间

调查显示，东莞市产业社区的内部交通主要依赖单位通勤班车以及城市公共交通系统。然而，员工普遍反映存在上下班通勤时间过长、交通拥堵以及公交系统不完善等问题。因此新型产业社区的建设，建议在居住空间的规划上，优先考虑将其布局在产业社区周边，以减少"钟摆式"往返交通带来的压力。在城市层面，则应当优化路网结构，提升路网的通行能力，并加强产业社区周边公交系统的建设，进而打造一个绿色、便捷且安全的交通出行环境，从而提高产业社区员工的生活质量和通勤效率。

（二）东莞新型产业社区组织形式

1. 多元化

产业社区被赋予城市社区特性，关键在于完善其城市空间功能，并运用科学合理的混合模式来实现各种功能的协调统一。东莞市不同的产业园区因其独特的空间布局、产业特点和用地规模，展现出各自独特的功能构成。尽管具体情况有差异，但新型产业社区应包含以下五大核心功能空间：产业功能区、居住区、生产性服务区、非生产性服务区和公共设施区。五大功能空间协同工作，共同打造一个集产业、居住、服务于一体的综合性城市社区，以满足居民的各种需求，实现产业与城市的融合发展。

2. 多维混合

新型产业社区的核心仍然是产业空间，其主要职能必须是与产业相关的。合理管理和确保"新型产业用地用于产业发展"基本目标的实现，需要对新型产业园区的功能混合进行适度规范，并实施适度的功能混合。

因东莞市不同产业社区处于不同的发展阶段，新型产业社区的功能混合方式也呈现不同的特点。劳动密集型工业园区以大规模生产空间为主；技术密集型园区增加了产业链的合作，功能混合度提升；知识密集型产业集群优势互补，实现多领域合作共赢的产业生态。新型产业社区空间表现为功能的融合，产业社区与城市空间界限模糊，形成高效的复合功能混合模式。因此，新型产业社区可从水平方向和垂直方向不断延伸和扩展功能。

3. 模块化

东莞产业社区汇聚了大量的初创期和成长期中小企业集群，企业对空间的需求呈现动态变化的特点。为了满足这种灵活性和可调整性的需求，模块化元素组织策略显得尤为适用。

在产业社区的场地规划中，实施统一的模块化设计理念。首先，确定建筑单元的基本模块，并根据不同的功能需求将其划分为特定类型的模块单元。其次，创建一系列尺寸相近的模块化单元，以便于在实际应用中灵活组合。

在产业社区的建筑设计中，实施统一的建筑模数标准，确保各类基本模块在尺寸规格及结构连接点上具备互操作性。通过这些基础模块单元的差异化、重构与组合，有效应对多样化及不同规模的空间需求，进而实现空间资源的高效配置与动态调整。

（三）东莞新型产业社区建设策略

1. 加强自上而下统一规划

传统产业园区的规划缺乏城市层面的统筹布局与安排，面对东莞市产业

链不断完善的新趋势，对产业社区的现有发展空间进行适时的改善与再规划，已成为推动新型产业社区进步的关键环节。需要对产业社区作顶层设计和规划。通过制定明确的产业发展规划，统一指导社区内各行业的发展方向，确保产业布局的合理性，自上而下地规划，有效整合城市资源，提升产业社区的整体竞争力，为企业和居民提供更好的发展环境，推动新型产业社区蓬勃发展。

2. 注重综合空间功能打造

新型产业社区应注重产城融合，打造"生产+生活+生态"的现代综合城市体验功能区。东莞新型产业社区建设应通过科学规划和整合城市空间，确保产业区域与生活服务区域相互配套，提高社区的整体宜居性。同时建设集聚创新、研发、生产的产业功能区，为企业提供高效便捷的运营环境。在城市设计中，充分考虑基础设施建设以提高社区的可达性和便利性，通过打造生态友好型空间，推广绿色制造技术，实现产业发展与生态环境的和谐共生。

3. 强调产业链条整合互补

从东莞市产业园区的发展历程来看，基本上经历了"单个企业—同类企业集群—产业链—产业集群"的发展演进过程。不同于以往的产业发展方式，新型产业社区需着重强调产业资源的统筹融合、产业链条各环节的无缝对接，同时激励企业构建产业集群，促进相关产业链上下游企业间的协同共进。

产业引入以知识型、技术型、低碳型企业为主，促使科研机构、企业和创业者之间的密切合作，推动技术创新和产业升级。通过加大对中小企业的支持力度，推动其加入产业链，提高整个链条的完整性。同时注重科技研发、成果转化、信息传媒、金融等商务服务功能机构的引入，以及关联产业、互补产业的引入与培育，形成产业上下游协同发展的产业生态格局。

4. 注重多元共享空间

构建东莞市新型产业社区，空间功能的打造应着重强调共享与开放的理念。在公共空间、建筑设计和办公空间布局等方面，要突出开放性和共享性，以便于员工之间的交流与合作，进而激发创新灵感。此外，加强专业公共技术平台的建设，为中小型创新型企业提供测试、实验等专业技术服务。同时，鼓励科研机构向中小企业开放，提供技术支持，促进跨学科的技术创新。通过共享生产设备、研发资源等，形成产业共享平台，提高资源利用效率。

完善产业综合服务功能，积极推动金融服务、市场开拓、技术服务、人才培养、信息化建设、法律咨询、创业培训、行业协会等重要服务平台的建设。通过共享成熟商圈的活力氛围，打造出一个多元化、开放共享的社区空间，为居民和企业提供全方位的服务和支持。

5. 优化生态办公配套环境

产业社区逐渐向知识密集型、科技密集型产业转型，居民对生活环境的要求也在不断提高，更加注重社区生态与自然景观的和谐融合，以及城市景观与居住环境的有机结合。因此，打造高质量、花园式的生态办公环境已成为新型产业社区配套设施建设的重要组成部分。摒弃传统的产业园区空间构建模式，转而关注特定人群的喜好，将公园与社区功能相结合，创造出优美的生活环境。将科研、生产、生活、休闲和游憩空间融入社区公园的设计中，营造出浓厚的文化氛围，加强社区的生态建设，打造出功能齐全、宜居宜业的现代化产业社区。

参考文献

刘帅：《基于"创新街区"理念的产业园区发展模式研究》，《上海城市规划》2020年第1期。

顾朝林：《中国高技术产业与园区》，中信出版社，1998。

俞孔坚等编著《高科技园区景观设计 从硅谷到中关村》，中国建筑工业出版社，2001。

向乔玉、吕斌：《产城融合背景下产业园区模块空间建设体系规划引导》，《规划师》2014年第6期。

黄勇：《佛山市产业社区治理的现状分析与对策研究》，广西师范大学硕士学位论文，2016年。

张惠璇、刘青、李贵才：《"刚性·弹性·韧性"——深圳市创新型产业的空间规划演进与思考》，《国际城市规划》2017年第3期。

彭乔、陈红：《中国城市社区氛围维度的探索性研究》，《中国浙江杭州》2019年第2期。

李强：《从邻里单位到新城市主义社区——美国社区规划模式变迁探究》，《世界建筑》2006年第7期。

鲁赛主编，耿虹：《理想空间——现代产业园规划》，上海同济大学出版社，2007。

林沁茹：《珠三角地区创新型科技园区的功能混合设计研究》，华南理工大学硕士学位论文，2019。

B.15
东莞市人力资源服务产业园 高质量发展研究

韩耀东 徐 星 张笑扬*

摘 要： 国家级人力资源服务产业园代表我国人力资源服务产业园的最高标准。创建并成功跻身国家级人力资源服务产业园行列，是实现人力资源服务产业园高质量发展的重要目标。本文选取东莞市人力资源服务产业园为研究对象，将创建国家级人力资源服务产业园作为高质量发展基本评判标准，对标同处粤港澳大湾区的广州、深圳两个国家级人力资源服务产业园，以及区域内同为省级产业园、同样提出打造国家级产业园的佛山人力资源服务产业园，分析东莞打造国家级人力资源服务产业园存在的优势和劣势。笔者认为近年来东莞人力资源服务产业园通过实施一系列活动有力支持东莞制造业发展，但在发展中面临人才吸引力不强、政策和资金支持力度不大、产业集聚规模不大、经济社会效益不够突出、缺乏创建国家级产业园的具体行动等劣势，东莞应聚焦创建国家级人力资源服务产业园的目标，强化顶层设计、加强产业集聚发展、完善功能配套、加强行业人才培养，促进现代服务业与先进制造业深度融合。

关键词： 人力资源服务产业园 高质量发展 东莞

---

* 韩耀东，东莞市社会科学院科研部主任、高级人力资源管理师，主要研究方向为人力资源管理；徐星，东莞市人力资源和社会保障学会秘书长，主要研究方向为产业园区运营和人力资源管理；张笑扬，博士，东莞市社会科学院马克思主义研究中心主任、副研究员，主要研究方向为公共管理、马克思主义理论。

一 东莞市人力资源服务产业园发展现状

东莞市人力资源服务产业园园区总建筑面积6.4万平方米（其中松山湖核心园区建筑面积3.6万平方米），为"一园多区"模式。"一园"指东莞市人力资源服务产业园，"多区"包括位于寮步镇的东莞市人力资源服务产业园先行区（以下简称"先行区"）和位于松山湖高新技术开发区的东莞市人力资源服务产业园松山湖园区（以下简称"松山湖园区"）。2023年5月，东莞市人力资源服务产业园获评省级人力资源服务产业园。先行区位于松湖智谷产业园区，2021年12月正式开园，定位为综合引擎，以"产、城、人"的共同成长为园区特色。松山湖园区成立于2017年，设在松山湖光大·We谷产业园区"人才大厦"，定位为科技创新核心引擎。该产业园开园以来，招引了一批实力雄厚、影响力大、核心竞争力强的人力资源服务机构入驻。截至2024年5月，入驻产业园的人力资源服务机构133家[①]，机构类型包括国有、民营、中外合资、公共服务机构，涵盖高端人才访寻、人力资源服务外包、人力资源咨询管理、劳务派遣、人力资源信息化软件与平台、人才测评与人才培训等各种业态产品，初步形成了外包、培训、咨询、软件等全链条服务产品，基本满足企业各类人力资源服务需求。2023年产业园营业收入37.57亿元，税收7156.31万元。[②] 2022年园区举办的各类活动中，参加的人力资源机构约205家次，服务企业超2500家次，服务社会人员超4.5万人次，企业发布职位数量近6.5万个。[③]

二 东莞市人力资源服务产业园高质量发展优势、劣势分析

国家级人力资源服务产业园代表我国人力资源服务产业园的最高标准，创建国家级人力资源服务产业园的过程，也是人力资源服务产业园高质量发

[①] 数据来源：东莞市人力资源服务产业促进会。
[②] 数据来源：东莞市人力资源服务产业促进会。
[③] 数据来源：东莞市人力资源服务产业促进会。

展的过程。《东莞市人力资源和社会保障事业发展"十四五"规划》明确提出，到 2025 年创建 1 个国家级产业园。因此，本文将国家级人力资源服务产业园标准作为考察东莞市人力资源服务产业园高质量发展的基础指标。截至 2023 年 11 月，国家人社部与有关省（区、市）共建了 26 个国家级产业园。[①] 目前广东省有 2 家国家级人力资源服务产业园（广州、深圳），10 家省级人力资源服务产业园（汕头、佛山、韶关、梅州、惠州、东莞、中山、江门、茂名、清远），各地还建有一批市级人力资源服务产业园，形成了国家、省、市三级人力资源服务产业园梯度发展体系。与国家级的广州、深圳人力资源服务产业园以及同在珠三角也提出打造国家级人力资源服务产业园的省级佛山人力资源服务产业园比，东莞打造国家级人力资源服务产业园，在基础设施、扶持政策、业态发展、经济社会效益等方面存在哪些优势和劣势，值得认真梳理分析。

（一）对标产业园的基本情况

1. 中国广州人力资源服务产业园

2018 年 10 月，中国广州人力资源服务产业园经人社部批准为国家级产业园，以"一园多区"模式运营，包括天河、越秀、海珠、黄埔、番禺、花都、南沙 7 个分园区。2022 年中国广州人力资源服务产业园运营面积 9.53 万平方米，入驻企业 112 家，营业收入 436.79 亿元，纳税额 17.12 亿元。2022 年，共服务 237.11 万人次，服务用人单位 21.76 万家次，帮扶就业和流动人数 161.49 万人次，提供就业岗位 78.27 万个，引进高层次人才 0.94 万人。[②]

---

① 26 家国家级人力资源服务产业园首次集体亮相！人力资源服务产业园服务高质量发展研讨会在南宁成功举办，广西人力资源网，https://mp.weixin.qq.com/s?__biz=MjM5Nzc4MjczMw==&mid=2652522036&idx=3&sn=18bdf33f8f9de312e6ec4ae75d579af6&chksm=bd3a53968a4dda8010b16d32f11774b597102020808cff41b12d44a3c27f624a1ed627af7467&scene=27。

② 数据来源：莫荣主编《中国人力资源服务产业园发展报告（2023）》，社会科学文献出版社，2023。

2. 中国深圳人力资源服务产业园

2018 年 10 月，经人社部批准，深圳市人力资源服务产业园以"一园多区"模式获批为国家级产业园，共包含人才园、龙岗、南山、宝安、前海、罗湖 6 个分园区。截至 2022 年，园区总建筑面积 17.22 万平方米，入驻人力资源服务机构 118 家，营业收入 244.06 亿元，纳税额 7.72 亿元。2022 年，共服务 364.82 万人次，服务用人单位 27.49 万家次，帮扶就业和流动人数 199.98 万人次，提供招聘岗位 135.54 万个，引进高层次人才 2.58 万人。[①]

3. 广东佛山人力资源服务产业园

根据佛山市人社局发布的《佛山市人力资源服务产业园"一园多区"暨创建省级产业园规划提升方案》，佛山市已在禅城、南海、顺德建成人力资源服务产业园"一园多区"，其中，主园区（禅城）于 2021 年 1 月被省人社厅评定为首批省级人力资源服务产业园之一，南海分园区、顺德分园区也顺利建成并投入运营，在全市范围内形成"一园多区·跨区协同·错位发展"的人力资源服务新格局。主园区（禅城）坐落于禅城区绿岛湖都市产业区，于 2015 年 3 月正式开园，可招商面积 2 万平方米，形成招聘、猎头、人才培训、人力资源服务外包、劳务派遣、管理咨询、人才测评等全链条业态。南海分园区坐落于南海区金融高新区，于 2020 年 12 月正式开园，一期建筑面积约 1.5 万平方米，分产业园集聚区、南海人才馆、高层次人才服务专区、人才公园四个功能区。顺德分园区坐落于顺德区北滘新城，于 2021 年 7 月正式开园，建筑面积 3000 多平方米。[②] 2022 年 1 月，佛山市人力资源服务产业园被省人社厅评定为省级人力资源服务产业园。[③] 截至 2022 年底，广东佛山人力资源服务产业园累计为全市用工主体

---

① 数据来源：莫荣主编《中国人力资源服务产业园发展报告（2023）》，社会科学文献出版社，2023。

② 《佛山召开人力资源服务产业园"一园多区"发展交流大会》，https://mp.weixin.qq.com/s/cbtEM8QTnc8epxQINa5aQg。

③ 数据来源：《助力精品产业发展！佛山市人力资源服务产业园获评省级园》，http://hrss.foshan.gov.cn/gkmlpt/content/5/5157/post_5157851.html#283。

提供了 94.1 万家次服务，服务各类人员 652.6 万人次，发布和提供就业岗位 225.2 万个，超扶就业和流动人数达到 212.8 万人次，累计组织开展招聘活动 740 场次，为美的集团、海天集团、海信集团、格兰仕电器等多家重点制造业企业输送用工累计达 74.87 万人次。2022 年，广东佛山人力资源服务产业园主园区营业收入 11 亿元，税收贡献 1700 万元（含个税）①；园区累计开展 45 场人力资源行业活动；为 11124 人次提供人才测评服务，通过网络精准配置为企业解决中高端岗位 427 人次；② 为本地 5.7 万多家企业提供了高质量对接服务，组织开展线上线下招聘服务活动超 160 场次，累计发布就业岗位约 66 万个，达成就业意向 22.6 万人次，培训（培育）人才 5.4 万人次。③

（二）对标产业园的扶持政策

1. 中国广州人力资源服务产业园

2021 年 6 月出台的《中国广州人力资源服务产业园管理办法》④ 与 2021 年 8 月出台的《中国广州人力资源服务产业园五年提升计划（2022—2026）》，明确了相同的园区扶持奖励政策：市财政给予该产业园一次性建园奖励 500 万元，并以 3 年为期，每年给予运营管理补助 100 万元；如举办参与企业超过 50 家的全国性人力资源服务会展、创新创业大赛等大型活动，市财政奖励活动主办单位举办活动实际发生费用的 50%，最高不超过 10 万元；各分园区所在区也要结合实际制定相应政策，支持入驻园区企业做大做强，符合政策条件的企业，可同时领取市、区两级相关补贴。

---

① 数据来源：佛山市人力资源产业园运营管理办公室。
② 《未来可期 | 精彩回顾 2022 年佛山人力园的高光时刻》，"广东佛山人力资源服务产业园"微信公众号，https：//mp.weixin.qq.com/s/quvzT3KdBRyDaX1ZsVuBaA，2023 年 1 月 8 日。
③ 数据来源：《南方日报》《佛山人力以赛促产支持实体经济发展》，"广东佛山人力资源服务产业园"微信公众号，2023 年 9 月 5 日。
④ 《广州市人力资源和社会保障局关于印发〈中国广州人力资源服务产业园管理服务办法〉的通知》，广州市人力资源和社会保障局网站，http：//rsj.gz.gov.cn/zwdt/tzgg/content/post_7325033.html。

2. 中国深圳人力资源服务产业园

深圳市围绕人力资源服务产业园建设出台了一系列相关政策。2018年出台《关于加快发展人力资源服务业的若干措施》①，提出行业发展总体规划和加大资金支持等22项措施。2019年出台《深圳市人力资源服务机构场租补贴实施办法》，对新设立的人力资源服务机构和入驻产业园的人力资源服务机构予以场租减免；同年出台《深圳市人力资源服务产业园建设付出资金管理办法》，对国家级、省级、市级人力资源服务产业园给予一次性开园资助和运营补贴。2022年出台《深圳市人力资源服务业发展"十四五"规划》，提出充分发挥人力资源服务产业园"集聚产业、培育市场、孵化企业、拓展业态、服务人才"的作用，加大龙头企业集聚和协作发展力度，促进产业园联动发展和资源共享，加强产业园科技孵化能力，发展前海示范集聚区。② 2023年6月出台《深圳市推进新时代人力资源服务业高质量发展的若干措施》（深府办规〔2023〕4号），提出要提升人力资源服务产业园服务能级，具体措施除再次重申2019年出台的《深圳市人力资源服务产业园建设付出资金管理办法》中的开园补贴、运营补贴标准（产业园运营起5年内）外，特别提出，人力资源服务机构入驻市级财政资金建设的人力资源服务产业园，可享受"两免两减半"的场租优惠：自核准进驻当月起，以12个月为一个年度周期，第一、二个年度周期的场租按100%标准减免，第三、四个年度周期的场租按50%标准减免；人力资源服务机构入驻区级财政资金建设的人力资源服务产业园，可享受区级政府部门出台的相关场租优惠。③

3. 广东佛山人力资源服务产业园

近年来，佛山市委、市政府相继出台了《佛山市加快发展人力资源服务业的意见》《关于开展佛山市人力资源服务产业补助项目申报工作的通

---

① 2023年6月，《深圳市推进新时代人力资源服务业高质量发展的若干措施》出台后，《深圳市关于加快发展人力资源服务业的若干措施》废止。
② 深圳市人力资源和社会保障局关于印发《深圳市人力资源服务业发展"十四五"规划》的通知，深圳市人力资源和社会保障局网站，http://hrss.sz.gov.cn/tzgg/content/post_9727048.html。
③ 资料来源：深圳市人力资源和社会保障局，发布日期：2023年6月27日。

知》《佛山市人力资源服务产业园"一园多区"暨创建省级产业园规划提升方案》等相关政策，对全市人力资源服务业给予扶持。[①] 其中，《关于开展佛山市人力资源服务产业补助项目申报工作的通知》明确了人力资源服务产业园区建设和运营奖补待遇。2021 年 1 月，禅城区出台《佛山市禅城区扶持人力资源服务产业园建设办法（修订）》；2021 年 3 月，顺德区出台《顺德区人力资源服务产业园认定和建设扶持办法》，对促进产业园招商引资、发展提质等方面提出一系列扶持奖励措施。2022 年，佛山人力资源服务产业园主园区所在地禅城区出台了《关于开展创建国家级人力资源服务产业园工作方案》，并成立了建设国家级人力资源服务产业园工作领导小组，正式启动创建国家级人力资源服务产业园工作。目前，禅城区已委托中国人事科学研究院编制形成《佛山市创建国家级人力资源服务产业园研究报告（征求意见稿）》。[②]

（三）东莞市人力资源服务产业园高质量发展的优势和差距

1. 东莞市人力资源服务产业园创建国家级产业园的现有条件

对照人社部《关于印发〈国家级人力资源服务产业园管理办法〉（试行）的通知》第六条规定，目前东莞市人力资源服务产业园已满足申报条件。

（1）规划论证方面：在对产业园产业定位、功能布局、服务体系、运营模式、发展规划充分论证的基础上，东莞市已经制定了较为科学的人力资源服务产业园规划报告。

（2）建筑面积方面：产业园总建筑面积为 6.4 万平方米，满足条件"核心园区面积不少于 3 万平方米，园区总面积不少于 5 万平方米"。

（3）集聚规模方面：截至 2024 年 5 月，产业园入驻机构 133 家。2023年营业收入 37.57 亿元。产业园已经满足"机构不少于 40 家，年营业收入

不低于 20 亿元"的国家级产业园申报条件。

（4）运营管理方面：组建了产业园运营管理领导小组，负责产业园重大事项的决策和统筹协调；先行区和松山湖园区均配备专业运营团队，负责园区日常运营工作，为入驻企业提供会议、培训、金融等各项配套服务。

（5）扶持政策方面：除东莞市政府和市人社局出台的相关扶持政策外，寮步镇人民政府出台了《寮步镇关于东莞市人力资源服务产业园先行区配套奖补方案》（寮人社〔2021〕11 号），松山湖管委会出台了《东莞松山湖高新区关于促进人力资源服务业发展的实施办法》（松山湖发〔2018〕51 号），建立起市镇（园区）两级政策体系。

2. 东莞市人力资源服务产业园高质量发展的比较优势与比较劣势

（1）比较优势

一是服务粤港澳青年创新创业。东莞与香港地缘相近、血缘相亲，香港人约有 1/7 祖籍是东莞。改革开放以来，"香港服务＋东莞制造"的莞港合作模式成为全国典范。产业园一楼已建设松山湖港澳青年创新创业基地，基地建设被列入《粤港澳大湾区发展规划纲要》，累计引进 119 个港澳项目，汇聚超过 100 名港澳青年就业创业，延续了东莞三代港商的传奇，"港二代""港三代"已经成为推动东莞融入大湾区建设的中坚力量。

二是服务高水平科技自立自强。东莞建有散裂中子源、松山湖材料实验室等大科学装置和创新平台，创新生态加速打造，创新活力持续迸发。园区机构已经与高科技企业建立起紧密的生态关系，提供人力资源外包、科技外包、政策匹配等集成服务，特别是中智、科锐国际等行业百强机构，承接了松山湖华为公司的信息化、数字化、智能制造等人才外包业务。

三是服务制造业当家。东莞是国际制造业名城，形成了涵盖 34 个工业大类涉及 6 万多种产品的先进制造体系，工业企业超 21 万家，规上企业1.38 万家、高新企业超 9000 家，R&D 投入占 GDP 的 4%。[1] 东莞聚焦制造

---

[1] 《"进莞来"的实力与底气｜第二届全国人力资源服务业大会·湾区调研行》，南方新闻网，https：//baijiahao.baidu.com/s？id＝1780277580979927565&wfr＝spider&for＝pc，2023 年 9 月 11 日。

业高质量发展需要以及数百万劳动力素质提升、高质量充分就业需求，2018 年启动"技能人才之都"建设，推动超过 200 万产业工人提升技能与学历及专业素质。广东省委书记黄坤明指出，东莞为全国全省做出了贡献，培训了大量产业工人，实现了从农民到技术产业工人的"惊险一跳"。

四是具有区位优势。东莞位于粤港澳大湾区 A 字形的核心位置，是湾区人流、信息流、资金流、技术流的重要交汇地。松山湖园区和产业园先行区选址在松山湖片区，松山湖是国家级高新技术产业开发区，松山湖科学城也是继上海张江、安徽合肥、北京怀柔之后的第四个综合性国家科学中心。园区区位优势明显，辐射带动作用强。

（2）比较劣势

一是广州、深圳人才虹吸效应的压力。根据智联招聘、泽平宏观数据统计，2022 年全国最具人才吸引力城市 100 强中，深圳、广州分列第 3、4位，佛山排第 15 位，东莞排第 17 位。深圳、广州两地人才吸引力优势明显，而东莞与佛山两市的人才吸引力排位差距不大，但是两地人才往深圳、广州流出量均较大。流入深圳的人才中超过 4% 来自东莞，位列人才流出地第 2；从佛山流入深圳的人才占比不超过 3%，位列人才流出地第 10。流入广州的人才中超过 6% 来自佛山，超过 5% 来自东莞，佛山、东莞分列广州人才来源地第 2、3 位。可见，东莞与佛山一样面临被周边一线城市虹吸人才的困境，而东莞人才流出更甚。

二是政策和资金支持力度不大。广州、深圳两地的人力资源服务产业园享受省部共建的国家级产业园政策和资金支持，地方政府也给予相应的配套政策和资金支持。2020 年 4 月，广东省人社厅印发《关于支持广州推动"四个出新出彩"实现老城市新活力 推进广州人力资源和社会保障事业高质量发展的若干政策措施》。这是省人社厅继 2019 年出台"支持深圳人社事业优先发展 20 条"之后，又一项专门针对具体地区量身打造的综合性政策文件。相较于广州、深圳、佛山，东莞的人力资源服务产业园起步晚，晋升省级产业园时间短，政府及相关部门出台的扶持政策较为零散，尚未形成完善的政策链，如缺少创建省级、国家级产业园的专项扶持政

策，仅在综合性政策文件中有所提及。在资金扶持方面，东莞的支持力度也小于深圳、佛山。以给予人力资源服务产业园的开园补贴和运营补贴为例。深圳市对国家、省、市级产业园分别给予一次性开园补贴500万元、300万元、200万元；分别每年给予运营补贴100万元、50万元、30万元，为期5年。佛山市对国家、省和市级产业园，除分别给予一次性建园补贴奖励外，每年还分别给予运营管理补助80万元、50万元和30万元。东莞市除专门给予市人力资源管理产业园先行区一次性建园资助200万元、公共服务区域装修补贴200万元、运营服务费补贴90万元外，对被认定为市级人力资源服务产业园的，一次性给予50万元奖励；对被认定为省级、国家级人力资源服务产业园的，可按广东省有关规定给予100万元、200万元的奖励，市财政按省奖励标准的50%给予配套奖励。可见，除给予产业园先行区一次性运营服务费资助外，东莞市没有安排运营管理补助。关于对获评人力资源诚信服务示范机构的奖励政策，《关于加快推动东莞市人力资源服务业实现高质量发展的实施意见》对获得市级及以上人力资源诚信服务示范机构称号的人力资源服务机构，只是模糊提出"可享受物质和荣誉奖励"；《东莞市人力资源服务机构诚信服务等级评定暂行办法》中也没有任何奖励条款。而《佛山市禅城区扶持佛山人力资源服务产业园建设办法（修订）》明确，"对新获得全国、全省、市级人力资源诚信服务示范机构的人力资源机构，分别给予一次性20万元、10万元、5万元奖补。"

三是产业集聚规模和经济社会效益劣势。东莞园与深圳、广州园相比，无论是建筑面积、园区数量、产业集聚等硬件，还是营收能力、服务能力等软件，差距都比较大。同为省级人力资源服务产业园，东莞园的建筑面积、营收和纳税额都超过佛山园，但是服务人次、服务用人单位数量却远低于佛山园，说明东莞园社会效益尚未充分发挥，促进就业、服务产业的职能作用仍有较大提升空间（见表1）。

四是缺乏创建国家级产业园的具体行动。如前文所述，佛山已正式启动创建国家级人力资源服务产业园工作，成立专门的领导小组，有了具体的创建工作方案，并委托专业研究机构开展调研，形成了创建国家级人力资源服务产业园的研究报告（征求意见稿）。目前，东莞将创建国家级产业园纳入人力资源和社会保障"十四五"规划等官方文件，但在推进力度上仍需加大。

表 1　东莞市人力资源服务产业园与对标人力资源服务产业园
经济、社会效益指标对比（2022 年）①

人力资源服务产业园名称	产业园级别	建筑面积（万平方米）	园区数（个）	入驻人力资源服务机构数量（家）	营业收入（亿元）	纳税额（亿元）	服务人次（万人次）	服务用人单位数量（万家次）
中国广州人力资源服务产业园	国家级	9.53	6	112	436.79	17.1156	237.11	21.7585
中国深圳人力资源服务产业园	国家级	17.224	6	118	244.0578	7.7168	364.82	27.49
广东佛山人力资源服务产业园	省级	3.8	3②	53③	11	0.17	22.6	5.7
广东东莞人力资源服务产业园	省级	6.4	2	44	21.53	0.257	20	2

　　五是产业园在区域乃至国内的影响力较小。近年来，广州、深圳、佛山纷纷通过举办国家级赛事、研讨会等活动，提升人力资源服务产业影响力。例如，2023 年 11 月 22~23 日，第二届全国人力资源服务业发展大会在深圳举行，144 家人力资源服务领军企业和粤港澳大湾区重点用人单位参展。大

---

① 除标注数据外，根据前述资料整理。
② 其中，主园区（禅城）于 2021 年 1 月被省人社厅评定为省级人力资源服务产业园。
③《入驻企业超 50 家，佛山人力资源服务产业园如何助力人才高地建设》，https://mp.weixin.qq.com/s?__biz=MzA4NTM2MjIzNQ==&mid=2650473283&idx=3&sn=2cc2594101379cf4818783b8c8e63de8&chksm=87d6b017b0a139013422d532ce7c823cf88d27ab1ded4c6f1f8195f1e4866dac3abbf29d5565&scene=27。

会在为全国人力资源服务业展示交流、对接合作搭建平台的同时，也扩大了深圳人力资源服务业、深圳人力资源服务产业园的影响力。佛山市人力资源和社会保障局是广东省人力资源服务产业园联盟理事长单位，2023年以来，粤港澳大湾区（佛山）人力资源服务博览会、全国人力资源服务创新创业大赛佛山选拔赛、全省人力资源服务产业园联盟工作推进暨人力资源服务业高质量发展经验交流会议等多个人力资源领域"高端局"活动纷纷落地佛山，并由佛山人力资源服务产业园承办，受到了业界和各级媒体重点关注。梳理东莞近年来举办的人力资源领域相关活动，除2022年11月举办首届东莞市人力资源服务创新大赛、2023年11月29日启动的东莞市人力资源开发节暨首届莞港澳人力资源服务博览会外，东莞市人力资源服务产业园几乎没有承办过本区域或省级、国家级赛事、活动，对外影响力十分有限。

六是人力资源服务业态尚未成熟。课题组开展的问卷调查显示，入驻东莞市人力资源服务产业园的机构从事的主要服务业态中，"劳务派遣"占62.96%、"人力资源外包"占48.15%，居前两位。而"高级人才寻访""人才测评"占比分别为14.81%、3.7%，[①]占比偏低，表明综合考量入驻机构的服务业态、东莞市人力资源服务产业园的服务业态特别是高端服务业态尚不健全。

七是园区运营管理水平仍有提升空间。调查问卷显示，入驻机构对人力资源服务产业园的需求集中在品牌宣传推广、完善的配套设施和服务、产业聚集，占比分别为59.26%、55.56%、55.56%。但部分入驻机构在课题组调研时反映，产业园的部分配套服务尚未打通"最后一公里"。例如，一些机构想申办人力资源培训经营许可证，却因为无法办理二次消防证而受阻，丧失了发展人力资源培训这一高附加值业态的机遇。再如，数字化时代对智慧产业园建设提出更高要求，但是园区统筹数字资源、提供信息化服务的能力仍需加强。调查问卷显示，有37.04%的受访者认为"园区的信息系统应用不全面，部分领域没有使用信息化工具"；有22.22%的受访者认为"园

---

① 数据来源：由课题组问卷调查整理得出。

区信息化建设刚刚起步、任重道远"。

八是尚未形成国家、省、市人力资源服务产业园梯度发展格局。《东莞市人力资源和社会保障事业发展"十四五"规划》提出,到 2025 年,创建3 个以上市级人力资源服务产业园、2 个以上省级人力资源服务产业园和 1个国家级人力资源服务产业园。截至 2023 年底,东莞市有市级人力资源服务产业园 2 个、省级人力资源服务产业园 1 个,长安、大岭山、莞城和南城等园区仍处于筹建阶段,产业园梯度发展局面尚未形成。

三 推动东莞市人力资源服务产业园高质量发展,赋能"科技创新+先进制造"

在创建粤港澳大湾区人才高地的时代背景下,吹响"是人才,进莞来"集结号、提出"打造粤港澳大湾区一流人力资源服务产业园"目标定位的东莞市,对标国家级标准推动人力资源服务产业园高质量发展,更好地为东莞"科技创新+先进制造"赋能,必须正视与广州、深圳、佛山等珠三角国家级、省级人力资源服务产业园的差距和自身的不足,在政策体系、产业集聚、市场拓展、创新能力、服务产业、人才培育等方面下功夫。

(一)强化顶层设计,建立完善政策体系

1. 树牢"人才是第一资源"意识

党的二十大报告提出,要强化现代化建设人才支撑,坚持人才是第一资源,深入实施人才强国战略,不断塑造发展新动能新优势。建议东莞市进一步明确政府在人力资源服务产业园高质量发展进程中的职能定位,加强政府引导,强化组织保障,优化政府主导、人力资源社会保障部门牵头、相关部门参与、市场化运作的统筹推进机制。在园区内打造多层次、专业化的人力资源服务产业链,塑造高质量的人力资源服务生态,充分发挥人力资源服务产业园"集聚产业、培育市场、孵化企业、拓展业态、服务人才"的作用。

2. 全力创建国家级人力资源服务产业园

一是精准定位东莞市人力资源服务产业园。在充分调研基础上，进一步厘清自身优劣势，找准自身定位，减少人才被虹吸比例，努力在粤港澳大湾区人才高地建设中实现人力资源服务产业园错位发展。二是完善创建机制。成立由分管市领导、人力资源和社会保障局等职能部门负责人、相关镇街（园区）负责人任成员的创建国家级人力资源服务产业园工作领导小组，制定创建工作方案，明确责任，分解任务，倒排时间，全力推动东莞市人力资源服务产业园从省级到国家级的跃升。三是通盘谋划全市人力资源服务产业园建设。立足一体规划、整体推进，着力解决镇街（园区）担心市级以上人力园与其争夺资源、争夺人才的问题，形成国家、省、市三级人力园梯度发展格局，做到人才资源市内统筹，按需引进、匹配，加快塑造素质优良、总量充裕、结构优化、分布合理的现代化人力资源服务产业园，建设有活力、高质量的人力资源服务平台。

3. 优化推动人力资源服务产业园高质量发展相关制度与政策

一是建立健全多元投入机制。优化财政投入保障机制，确保人力资源服务产业园发展专项经费。支持和鼓励有能力的组织或个人加大对社会资本的投融资支持力度，广泛引入有实力的社会资本，对人力资源服务产业园科学投资，为入驻企业提供投资咨询、小额贷款等金融投资服务。二是优化相关考核制度。将人力资源服务产业园发展指标作为优化营商环境的重要考核指标。建立健全入驻园区机构准入、清出制度。三是完善相关扶持政策。根据东莞市人力资源服务产业园高质量发展需要，编制扶持政策、制订发展计划，研究出台新一轮扶持政策。四是研究制定人力资源服务标准体系。探索形成政府主导、协会和机构共同参与的标准制定模式。引导人力资源服务产业促进会成员企业制定招聘、猎头、外包等人力资源服务子领域的服务标准，并力争申报为行业标准和地方标准，发挥标准对行业服务的规范作用。五是建立产业园联动发展和资源共享机制。加强与市内、市外，特别是粤港澳大湾区人力资源服务产业园之间的合作交流，完善产业园区联动、服务共享、资源整合机制，实现差异化发展，增强东莞人力资源服务业的整体竞争力。

（二）加快产业集聚发展，培育壮大市场主体

1. 完善人力资源服务产业园评估指标体系

以成功认定省级人力资源服务产业园为新起点，围绕园区的核心竞争力和发展方向，学习借鉴其他园区的先进经验和做法，继续完善园区的统计制度、评估保障机制，建立产业园标准化的营智环境评估指标体系。一是明确经济指标，包括人力资源服务产业园的经济效益、税收贡献、就业机会等，可以通过园区的产值、利润、税收贡献以及就业人数等指标来评估。二是明确人才指标，包括人力资源服务产业园的人才引进、培养和留住情况，可以通过园区的人才引进政策、人才培养机制以及人才流动情况等指标来评估。三是明确创新指标，包括人力资源服务产业园的创新能力和创新成果，可以通过园区的创新投入、创新项目数量、创新成果转化等指标来评估。四是明确环境指标，包括人力资源服务产业园的环境保护和生态建设情况。可以通过评估园区的环境管理措施、节能减排情况以及生态建设成果等指标来评估。五是明确社会指标，包括人力资源服务产业园对社会的贡献和影响，可以通过园区的社会责任履行情况、社会公益活动参与度以及社会声誉等指标来评估。

2. 支持人力资源服务机构做大做强

一是积极引进高端人力资源服务机构。加大知名人力资源服务机构引进力度，推动总部企业和子公司落户东莞，大力招引知名高端人才寻访机构，探索引进人力资源服务各细分领域的代表性企业，完善园区人力资源服务业态链条。二是大力培育有潜力的人力资源服务机构。支持人力资源服务机构申请创建高新企业、"专精特新"企业以及数字化转型标杆企业。为初创型、创新型人力资源服务机构提供落地孵化、资源链接、业务指导及项目辅导等企业服务，培育人力资源服务创新力量。三是全方位推广人力资源服务品牌。与主流媒体建立合作关系，大力宣传推介东莞人力资源服务机构的创新项目（产品），增加入驻园区人力资源服务品牌的曝光度和知名度。积极利用园区及入驻机构社交媒体平台，展示人力资源服务品牌优秀案例、客户

体验等有价值的内容。与相关行业的企业开展联合营销，共同推广品牌，扩大宣传覆盖面和影响力。四是探索支持人力资源服务机构加强国际合作。依托松山湖国际人才港，在符合国家政策的前提下，支持有条件的人力资源服务机构在国（境）外设立分支机构，或者与港澳及国际知名人力资源服务机构合作，为松山湖科学城、滨海湾新区乃至整个东莞的主导产业提供人才综合服务、人才数据库和人才政策咨询等线上线下全链条服务，提升东莞国际人力资源配置能力。

3. 提升人力资源服务机构创新能力

一是支持人力资源服务机构加强技术研发和成果转化。支持和鼓励人力资源服务机构充分运用人工智能等数字技术，推动人力资源服务和管理提质增效。二是推动人力资源科技应用。推送产品参加各级"人力资源服务创新创业大赛"，定期举办行业大赛，促进优质机构拓展服务领域，创新服务模式和服务技术，推动人力资源科技创新、服务创新和跨界融合发展。三是搭建行业交流合作平台。通过举办或参与人力资源峰会、博览会、行业展会、专业论坛、培训班、供需对接会等活动，开阔视野、增长见识。

（三）完善功能配套，优化园区环境

1. 优化服务功能

合理规划东莞市人力资源服务产业园特别是先行区主楼的空间布局。集中设立公共服务窗口，积极动员公安、工商、税务等行政部门在园区设立业务代办服务中心或窗口，提升园区公共服务能力，真正打通便民服务"最后一公里"。科学规划产业发展功能区，通过业态拓展改善园区产业结构。市、镇（园区）两级通力合作，完善园区的交通、餐饮、住宿、文娱等生活配套设施建设，打造一个人力资源社会保障公共管理服务、人力资源市场化服务和生产生活服务三类产业有机结合，公共服务区与产业区功能互补，软硬件资源共享的多功能园区。

2. 提升园区管理水平

发挥市场主体作用，合理界定园区决策、管理和服务运行主体，充分发

挥引进的第三方运营机构在项目招商、企业入驻、配套服务等方面的职能作用。理顺工作流程，严格内部管理，完善工作制度，提升管理服务科学化、制度化、规范化水平。定期对聘请的第三方运营机构开展服务满意度调查。

3. 打造智慧园区

以数字化赋能产业园高质量发展，探索开发一款专供入驻机构使用的用户数据智能服务管理系统，整合招聘、人力资源服务、人力资源管理三大系统数字化资源，通过大数据采集、挖掘分析，对整个服务行为、过程、结果进行数据化、个性化处理，将大数据与各种资源相互融合，使资源得到了更全面的整合利用。

（四）加强行业人才培养，夯实行业发展基础

1. 加强从业人员队伍素质建设

依托人力资源服务产业园实施行业人才培养计划，鼓励入驻机构建设行业人才培训基地，举办高级人才交流和研修活动，培育骨干企业和领军型企业家，邀请行业主管部门领导、一流专家学者等解读形势与政策，组织入驻机构"走出去"学习先进模式和经验。围绕产业要求、产业园运营管理、招商引资、业务理论知识与业务技巧等开展多样化培训，提升从业人员综合素质。

2. 建立健全从业人员职称评审和职业技能等级认定制度

以贯彻落实人社部 2023 年 9 月印发的《人力资源管理专业人员职称评价办法（试行）》为契机，完善人力资源从业人员职称评审和职业技能等级认定相关政策，发挥税收、补贴等优惠政策激励作用，鼓励从业人员积极参与并提升自身职业水平；支持行业协会组织开展职称评审和职业技能等级认定活动，论证将经济系列人力资源管理专业高级职称评审权下放到东莞市内符合条件的大型企事业单位和人力资源服务机构的可行性。

3. 夯实行业发展基础

推动行业标准化建设，制定统一的服务质量标准和操作流程，提升行业整体服务水平。建立规范的市场秩序，支持人力资源服务机构积极参加国家

和广东省诚信企业评选活动，引导人力资源服务机构加强规范经营、提升管理服务水平。鼓励行业组织向专业化、规范化、高端化发展，充分发挥其在推进行业诚信体系建设、促进行业公平竞争、推动行业健康发展等方面的积极作用。

（五）服务发展大局，赋能"科技创新+先进制造"

1. 推动人力资源服务业与重点产业协同发展

一是鼓励人力资源服务机构为东莞重大产业平台发展提供有力的人力资源支撑。支持人力资源服务机构为东莞重点企事业单位引进高层次人才开展订单式服务，人力资源服务机构按照企事业单位需求清单，引进符合条件的相关人才，应受到相应奖励。二是及时发布人力资源供需信息。围绕支持东莞"五支四特"产业发展，建立人力资源供求指数、岗位薪酬指数、行业薪酬指数、人力资源服务产品价格指数、人力资源服务业统计指数，定期发布东莞市人力资源服务业发展报告。三是深化产教研融合发展。围绕企业发展人力需求，优化专业设置及培训课程体系，助力各类人才全面加快素质、技能提升。建设人力资源服务业高端智库，邀请全国业内顶尖专家和领军人才入库，紧紧围绕东莞人力资源服务业高质量发展，加强战略性、理论性、基础性研究，并给予经费支持。

2. 发挥人力资源服务产业园服务企业优势

推动人力资源管理机构通过广泛搜集岗位信息，积极与企业建立联系，掌握用工需求，搭建企业与劳动者沟通桥梁，实现人岗精准匹配。发挥园区各类人力资源服务机构专业优势，大力实施招才引智，组织开展线上线下招聘、直播带岗、创业指导、就业服务。通过举办各类人才培训活动、人才供需见面会、招聘会等，促进专业人才向产业高度集聚。

3. 搭建数字化人力资源生态服务平台，提升服务现代产业效能

一是健全现代化人力资源服务体系。改变引进入驻人力资源服务产业园的人力资源服务机构缺乏产业链上下游产品的高度融合，提升产业高质量发展、推动产业现代化力量不强等现状，建立现代化人力资源服务体系，实现产业链上下游产品的高度耦合,增强产业链的韧性,推动人力资源服务业数字化转型。二是逐步形成全链条数字化人力资源服务产品。在智慧就业、数字化培训、劳动关系数字化治理等的基础上,逐步形成全业务流程数字化人力资源服务产业链。构建智慧就业服务平台,通过发布实时市场岗位需求,引导劳动者有效流动、精准就业。三是构建全市域人力资源服务平台。由政府相关部门主导,以数字技术为手段,搭建一体化数字人力资源服务平台,构建覆盖全民、贯穿全程、辐射全域、便捷高效的全方位人力资源公共服务体系。企业、机构、个人免费入驻平台发布供需信息,平台提供学历、职业资格证书、岗位、信息等官方审核服务,推动信息共享,资源精准匹配,让各方享受便捷高效的人力资源服务。

参考文献

萧鸣政等:《中国人力资服务业蓝皮书2022》,人民出版社,2023。

莫荣、侯增艳、冯馨莹:《中国人力资源服务产业园发展报告(2023)》,社会科学文献出版社,2023。

东莞市委人才工作领导小组办公室、东莞人才发展研究院:《东莞人才发展报告2022》,中国人力资源和社会保障出版集团,2022。

侯增艳:《人力资源服务产业园建设与可持续发展》,研究出版社,2021。

邵念荣、邹国伟、周飞媚:《粤港澳大湾区建设背景下中山市人力资源产业发展研究》,《中国人事科学》2022年第2期。

企业培育篇

B.16
东莞加快发展专精特新企业的思路和建议

陈浩成　黎坚桢　刘捷*

摘　要：　专精特新企业是我国制造业的重要支撑，是保证产业链供应链安全稳定的关键，对于推进新型工业化、发展新质生产力、推动经济高质量发展具有重要意义。本文在认真总结近年来东莞推动专精特新企业培育工作的主要举措基础上，分析了东莞市专精特新企业发展现状和主要特点，指出东莞还存在专精特新"小巨人"企业规模较小、要素资源制约情况突出等问题。东莞应从加大"小巨人"企业培育力度、加大产业空间供给力度、加大技术研发支持力度、加大人才培养引进力度、加大企业融资支持力度、充分利用资本市场、推动产业链融通发展、提升企业现代化治理能力、营造浓厚发展氛围等方面着手，推动专精特新企业高质量发展。

关键词：　专精特新企业　"小巨人"企业　资源要素支撑　东莞

---

　*　陈浩成，东莞市工业和信息化局中小企业综合服务科科长；黎坚桢，东莞市工业和信息化局中小企业综合服务科副科长；刘捷，东莞市工业和信息化局中小企业综合服务科干部。

党的二十大报告指出："实施产业基础再造工程和重大技术装备攻关工程，支持专精特新企业发展，推动制造业高端化、智能化、绿色化发展。"[1] 专精特新企业是指具备专业化、精细化、特色化和创新型特征的中小企业。[2] 专精特新企业一般深耕产业链上的某个环节，具有较强的创新力、竞争力与抗风险能力，是我国制造业的重要支撑，也是保证产业链供应链安全稳定的关键，对于推进新型工业化、发展新质生产力、推动经济高质量发展具有重要意义。根据工信部最新数据，截至2024年5月，我国已累计培育了12.4万家专精特新企业，其中专精特新"小巨人"企业达到1.2万家。[3] 近年来，东莞始终坚持制造业当家，聚焦"科技创新+先进制造"的城市特色，将培育壮大专精特新企业作为提升产业基础能力的重要内容、提高产业链韧性的重要抓手、构建现代化产业体系的重要支撑，不断加大政策扶持力度，通过建立企业培育库、鼓励企业技术升级改造、加大融资服务支持力度等举措，全方位、立体化推动东莞市专精特新企业培育工作取得显著成效。但是也应注意到，对比同类先进城市、对照专精特新企业发展要求、对标现代化产业体系的要求，东莞专精特新企业还存在"小巨人"规模有待进一步扩大、企业发展受资源要素影响制约较大等亟须解决的问题。为此，东莞要不断加大培育专精特新"小巨人"企业的政策支持力度，不断提升东莞市"小巨人"企业规模和层次；要不断探索优化土地、技术、金融、人才等要素资源供给方式，打造有利于专精特新企业成长的创新创业环境；要不断推动产业链融通发展，充分发挥好专精特新企业"强链补链延链"的作用；要进一步加大宣传推介力度，为培育专精特新企业营造浓厚的氛围，以专精特

---

① 习近平：《高举中国特色社会主义伟大旗帜 为全面建设社会主义现代化国家而团结奋斗——在中国共产党第二十次全国代表大会上的报告》，中国政府网，https://www.gov.cn/xinwen/2022-10/25/content_5721685.htm。

② 《培育"专精特新"中小企业取得积极成效》，中国政府网，https://www.gov.cn/xinwen/2021-11/23/content_5652843.htm。

③ 《工信部部长谈"专精特新"：中央财政将继续支持中小企业数字化转型》，《中国青年报》，https://baijiahao.baidu.com/s?id=1792926564398429517&wfr=spider&for=pc。

新企业的高质量发展，为东莞加快构建现代化产业体系、培育壮大新质生产力、推动经济高质量发展贡献积极力量。

一 东莞专精特新企业培育发展现状

专精特新企业是指具备专业化、精细化、特色化、新颖化优势的中小企业。专精特新企业长期深耕细分市场，具有创新能力强、质量效益优、发展速度快、市场占有率高、掌握关键核心技术的主要特点，多数是行业内"单打冠军"或"隐形冠军"，在提高产业竞争力、提升产业链韧性、确保产业安全方面发挥着重要作用，为制造业高质量发展提供了源源不断的创新活力和发展动能。近年来，东莞抢抓国家发展专精特新企业的战略机遇，不断加大对专精特新企业政策扶持力度，构建梯度培育格局，强化发展要素保障，营造浓厚发展氛围，推动东莞市专精特新企业培育不断取得新成效。

（一）东莞培育专精特新企业主要措施

一是加强政策引导。近年来，东莞深入贯彻中央、省委关于扶持中小企业健康发展的决策部署，不断加大专精特新中小企业培育认定政策支持力度，相继出台了多项政策，推动专精特新中小企业高质量发展。2021年，东莞出台了《专精特新中小企业培育工作实施方案》，明确了培育专精特新中小企业的工作目标、培育奖励对象、奖励支持政策等内容；制定了《东莞市专精特新中小企业遴选办法》，明确了东莞市遴选专精特新企业的范围、行业领域、基本条件、评价指标等要求。2022年东莞出台了《加快培育发展"专精特新"企业的若干措施》，明确了"十四五"时期东莞专精特新企业培育目标，并在培育、空间、创新、资本、产业链融通发展、人才支持、政府服务等方面提出了7项17条具体政策，共撬动财政资金约2.97亿元，[①] 为处于各发展阶段的专精特新企业赋能。

---

① 本报告数据如无特殊说明，均来源于东莞市工业和信息化局，特此说明。

二是构建梯度分级培育格局。东莞聚焦产业基础核心领域、产业链关键环节，大力挖掘创新能力突出、掌握核心技术、细分市场占有率高、质量效益好的"单项冠军"或"配套专家"，按照"储备一批、培育一批、提升一批"的原则，建立了国家专精特新"小巨人"、专精特新中小企业、创新型中小企业三级梯度培育体系。同时，还制定了专精特新企业与东莞市"倍增计划"企业协同发展计划，对被认定为专精特新"小巨人"企业和专精特新中小企业的，分别给予东莞市"倍增计划"试点企业和协同倍增企业有关扶持政策。目前，东莞已储备超过6000家专精特新培育库企业，力争到"十四五"期末，创新型中小企业达到1000家，专精特新中小企业达到600家，专精特新"小巨人"企业达到200家，制造业单项冠军企业达到10家以上。

三是强化发展要素保障。在发展空间方面，东莞在全省率先提出建设专精特新园区，集中打造水乡功能区、滨海湾新区、石排镇、道滘·东实、中堂镇等市级专精特新产业园，其中石排镇专精特新产业园被广东省认定为省级产业园。在科技创新方面，大力支持企业技术研发，积极参与标准化活动，不断扩大专精特新企业创新优势。在金融支持方面，引导银行推出专精特新企业专项贷款，为企业融资发展、并购、上市等提供资本支持。在产业衔接方面，组织行业龙头企业和专精特新企业对接，围绕产品、技术需求，共同开展补链、强链、延链行动。在人才引进培养方面，组织专精特新企业开展招聘、培训等活动，将专精特新企业纳入共有产权住房、学位、学费补助指标定向分配范围，帮助企业招揽人才、留住人才。

四是营造浓厚发展氛围。发挥东莞市促进中小企业（民营经济）发展工作领导小组的组织协调作用，将优秀专精特新企业纳入"企业·市长直通车"机制，切实解决企业问题诉求。充分发挥"企莞家"平台作用，建立"一对一"服务专员制，及时跟踪解决专精特新企业问题诉求。以专精特新企业认定奖励项目为试点，在"企莞家"平台上线"免申即享"功能，提高政策兑现效率，提升企业获得感。

（二）东莞专精特新企业培育成效

东莞于2019年开始专精特新企业的培育工作，截至2023年，东莞已累计培育专精特新"小巨人"企业189家（其中有效期内170家），居全省第3、全省地级市第1；累计培育专精特新中小企业3013家（其中有效期内3010家），居全省第2（深圳单独自行开展，指标与省有区分）；累计培育创新型中小企业4833家，居全省第2（深圳单独自行开展，指标与省有区分）。根据最新统计，2023年，东莞专精特新企业实现工业增加值1022.78亿元，2024年1~2月，专精特新工业企业增加值同比增长9.8%。

总体上看，东莞专精特新企业呈现产业集聚度高、专业化程度高、创新能力强等特点。从产业集聚度上看，东莞专精特新企业90%以上分布在制造业，主要集中在高端装备、新一代电子信息、新材料、新能源、电气机械、生物医药等高技术行业。从专业化程度上看，东莞专精特新企业持续深耕细分领域，是行业内的"资深专家"，有近80%的专精特新企业从事细分领域超过10年，有约15%的专精特新企业从事细分领域超过20年。从创新能力上看，东莞市专精特新企业主营业务突出，在技术研发方面持续投入，不断往细分市场的纵深方向发展。专精特新企业中超90%的企业主营业务收入占总营收的比重超过90%，企业研发人员数量占全部职工的比重超过20%，平均研发投入水平比全市平均水平高约25%。

二　东莞专精特新企业发展存在的短板

（一）专精特新"小巨人"企业规模较小

工信部将优质中小企业的发掘和培育分为创新型中小企业、专精特新中小企业和专精特新"小巨人"企业三个梯度，国家级专精特新"小巨人"企业大多处于产业链关键环节，是解决关键核心技术"卡脖子"问题的重要力量，对产业链供应链建链、补链、延链、强链起到强有力的助推作用，

"小巨人"企业是我国优质中小企业梯度中的最高级。近年来，各地市纷纷将专精特新企业发展作为提振经济、促进高质量发展的重要抓手，专精特新"小巨人"企业的认定竞争达到了空前激烈的程度。虽然东莞在培育专精特新企业上取得了显著成效，但是对比东莞制造业体量、对比国内先进城市，东莞市专精特新"小巨人"企业规模还有待进一步提高。一方面，从东莞自身工业体量上看，东莞是制造业大市，制造业占 GDP 的比重达 54%，拥有工业企业 22 万户、规上工业企业约 1.4 万家，但是东莞专精特新"小巨人"企业仅有 189 家，与东莞制造业深厚根基相比，东莞市"小巨人"企业培育和发展仍有较大空间与潜力。另一方面，与国内先进城市相比，与东莞同为制造业大市的苏州，2023 年获批专精特新"小巨人"企业 230 家，累计已达到 401 家，① 东莞"小巨人"企业数量仅为苏州的 47%；再如，宁波也是知名制造业城市，宁波市前五批专精特新"小巨人"企业也累计达到 352 家，② 数量远远超过东莞。上述情况说明东莞相比其他先进城市，"小巨人"企业数量还有待进一步提升，要大力总结其他先进城市经验，深化细化专精特新"小巨人"企业培育政策，加强专精特新"小巨人"企业政策支持，推动专精特新"小巨人"企业成长。

（二）要素资源制约情况突出

根据市工业和信息化局对东莞市专精特新企业调研结果，东莞专精特新企业受要素资源制约情况较严重。一是发展空间制约。空间制约是东莞市专精特新企业面临的首要问题。根据问卷调查，东莞有近 80% 的专精特新企业租用厂房和物业，近 50% 的企业有购置土地或物业的计划，约 44% 的企业希望得到空间方面的支持，包括用地支持、厂房租金减免等。还有约 60% 的企业有增资扩产或推动上市计划，而产业空间不足、空间质量不高，

---

① 数据来源：《21 世纪经济报道，第五批"小巨人"城市版图：山东总数全国第四，深圳苏州进位》，http：//www.qdcaijing.com/p/498869.html。

② 数据来源：《21 世纪经济报道，第五批"小巨人"城市版图：山东总数全国第四，深圳苏州进位》，http：//www.qdcaijing.com/p/498869.html。

制约了专精特新企业的增资扩产和上市发展计划。尤其是东莞市专精特新企业大部分属于中小企业范畴，而东莞市工业用地大部分向重大项目倾斜，若专精特新企业尚未启动融资，基本没有能力在东莞市拿地。二是研发投入压力较大。虽然近年来东莞市专精特新企业研发经费投入、研发经费增速保持连年增长态势，但是专精特新企业大多为中小企业，且研发活动存在技术开发风险，可能发生无法预见、无法克服的技术困难，导致企业在持续研发投入上存在一定顾虑。三是资金需求压力较大。根据问卷调查，东莞市专精特新企业自有资金不足问题比较突出。同时，相比深圳、苏州、无锡等先进城市，东莞市创投整体实力较弱，东莞国有创投机构投资市场化企业项目，基本是上市后备或成熟期项目，较少涉及初创期、发展期项目，容易导致优质项目流失。四是人才招引问题突出。根据问卷调查，80%的专精特新企业提出了人才问题。东莞专精特新企业大多是"B to B"企业，在细分市场的占有率很高，但在市场的知晓度不高，导致高端研发、管理人才难以招引；同时，东莞地处广深两座一线城市之间，人才流失率也较高。

三　东莞加快发展专精特新企业的建议

东莞应牢牢把握国家和省大力发展专精特新企业的战略机遇，依托东莞市雄厚的制造业基础和完善的产业配套，优化空间、政策、资金、人才、研发等资源供给，通过"内外兼修"全面加快发展专精特新企业。内优存量，全面引导中小企业向"专业化、精细化、特色化、新颖化"方向发展，不断提高全市专精特新企业的数量；大力推动现有专精特新企业技术创新、市场开拓、资本运作、增资扩产，不断提升企业规模和质量。外拓增量，全面优化扶持专精特新企业的环境，营造浓厚的发展氛围，吸引外地专精特新企业落户；大力完善专精特新企业服务体系，以服务单一企业逐步延伸至产业链其他环节，以点带面，以专精特新企业为原点逐步孵化产业。

（一）加大"小巨人"企业培育力度

一是建立"小巨人"企业培育库。进一步加强对东莞市专精特新企业的摸底调查，聚焦东莞市"4+5"产业集群，结合东莞市9条重点产业链"延链、补链、强链"实际，建立"小巨人"企业动态培育库，根据"小巨人"企业评价标准，遴选有优势、有潜力的企业入库，加以重点培育。二是健全完善政策措施。结合实际，制订东莞市"小巨人"企业培育行动计划，目前苏州等先进城市已经制订了"小巨人"企业培育计划，东莞市应在《加快培育发展"专精特新"企业的若干措施》的基础上，进一步明确将"小巨人"企业作为培育重点方向，制订东莞市专精特新"小巨人"企业培育计划，从技术创新、质量效益、品牌打造、数字化转型等方面完善政策措施，支持企业成为"小巨人"企业。三是强化部门协同。专精特新"小巨人"企业培育工作涉及工信、科技、发改、财政、自然资源、金融、人社等多个部门和各镇街（园区），要进一步发挥东莞市促进中小企业（民营经济）发展工作领导小组的统筹组织作用，加大部门协调力度，形成推动培育"小巨人"企业的工作合力。四是加强指导服务。通过召开政策宣贯会，依托"企莞家"平台宣传、建立申报企业交流群等多种形式，指导企业进行专精特新"小巨人"企业申报认定，将申报过程中企业反映较多的问题形成汇编，供镇街和企业参阅。特别是要指导企业对标专精特新"小巨人"企业的申报认定标准提前谋划，做好企业生产经营、研发、财务方面的规划，提高申报认定成功率。

（二）加大产业空间供给力度

一是加快推进专精特新产业园规划建设。密切跟踪目前试点的5个专精特新产业园的建设进展和企业招引情况，结合实际制定"一园一策"，推动政策尽快落地。要将专精特新产业园纳入东莞市战略性新兴产业基地政策体系，享受与基地同等的配套扶持政策，支持专精特新产业园申报省级以上园区认定。强化专精特新产业园建设，探索先租后卖、产权入股等空间供给模

式，定向供给专精特新"小巨人"企业、专精特新中小企业等优质中小企业，建立直通车制度。二是将省级以上专精特新中小企业的用地需求优先纳入供地计划，专门针对专精特新企业需求规划切分并供应一批中小工业地块，支持两家或以上省级以上专精特新中小企业组成联合体进行合作建设，对于专精特新中小企业满足自用需求后的富余产业用房，可以用于分割转让给其产业链合作企业。三是支持企业原地扩容，在符合规划、不改变用途的前提下提高工业用地容积率。向国家级专精特新"小巨人"企业出让土地时，所考核的投资强度与税收贡献等标准可适当调低。全市产业转型升级基地、新型产业用地（M0）、"工改工"等所有可实施产权分割销售的项目，面向专精特新中小企业实施产权分割转让及不动产权证办理时，可考虑放宽限制和考核条件。

（三）加大技术研发支持力度

一是鼓励专精特新企业创新产学研合作方式，联合高校、科研院所组建创新联合体，积极承担国家、省市重点科技计划项目，参与关键核心技术研发攻关，提升细分领域关键技术的研发创新能力。支持各级专精特新中小企业加大创新投入，申报各级重点研发计划，加强核心技术攻关。鼓励企业积极选择和广泛运用最新科技成果，提升专精特新中小企业集成创新要素和科技成果转化、产业化运用的能力。二是对专精特新企业技术需求进行摸底，建立关键核心技术攻关数据信息库，鼓励各类技术转移机构开展技术成果信息发布及供需对接服务，促进产业技术、专家团队和需求企业的精准对接。三是加强专精特新中小企业自主研发成果知识产权保护，指导企业在关键技术领域开展发明专利布局，建立核心技术专利池。支持专精特新企业参与全国企业标准"领跑者"工作，承办国际、国内标准化活动。支持专精特新企业加大两化融合、数字化投入，开展专业数字化服务，建设特色型、专业型工业互联网平台。

（四）加大人才培养引进力度

一是实施专精特新中小企业产业人才专项行动，加大对企业高端人才和技术工人培养引进支持力度。建立专精特新中小企业用工调度保障、就业服务专员机制，为企业招才引智搭建平台，为企业人才落户、住房、医疗、子女教育等方面提供更多支持。建立高校、职业院校挂钩服务专精特新中小企业工作机制，支持共建校企联合研发中心和人才实训基地，定期梳理专精特新中小企业急需紧缺人才需求，实施订单培养模式。二是推动建设一批工程师协同创新中心，为专精特新中小企业搭建高层次人才供给通道，支持企业开展急需紧缺的高层次人才自主举荐和挂榜引才工作。支持省级以上专精特新中小企业承担专业领域职业技能标准制定，赋予企业职称和职业技能自主评定资质。三是加快"三限房"（共有产权住房）试点建设工作，"三限房"分配应对专精特新中小企业人才提供优先支持。重点打造高端人才优质社区，营造吸引高端人才的微环境，营造尊崇人才的社会氛围。

（五）加大企业融资支持力度

一是推动东莞市各银行机构围绕专精特新中小企业需求，量身定制金融服务方案，打造专属信贷产品、加大信贷支持力度、优化相关服务，并从授信额度、利率、期限、放款速度、团队服务等方面实施差别化信贷支持。以"投贷担联动"模式开展专精特新企业客群全生命周期"股权+债权"金融服务，提供低利率、长期限、快审批、减费用等专属金融服务。支持银行机构依托"信易贷""粤信融""省中小融"等数据共享平台，对重点产业链形成风险画像和信用评价，加大对专精特新中小企业首贷、续贷和信用贷款的支持力度。二是持续优化中小企业风险补偿政策，及时将新认定的专精特新中小企业纳入贷款风险补偿白名单，提高中小企业贷款风险补偿比例。引导市属国企、专精特新产业园区所在镇街（园区）、行业龙头企业设立创业投资、科技产业投资基金，专注投资专精特新企业。

（六）充分利用资本市场

一是搭建专精特新中小企业上市培育服务平台，动态遴选一批专精特新企业纳入拟上市企业储备库，并开展"一对一"上市辅导服务，落实各项奖补政策，为企业上市提供"零距离"服务。深化与上交所、深交所、北交所以及香港联交所的合作，积极对接中介机构，常态化举办资本市场论坛、融资培训会等活动，向专精特新中小企业解读最新资本市场动态。二是大力解决专精特新中小企业上市、拟上市公司用地需求，支持专精特新上市公司开展横向并购和纵向并购，整合行业资源，发展总部经济。三是充分发挥政府产业引导基金作用，促进社会资本加大对专精特新中小企业的股权投资力度，引导各类投资机构扩大直接投资规模。

（七）推动产业链融通发展

一是把培育专精特新中小企业与做优做强产业链相结合，推动"链主"企业和专精特新中小企业通过产业纽带、上下游配套、分工协作和技术扩散等融通创新发展。鼓励"链主"企业发挥在行业协会和产业联盟中的影响力和主导力，牵头组织梳理上下游企业发展瓶颈和技术需求，参与制订补链、强链、延链计划，通过并购、引进、参股等方式，开展产业链垂直整合，提升产业链整合和供应链掌控力；鼓励专精特新中小企业专注核心业务，采取专业分工、服务外包、订单生产等多种方式，与"链主"企业建立长期稳定的合作关系，围绕"补链、强链"提高专业生产、服务和协作配套能力。二是支持专精特新中小企业开拓海内外市场，定期组织召开专精特新新品发布会，支持企业参加中国国际中小企业博览会、APEC（亚太经济合作组织）中小企业技术交流暨展览会等，综合运用首购、订购、推广应用等方式，促进专精特新中小企业开发创新产品。

（八）提升企业现代化治理能力

一是加强对专精特新中小企业经营管理人员培训，搭建企业家之间的交流平台，对专精特新企业开展有针对性的培训，着力提升制造业企业家对专精特新发展的认识和意识。依托"莞商学院",面向专精特新中小企业家,科学做好培训计划,积极对接国内一流大学培训资源,从新经济、新模式、新技术和企业管理等方面做好课程谋划编排,分类组织制造业、信息服务业、工业设计等专场培训,拓宽企业家视野、提升企业家能力、激发企业家精神。二是推进智能化数字化赋能专精特新中小企业发展,鼓励企业在生产流程、质量管理、运营管理、品牌培育、数字化云设计、个性化定制、供应链等方面运用数字化解决方案。支持专精特新中小企业实施数字化技术改造,建设智能工厂、智能车间,提高企业内部的生产管控和精益制造能力,提升智能制造水平,全面革新专精特新中小企业的生产能力和经营管理。

(九)营造浓厚发展氛围

一是加强对专精特新中小企业家的荣誉激励,可优先将专精特新企业负责人和先进人物作为各级劳动模范和先进工作者、"五一"劳动奖章或奖状、"三八"红旗手等评选人选,大力宣传获奖先进事迹,弘扬企业家精神和工匠精神。二是搭建专精特新企业政企互动平台,由市领导挂帅为企业解决问题。建立专精特新企业服务专员制度,为企业提供"一对一""长期稳定"的服务,协助企业及时对接政府解决问题。三是加大宣传推广力度,高度重视专精特新企业的培育工作,从制定政策、加强宣传、深化服务、增强意识等方面营造良好的发展氛围。运用各级各类媒体做好专精特新中小企业培育政策措施的宣传和推广,及时总结专精特新中小企业培育工作,挖掘专精特新中小企业发展成果,树立典型标杆,推广成长经验。运用新媒体对典型案例开展专题宣传,引导带动全市中小企业高质量发展。

参考文献

曹虹剑、张帅、欧阳峣、李科:《创新政策与"专精特新"中小企业创新质量》,《中国工业经济》2022 年第 11 期。

毛军权、敦帅：《"专精特新"中小企业高质量发展的驱动路径——基于 TOE 框架的定性比较分析》，《复旦学报（社会科学版）》2023 年第 1 期。

谢菁：《我国"专精特新"企业支持政策的现状、不足与优化建议》，《科技管理研究》2023 年第 3 期。

胡海峰、窦斌：《产业链安全视角下专精特新企业培育的现状、挑战与对策》，《中州学刊》2023 年第 2 期。

张司飞、陈勇岐：《"专精特新"中小企业创新绩效提升路径研究》，《科学学研究》2024 年第 4 期。

王彦林、王莉：《新发展格局下"专精特新"企业创新能力提升的困境与出路》，《当代经济管理》2023 年第 9 期。

朱硕彦、孙学华、沈丽娟：《宁波专精特新"小巨人"企业发展研究》，《三江论坛》2023 年第 8 期。

杨兵杰：《专精特新"小巨人"企业产业链韧性提升路径研究》，《中国经贸导刊》2024 年第 3 期。

B.17
东莞创新型企业培育研究

孔建忠　王静雯*

摘　要：　站在"双万"新起点上，东莞提出"科技创新+先进制造"的城市定位，积极构建"科技型中小企业—高新技术企业—瞪羚企业—百强企业"的创新型企业培育梯队，引领全市加快向科创制造强市迈进。本文全面梳理分析东莞市 2019 年以来培育发展创新型企业的工作成效和存在的不足，指出东莞培育创新型企业存在挖掘增量的边际效益逐步减少、创新体系积累能量不足、基层服务意识水平不够、与其他城市相比企业招引力度不足等问题，应从协同贯通用活"政策包"、梯度培育夯实"蓄水池"、平台赋能拓展"服务圈"等维度，谋划东莞迈入新发展阶段培育创新型企业体系的实施路径和方法，助力传统优势产业转型升级和战略性新兴产业快速发展。

关键词：　瞪羚企业　梯队培育　融通发展　创新型企业

瞪羚企业是科技创新型企业的典型代表，也是推动经济高质量发展和科技创新的新引擎。立足于"双万"新起点，东莞市进一步培育和深度服务科技企业，实施创新型企业①梯队培育工程，重点遴选创新能力强、成长速度快、发展潜力好的 247 家高新技术企业评定为瞪羚和百强企业，积极构建"科技型中小企业—高新技术企业—瞪羚企业—百强企业"的创新型企业梯队，引领全市加快向科创制造强市迈进。

---

* 孔建忠，东莞市电子计算中心高级经济师，主要研究方向为科技创新与区域发展；王静雯，大湾区大学（筹）助理研究员，主要研究方向为新闻与传播。
① 根据《东莞市培育创新型企业实施办法》（东科〔2020〕44 号），本文提及的创新型企业主要指以高新技术企业为基础，遴选认定的一批瞪羚企业和百强企业。

一 高新技术企业培育打下坚实基础

自 2015 年开始，东莞将创新驱动作为发展核心战略，陆续出台了《东莞市高新技术企业"育苗造林"行动计划（2015—2017）》《东莞市高新技术企业树标提质行动计划（2018—2020 年）》等规划措施，促进高新技术企业培育和发展。2023 年全市高新技术企业超 10100 家，比 2015 年（985家）增加了 9000 多家，实现高质量发展。

（一）制定一体化配套政策体系

为推动高新技术企业群体持续发展壮大，东莞立足于制造业优势基础，结合产业发展不同阶段，相继出台一系列配套政策和实施细则。在企业培育方面，出台了《东莞市高新技术企业"育苗造林"行动计划（2015—2017）》《东莞市高新技术企业树标提质行动计划（2018—2020 年）》；在研发孵化方面，出台了《东莞市加快新型研发机构发展的实施办法》《东莞市促进企业研发投入的实施办法》《东莞市加快科技企业孵化器建设的实施办法》；在服务保障方面，出台了《东莞市促进科技服务业发展的实施办法》《东莞市专利促进项目资助办法》等，形成链条式、周期化的政策包，持续培育具有东莞特色的高新技术企业集群，进一步夯实产业高质量发展的根基。

（二）集聚多层次创新要素资源

为促进高新技术企业梯队持续快速发展，东莞靶向发力，精准服务，开展量身定制的培育工作。一是加大研发投入扶持力度。实施普惠性资金补助，支持企业以研发准备金的方式不断加大研发投入。二是加大知识产权保护力度。围绕知识产权创造、运用、保护、管理等综合能力建设，给予阶梯式奖励。三是落实落细各项优惠政策。比如，实施研发投入加计扣除、企业和人才所得税减免等，提供专业便捷的税收办事流程服务，让企业安心搞研发、专心做事情。

（三）强化全方位服务保障

一是以联系制度提高思想认识。建立全市高新技术企业培育工作联系会议制度，针对入库培育、申报流程、认定培训等具体事项开展专题培训，提高企业对高新技术企业申报认定的熟悉度。二是以工作机制提升协调效率。在镇街领导班子考核指标中，增设高新技术企业培育发展情况细分指标，建立"镇街包干、部门协同"的联动机制。三是以调动资源力量形成多方参与局面。建立专职工作队伍，通过业务培训、经验交流、参观学习等多种方式，提高基层队伍专业素质和能力；推动行业协会和社会组织共同开展政策宣贯、咨询培训、调研交流等服务，指导企业熟悉申报的"硬门槛"，协助企业快速"拎清"申报的核心点，让企业更好地开展申报工作，让政府部门更好地掌握企业发展底数。

二　创新型企业快速壮大发展

截至 2023 年底，全市共有瞪羚和百强企业 247 家，其中百强企业 113 家、瞪羚企业 134 家。从镇街分布来看，松山湖高新区、东城街道、寮步镇创新型企业最多，分别有 51 家、22 家、17 家（见图 1）。①

（一）支柱产业领域集中分布

从高新技术所属领域来看，在电子信息、先进制造与自动化、新材料等领域呈现集中分布的情况。如在半导体及集成电路领域，天域半导体掌握了全球领先的外延材料缺陷密度和均匀性控制技术；在工业机器人领域，本润机器人的谐波减速器作为机器人核心部件，其精度和质量稳定性等方面稳居国内领先地位，媲美日本制造水平；在光通信领域，福可喜玛科技是国内第一家 MT/MPO 插芯领域领先企业，填补国内空白。

---

① 数据来源：《东莞科技创新发展报告（2022~2023）》。

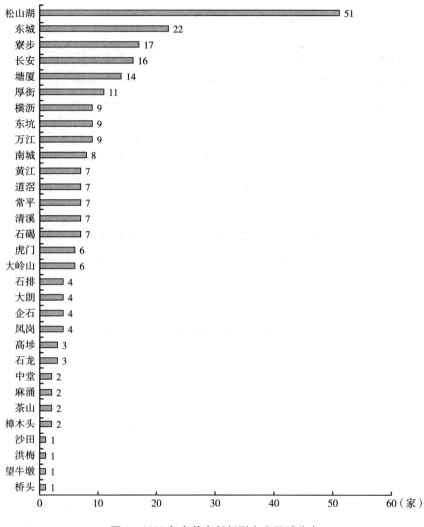

图 1　2023 年东莞市创新型企业区域分布

（二）经营指标稳中有升

近年来，面对国内外复杂环境影响，东莞市瞪羚和百强企业持续保持稳定增长，有效应对冲击和变化。根据调研中不同产业领域具有代表性的 98家企业的反馈数据，2023 年共有 55 家企业营业收入实现正增长。其中，实现"倍增式"增长（增幅 100% 以上）的企业有 5 家，实现"跃升式"增长（增幅 50%~100%）的企业有 4 家，实现"高速式"增长（增幅在 25%~50%）的企业有 10 家，实现"平稳式"增长（增幅在 25% 以内）的企业有 36 家（见图 2）。①

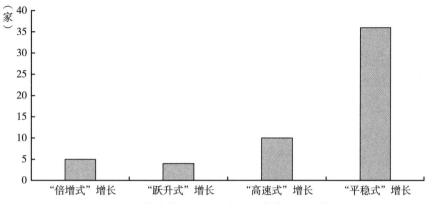

图 2　2023 年东莞市创新型企业经营收入增长情况

（三）研发要素投入持续增强

围绕"科技创新+先进制造"城市定位，东莞市创新型企业持续加大各类研发要素投入。研发投入方面，2023 年创新型研发投入同比增长 28.5%，R&D 经费占 GDP 的比重为 5.35%。产学研合作方面，创新型企业已与华南理工大学、西安电子科技大学、华中科技大学等 76 所知名高等学校开展具体项目联合攻关。研发机构方面，共有超过 250 家，建有全市唯一的国家级工程中心——依托生益科技建设的国家电子电路基材工程技术研究中心。

（四）上市企业板块加速扩容

瞪羚和百强企业凭借行业领先的创新能力，逐步成为东莞市资本市场上市的主力军。2023 年共有 12 家创新型企业在资本市场挂牌上市（见表 1）。

---

① 数据来源：《东莞市创新型企业服务工作报告》。

此外,熵基科技、鸿铭智能、鼎泰高科、澳中新材料、优邦材料、远锋科技、瑞勤电子、铭基高科、长江智能等一批企业已进入上市程序,创新型企业的培育正加速推进"东莞板块"上市企业持续扩容。

表1　2023年东莞市创新型企业挂牌上市情况

序号	企业名称	上市板块
1	易事特集团股份有限公司	深交所主板
2	广东利扬芯片测试股份有限公司	上交所科创板
3	广东正业科技股份有限公司	深交所创业板
4	广东众生药业股份有限公司	深交所主板
5	楚天龙股份有限公司	深交所主板
6	胜蓝科技股份有限公司	深交所创业板
7	广东奥普特科技股份有限公司	上交所科创板
8	开普云信息科技股份有限公司	上交所科创板
9	奕东电子科技股份有限公司	深交所创业板
10	东莞市本润机器人科技股份有限公司	新三板
11	广东天元实业集团股份有限公司	深交所主板
12	广东安达智能装备股份有限公司	上交所科创板

资料来源:企业年报等相关信息。

三　创新型企业培育体系构建

经过五年多的培育和发展,东莞高新技术企业在数量上实现倍增式增长。但从质量上来看,具有代表性和引领性的企业数量不多,对产业链条的带动作用以及产业结构优化的支撑作用不强,高新技术产业仍处于价值链条的中低端位置,战略性新兴产业规模有待进一步提升。从高新技术企业基本盘中挖掘具有科技创新能力强、发展后劲足、引领示范效应大等特点的企业,树立一批典型标杆,以点带面、串珠成链,从而辐射带动高新技术企业量质双升,成为东莞发展的最迫切任务。基于此,东莞在2020年提出了实施创新型企业培育计划。以建设国家创新型城市为契机,出台了《东莞市培育创新型企业实施办法》等一系列政策，构建"高新技术企业—瞪羚企业—百强企业"的培育梯队，遴选出具备创新能力、成长速度、发展潜力的百强创新型企业，不超过 500 家成立时间短、爆发性增长的瞪羚企业，争取在领军企业、骨干企业、初创企业等企业发展全生命周期，培育一批高科技企业集群。

（一）细化遴选条件

借鉴国内先进地区同类型创新型企业认定标准，东莞坚持以高标准为起点，重点从创新研发、产品领域、盈利模式等方面进行指标选定。从类型方面来看，设置百强企业和瞪羚企业两大类别。从重点支持产业领域来看，主要支持新一代电子信息、高端智能装备、新材料、新型储能、生物医药等战略性新兴产业。从创新研发投入来看，申报百强企业或瞪羚企业研发投入占GDP 的比例都不低于 5%。从知识产权来看，申报百强企业须有 3 件以上核心技术发明专利，申报瞪羚企业须有 1 件以上。从盈利模式来看，申报百强企业前一年度营业收入须达到 2000 万元，申报瞪羚企业则须达到 1000 万元。从成立时间来看，申报百强企业没有限制，申报瞪羚企业须成立不超过 10 年。

（二）注重特色因素

为更好地发现和挖掘具有发展前景的潜力企业，东莞在固定遴选条件的基础上增加了特色遴选因素。比如，建有经国家相关部门认定的重点实验室、工程研究中心、技术创新中心、临床医学研究中心、工程技术研究中心、企业技术中心等国家级研发机构；承担过科技重大专项、重点研发计划项目等关键核心技术攻关项目；研发投入可加计扣除额超过 5 亿元等科创研发投入突出；已列入市后备上市企业名单；等等。

（三）创新评价流程

为确保遴选评价的科学性、全面性、客观性，东莞科技部门充分调动社会各界力量共同参与，依托所属镇街政府部门、行业专业组织、知名投资机

构、权威专家学者等，申报阶段创新采用"属地推荐+行业提名"的方式，遴选阶段创新采用"书面评审+答辩评估+现场考察"的方式。结合申报的企业类别，各环节侧重点有所不同。书面评审阶段重点评估企业技术创新点和营运财务状况，综合考虑各项量化指标进行全面评分。答辩评估阶段重点考察关键技术、核心产品和研发团队等情况。现场考察阶段重点对企业研发环境、生产车间、经营条件等进行评分。

四　创新型企业培育模式分析

东莞市科技部门牢牢把握科技企业培育这一关键抓手，在关键核心技术研发、人才团队引育、科技金融投资、创新要素配置等方面探索实施分类施策，力求打通企业创新发展的痛点和堵点。

（一）梯度培育，精准补助

立足于将东莞高新技术企业数量优势转变成发展优势，实施创新型企业培育计划，东莞市印发《培育创新型企业实施办法》。根据创新型企业不同发展阶段的需求分类别给予扶持，对首次营业规模 5000 万元、2 亿元、10 亿元的高新技术企业给予最高奖励 50 万元；对百强企业、瞪羚企业上年度经税务部门核定可加计扣除的研发费用按最高不超过 5% 的比例进行补助，市级财政资助总额分别不超过 100 万元、50 万元。2021 年，共有 58 家创新型企业获得研发投入补助约 3000 万元；2022 年，共有 113 家创新型企业获得研发投入补助约 4000 万元；2023 年，共有 238 家创新型企业获得研发投入补助约 4600 万元，有效发挥引导创新型企业加大创新投入、推动创新型企业快速成长的促进作用。

（二）一企一策，靶向服务

以"企业是创新的主体"为出发点，联动支援支撑平台，以专班形式组建服务团队，从建设研发体系、培育梯度队伍、推进成果转化等层面，每季度实地走访调研服务企业，了解企业最新经营动态、存在的困难和问题以及发展计划等动态信息，以列清单的方式制定"一企一策"服务方案，为企业提供贴身有效的服务。通过近两年专项服务，创新型企业普遍反馈此举有助于进一步推进产业链创新合作，实现企业间成果转化交流服务。比如，推动优邦材料与黄埔材料研究院合作，拟接洽海思芯片封装底胶研发等；推动德聚胶接与汕头大学、华井生物与华南农业大学、优邦材料和广州大学等开展研究生培育、校企产学研合作；为瑞勤电子寻找半导体领域高端人才，开展省市工程中心建设；协助海丽化学对接广东省化工学会，承办现代橡胶行业高峰论坛及大湾区科研成果展等。

（三）人才引育，共生共荣

加快推动人口优势转变为人才优势，通过塑造更好的平台，提供更优的服务，引导和支持企业加大人力资本投入、构建良好人力关系、提升和释放人力效率，综合提升人才人力效能。根据调研企业需求，大部分企业反应在高层次人才招引、技能人才招聘以及人才素质提升等方面具有强烈的需求。一是激活调动特色平台作用。充分发挥名校研究生培育发展中心平台、科技特派员计划等优势，从高校院所遴选专业人才到企业开展科技服务，打通企业人才引育、科研对接的通道。截至2022年底，共协助26家创新型企业引进研究生超过180人，为企业完善人才培育梯队输入新鲜血液。二是联动本土高校资源。围绕企业提出的技能人才招聘需求，组织了奕东电子、鸿铭智能、大普通信、东翔电子及华井生物等9家创新型企业与东莞市技师学院召开座谈会，企业就技能型人才培养及招聘事宜与技帅学院展开交流洽谈及合作事项。三是构建人才素质提升体系。为进一步满足科技创新对技术人才的需求，积极向省、市人力资源部门争取下放承接职称评审权限，分别依托市新一代人工智能产业技术研究院和市电子计算中心，组建了工程系列人工智能专业副高级职称评审委员会和自然科学研究系列情报科学专业中级职称评审委员会，为构建多层次专业技术人才培育体系提供精准服务。

（四）金融助力，协同联动

综合运用科技计划项目、科技金融等一揽子科技政策，打出金融"组合拳"，为创新型企业解决融资难等问题。比如，统筹利用贷款贴息、科技保险、风险投资等多种方法，引导金融机构支持创新型企业发展。相关部门协同市金融工作局联合开展后备企业的走访考察，德聚胶接、瑞勤电子、益诚自动化、大研自动化等企业经推荐申报后被纳入后备上市企业；积极配合市金融工作局举办科创资本班，提供丰富、前沿、具有实操性的资本市场咨询信息，帮助企业理清思路、解决困难。

（五）整合资源，组合创新

在完善科技企业孵化体系中，市科技部门不断优化整合科技创新的资源力量，大力推进新型创业孵化载体的建设。一方面，依托香港科技大学研究团队，建设松山湖国际机器人产业基地，以"基地+基金"的方式链接包括香港地区在内的国际知名高校、科研院所、投资基金等创新要素，开展机器人及相关行业的创业孵化。基地累计孵化创业实体80个，总产值超过35亿元，培育了逸动科技、松山智能、云鲸智能等一批高成长性企业。另一方面，推动松山湖国际创新创业社区建设，以"园区、校区、社区"三融合的模式整合资源，推进完善人才、科研、交流、商业等配套，制定专项政策、设立科研仪器设备共享平台、天使投资基金，开设创新训练营、技术经理人培训班，打造政府主导的低成本空间，承接优质科技项目落地转化。此外，还吸引了中国科学院声学所东莞电声产业基地、东莞市集成电路创新中心等创新综合体项目落户，创新活力日益凸显。

五 创新型企业培育存在问题

（一）挖掘增量的边际效益逐步减少

瞪羚和百强企业遴选认定的基础是高新技术企业这个基本盘。在早期培育发展的奖励政策刺激下，由于基数小等多重因素叠加，东莞高新技术企业经历了跨越式的高速增长。当前，东莞培育高新技术企业的主要措施仍然以结果为导向，参照认定标准和条件的要求，只要企业达到拥有专利、员工数量达标的门槛就可被纳入后备培育库，开展动态跟踪管理和服务。在走访调研过程中，不少镇街（园区）具有发展潜力的企业基本已成为高新技术企业，现有后备培育库数量已接近触底，继续以现有方法深挖新增高新技术企业难度很大。综合来看，现有高新技术企业培育体系的红利已接近尾声，难以再有较大量级的增长。

（二）创新体系积累能量不足

一是企业运营效果有待改善。东莞高新技术企业规模普遍偏小，经营净利润不高，部分企业创收能力比传统企业还低。二是创新引领能力有待提升。高新技术企业核心在于"高"与"新"，关键在于能够带动产业链条不同环节创新发展，但东莞高新技术企业群体的技术和产品尚未体现出上述两个特点。三是协同创新程度有待加强。目前大多数企业仍处于单打独斗的局面，竞争大于合作，整体抵抗风险能力不足，无法形成链条式创新合力。四是发展路径有待与时俱进。据统计，东莞市支柱产业和特色产业中，有3000多家规模以上非高新技术企业。部分优势传统行业的企业依然坚持以"增量"为标准的企业成长路径和思维，缺乏系统认识理解科技创新的强大动能，有待适应新时代企业成长周期规律。

（三）基层服务意识水平不够

首先，部分基层镇街大局意识和整体思维有待加强。由于机构改革等因素影响，大部分镇街没有设立专门负责科技工作的部门，相关管理部门基本上与工信、投促等业务部门合署办公，这不仅导致专职队伍人员的缺乏，而且与税务、环保、市场监管等部门缺乏有效沟通渠道，动态数据往往无法同步共享，造成条块分割的被动局面。其次，工作推进方法和措施缺乏多元化。部分镇街仍坚持以资金补贴为导向，以开展政策宣贯为手段，没有制定

可持续、有针对性的配套政策措施，缺乏对培育库企业的实际需求的深入了解。再次，服务深度和广度缺乏常态化和特色化。部分镇街仅仅针对现有企业进行培育发展，对前端的众创空间、孵化器等平台建设缺乏重视，对后端的科技金融支持等业务缺乏了解。

（四）与其他城市相比企业招引力度不足

以科技创新引领产业创新，已成为近年来国内各大城市的首要工作，特别是长三角和中部重点城市。而高新技术企业是科技创新的主力军，各地都在这方面下大功夫。一是发挥资金奖励引导作用。当年申报通过高新技术企业认定的，杭州资助金额为60万元，南京为30万元，而东莞只有3万元；当年重新通过认定的，南京资助金额为20万元，佛山为8万元，东莞只有1万元。二是大力招引企业整体搬迁。在有效期内整体迁入的高新技术企业，武汉奖励金额为50万元，南京为30万元，佛山为10万元，东莞在这方面则没有进行奖励。以2021年为例，据新一线研究所发布的数据，南京在吸纳迁入高新技术企业的城市中排首位，年增长率从16%猛增至169%。最活跃的一条搬迁路径是北京—南京，占北京全部迁出的高新技术企业的52%。主要原因在于搬迁奖励、免租创业空间、科技信贷和公共配套服务等方面。

六　构建全链条培育体系路径探析

（一）协同贯通用活"政策包"

1.细化完善政策支撑体系

一是拓展资金资助范围。在充分考虑财政资金收入以及各方面支出的前提下，适度增加高新技术企业认定通过的资助额度，增设引进异地搬迁的高新技术企业资金奖励。二是落细用活税收优惠政策。以专业服务团队协助后备库企业积极申报研发费用税前加计扣除、技术引进等税收优惠，切实让企业享受政策红利。三是强化知识产权保护。优化专利奖励资助制度，重点提升具有突破性的发明专利产出，组织行业协会、专业机构联合参与企业培育全过程，提供专业化的知识产权服务。

2.打造宽领域协同机制

一是建体系。搭建"市—镇—村"纵向联动的组织服务体系，以加强基层科技工作力量为着力点，以专项资金、专人负责、专业指导为发力点，争取提高业务水平、提增行动计划、提升培育效能。二是明职责。市一级负责统筹谋划，制定全市创新型企业培育行动计划，开展"一对一"挂点指导工作；镇一级负责主体服务，及时跟进高新技术企业培育工作进展，全面摸排科技型中小企业底数，建立企业发展情况和数据台账；村一级负责属地服务，完善水电等公共配套设施、深入企业一线开展优惠政策宣贯、加强所属工业园区环境建设等。

（二）梯度培育夯实"蓄水池"

坚持以构建"科技型中小企业—高新技术企业—瞪羚企业—百强企业"的创新型企业梯队为导向，从培育链条前端入手，充分挖掘科技型中小企业和高新技术企业潜力，以规模以上非高新技术企业和外资企业为核心服务目标，以智能化、规范化、科学化为服务原则，量身定制，打好培育"组合拳"。

1.搭建创新型企业培育库

制定瞪羚企业培育库入库条件，进一步扩大培育范围，加大高成长性科技企业储备力度，鼓励镇街（园区）按标准对高成长性企业进行筛选，给予入库企业支持；推动镇街（园区）关注和服务快速成长的创新型企业，强化市镇联动支持科技企业做大做强，促进项目、技术、资本等各类创新要素向瞪羚企业培育库、瞪羚与百强企业集聚，推动创新型企业为全市经济稳增长持续输出创新能量。

2.筛选重点培育目标

目前，东莞现有存量高新技术企业主要集中在电子信息、新材料和先进制造等新兴产业领域，而规模以上非高新技术企业主要集中在电子信息、高

端装备、塑胶制品、纺织服装等传统产业领域，相当一部分属于外资企业，这些企业大多经历多年发展，建立了完善的内部管理体系，可以说培育发展的空间较大。因此，可重点考虑加强对外资企业申报认定高新技术企业的指导服务工作，充分发挥产业规模促进初创期科技型企业快速成长的作用，将规模以上非高新技术企业和规模以上外资非高新技术企业作为重点培育目标，调整优化入库培育门槛条件，扩充培育库的数量规模，推动其通过增加研发投入和开展技术改造，向高新技术企业迈进。

3. 全周期开展培育辅导

结合全市规模以上企业数量大、创新能力弱等特点，以行业分类和技术领域为标准进行分门别类、精准施策。一是查底数，建机制。协同工信、税务、生态环境、市场监管等经济线部门开展全覆盖式摸排工作，集中搜集企业经营状况、研发投入、人员团队、科研项目等主要经营财务指标，对这些基础数据进行建档造册。按照"先易后难、稳步推进"的工作原则，推动传统规模以上企业高新化，构建"发现一批、服务一批、推出一批、认定一批"的培育机制。二是定计划，做服务。结合各类型企业发展情况，量身打造个性化培育方案，协助企业有序推进研发投入、专利开发、人才储备等工作。坚持以问题为导向，对标高新技术企业认定标准排查企业短板，开展"一对一、面对面"服务，针对"研发费用占比不高"等重点问题精准发力，协同专业服务机构，直奔企业开展面对面指导，协助企业做好研发费用专账归集等工作，提高认定申报工作质量。

4. 个性化开展培育引导

结合外向型经济的特点，向纵深挖掘全市外商投资企业的发展潜力。一是持续优化营商环境。以出台《东莞市支持内外贸一体化高质量发展实施细则（试行）》为契机，不断打造市场化、法治化、国际化营商环境，持续做好外资企业申报认定高新技术企业的服务指导工作，稳定外资高新技术企业群体的信心，通过以商带商的方式，引导更多外资企业向高新技术产业发展。二是打通政策落地最后一公里。发挥市外商投资协会等社会组织的聚集作用，针对外资企业在申报认定高新技术企业过程中存在的难点和堵点，开展政策宣讲和申报指导，确保外资企业能够真正了解政策、掌握方法、有效申报。三是加强分析研判。在持续复杂多变的国际环境下，外资企业面临着诸多不同方面、不同程度、不同层次的新挑战，要持续加强对这些新形势和新特点进行剖析研判，推出切实可行的应对措施和解决方案，为外资企业扎根东莞、健康发展纾困解难。

（三）平台赋能拓展"服务圈"

1. 提升培育服务专业能力

一是搭建综合性培育服务平台系统。建立创新型企业后备库经营状况监测系统，动态掌握企业最新发展情况，及时发现问题和困难，专人跟进政策咨询、技术转移、投融资匹配等服务。利用人工智能等技术加快构建产业数字化发展生态，为入库企业获取和应用各类数据提供便捷，支撑企业推进数字化转型升级。二是提升科技中介机构服务效能。调动整合会计、税务、法律、知识产权等专业领域的社会中介服务力量，以制定服务准则、强化专业培训、评估标准和负面清单等方式，不断提升中介机构技术层面的具体服务能力。

2. 大力对外招引高新技术企业

一是描绘科技招商全景图。立足于全市重点发展的战略性新兴产业方向，全面梳理现有高新技术企业分布情况，绘制各细分领域重点招商的突破口和发力点。二是创新招商特色方法。建立科技招商立体联动机制，由市级科技部门开展资源搜集挖掘、项目资源对接、需求供给匹配等事务，镇街科技部门积极建设一批创新创业综合体等低成本产业空间，适当配套一定比例资助资金，推动产业项目快速上马建设。三是开展全过程服务。探索成立战略性新兴产业发展支援服务中心，建立专门以科技为导向的招商服务专班团队，保障科技招商工作成效。

3. 突破培育品牌打响方式

高规格发布瞪羚企业榜单，加大对瞪羚企业培育宣传力度，树立创新发展新典型，提高东莞瞪羚企业知晓度，吸引社会力量关注东莞瞪羚企业；深化"政府搭台、机构唱戏"措施,高层次举办瞪羚企业活动,引导市场资源向科技早期独角兽企业集聚,引导社会力量"扶早、扶小,投早、投小"赋能瞪羚企业发展,为东莞市"小巨人"企业、上市企业、独角兽企业培育提供优质企业种苗。

4.搭建瞪羚荟交流平台

突破现有科技企业服务渠道和方式,建立瞪羚荟交流平台,精准锁定国内瞪羚企业,通过政企对接会、瞪羚荟交流活动等,"走出去"对接市外瞪羚企业,争取招引一批优质企业落户东莞;邀请瞪羚企业"走进来",通过交流平台链接市场资源,为瞪羚企业找技术、找资金、找市场、找人才、找场地,营造有利于科技企业发展的优质育成环境。

参考文献

孔建忠:《"双区"建设背景下推动东莞数字经济高质量发展研究》,《科学发展研究》2022年第5期。

孔建忠:《粤港澳大湾区建设金融离岛的思路探析》,《财经与市场》2022年第4期。

东莞市电子计算中心:《东莞科技创新发展报告(2021~2022)》,社会科学文献出版社,2022。

王晓丹:《高新技术企业培育的新模式探究》,《商业观察》2021年第10期。

郑文韬:《国家级高新区高新技术企业培育体系建设研究——以济南高新区为例》,《科技经济导刊》2021年第23期。

张英:《宜宾市高新技术企业发展现状及对策思考》,《宜宾科技》2020年第1期。

施文全、司聪:《苏州高新技术企业发展现状及对策研究》,《企业科技与发展》2021年第6期。

B.18
东莞市营商环境的测度与对企业
高质量发展的影响研究

张志民*

摘　要： 本文通过构建包括要素资源环境、市场交易环境、政务服务环境、科技创新环境、公共配套环境在内的营商环境评价指标体系，选取全国GDP超万亿元的24个城市进行对比测度，对东莞营商环境的状况进行系统的量化评价分析。通过测度，当前东莞营商环境综合指数位居第21，高于东莞的GDP排名（第24位），但与北京、上海、深圳等国内发达城市相比，还有显著差距，存在劳动力素质总体偏低、土地资源瓶颈突出、投融资环境有待优化、生产性服务业发展滞后、公共配套服务供给不足等主要问题和短板。东莞要按照经济高质量发展的要求，根据高端产业资本、要素资源的实际需求，完善重点产业优质企业扶持政策体系，加大高素质人才培育招引力度，全面优化企业研发创新环境，加快发展生产性服务业，提升公共配套服务质量水平，从而加快构建市场化、法治化、国际化营商环境，重塑营商环境新优势，增强经济社会发展的动力和活力。

关键词： 营商环境　配套服务　东莞

一　营商环境评价指标体系的构建与测度

本文构建了一套城市营商环境评价指标体系，通过对万亿元GDP城市的测算，对东莞营商环境的状况进行系统的量化评价分析。

---

* 张志民，博士，东莞市社会科学院助理研究员，主要研究方向为产业经济、区域经济。

（一）营商环境评价指标体系的构建

基于现有的理论研究，考虑到数据的可得性、完整性、可度量性、可表征性，本文从企业投资和发展的角度，建立了包括要素资源环境、市场交易环境、政务服务环境、科技创新环境、公共配套环境指标的营商环境评价指标体系（见表1）。

表1　营商环境评价指标体系

一级指标	二级指标	三级指标
要素资源环境(20)	劳动力资源(30)	15~59岁人口占比(%)
	劳动力素质(30)	平均受教育年限(年)
	土地资源(40)	土地开发强度(%)
市场交易环境(20)	金融服务(40)	金融业增加值占GDP比重(%)
	物流服务(30)	快递业务量(亿件)
	商贸服务(30)	批发零售业占GDP比重(%)
政务服务环境(20)	行政服务支出(50)	一般公共服务支出占财政支出比重(%)
	政商关系(50)	政商关系健康指数
科技创新环境(20)	全社会研发投入(40)	R&D支出占GDP比重(%)
	政府科技投入(30)	科技创新支出占财政支出比重(%)
	科技创新产出(30)	每万人发明专利授权量(件)
公共配套环境(20)	医疗服务(35)	每万人执业医师数(人)
	教育服务(35)	普通中小学生师比
	文化服务(30)	人均公共图书馆藏书量(册)

注：括号内为指标权重。

（二）测度方法

当前权重计算方法主要包括变异系数法、熵值法、层次分析法等，本文选取较为稳健的德尔菲法设置权重体系，对营商环境评价指标体系进行测度。由于各项评价指标计量单位不相同，因此，需要对三级指标进行无量纲化处理，再根据所属权重加权求得上一级指标。正向、逆向指标的计算方法如下。

正向指标：

$$y_{ij} = \frac{x_{ij} - x_{i\min}}{x_{i\max} - x_{i\min}} \times 100$$

逆向指标：

$$y_{ij} = \frac{x_{i\max} - x_{ij}}{x_{i\max} - x_{i\min}} \times 100$$

在得出三级指标指数得分后，再乘以相对应的权重，逐级汇总，最后得出各一级指标指数。

（三）测度结果

根据上述测度方法，最终得出万亿元 GDP 城市的营商环境的各项指数和综合指数。

1. 要素资源环境指数

如表2所示，在万亿元 GDP 城市中，要素资源环境指数排名前5的城市是武汉（70.25）、广州（70.10）、西安（67.48）、南京（66.27）、北京（65.57）。武汉、广州是全国大学生人数排在前2位的城市，劳动力资源丰富且素质较高，同时土地开发强度相对较低，因此，要素资源指数较高。东莞劳动力数量充足，但由于人才结构水平仍相对较低，同时土地开发强度过高，要素资源指数居第20位（44.01），相对较低。

表 2　万亿元 GDP 城市要素资源环境指数排名

排名	城市	要素资源环境指数
1	武汉	70.26
2	广州	70.10
3	西安	67.48
4	南京	66.27

续表

排名	城市	要素资源环境指数
5	北京	65.57
6	郑州	63.02
7	苏州	61.16
8	天津	60.59
9	杭州	60.21
10	上海	58.75
11	济南	56.07
12	宁波	54.92
13	成都	52.53
14	青岛	52.16
15	深圳	50.75
16	无锡	49.70
17	重庆	48.75
18	长沙	45.83
19	福州	45.51
20	东莞	44.01
21	佛山	41.49
22	合肥	38.46
23	南通	37.86
24	泉州	31.79

2. 市场交易环境指数

如表3所示，在万亿元GDP城市中，市场交易环境指数排名前5的城市是上海（63.34）、广州（59.54）、深圳（51.20）、北京（46.08）、青岛（36.23）。上海、深圳是全国的金融中心，广州、深圳是全国快递业务量最多的城市，因此市场交易体系的便捷、完善程度远超其他城市。东莞由于金融业、商贸服务业发展相对滞后，市场交易环境指数居第23位（14.83），仅高于佛山（5.36）。

表3　万亿元 GDP 城市市场交易环境指数排名

排名	城市	市场交易环境指数
1	上海	63.34
2	广州	59.54
3	深圳	51.20
4	北京	46.08
5	青岛	36.23
6	天津	34.52
7	无锡	34.34
8	杭州	31.98
9	济南	31.96
10	成都	30.21
11	福州	29.84
12	南京	27.67
13	苏州	27.33
14	郑州	25.22
15	宁波	25.00
16	合肥	23.99
17	泉州	23.26
18	重庆	20.76
19	长沙	20.65
20	武汉	20.42
21	西安	20.18
22	南通	15.11
23	东莞	14.83
24	佛山	5.36

3. 政务服务环境指数

如表4所示，在万亿元 GDP 城市中，政务服务环境指数排名前5的城市是上海（92.75）、天津（71.88）、北京（69.83）、武汉（67.91）、无锡（67.80）。这几个城市的政商关系排在全国前列，同时一般公共服务支出占财政支出比重较低，意味着行政成本相对较低、行政服务效能相对较高。东莞居第17位（47.62），高于东莞的 GDP 排名，相对较佳。

表4 万亿元 GDP 城市政务服务环境指数排名

排名	城市	政务服务环境指数
1	上海	92.75
2	天津	71.88
3	北京	69.83
4	武汉	67.91
5	无锡	67.80
6	福州	64.43
7	宁波	64.34
8	杭州	63.64
9	深圳	61.14
10	济南	57.68
11	合肥	57.20
12	青岛	57.01
13	广州	54.37
14	成都	53.97
15	郑州	53.86
16	苏州	47.71
17	东莞	47.62
18	重庆	47.45
19	南京	46.72
20	西安	39.39
21	泉州	33.11
22	长沙	32.73
23	佛山	23.77
24	南通	11.85

4. 科技创新环境指数

如表5所示，在万亿元 GDP 城市中，科技创新环境指数排名前5的城市是北京（80.53）、深圳（68.06）、合肥（52.82）、杭州（45.81）、苏州（45.08）。北京、深圳是全国的科创中心，科创实力毋庸置疑。合肥作为中科大的所在地，已建、在建的大科学装置达12个，财政科技投入占一般公共预算支出比例全国最高，实力雄厚的高校科研院所资源，加上政府财政的强力支持，使得合肥在量子信息、人工智能、核聚变、新能源汽车等科技前沿领域，处于全国乃至全球的前列。东莞科技创新环境指数居第 13 位（32.22），排名较高，表明东莞的科技创新实力已有显著提升。

表5 万亿元 GDP 城市科技创新环境指数排名

排名	城市	科技创新环境指数
1	北京	80.53
2	深圳	68.06
3	合肥	52.82
4	杭州	45.81
5	苏州	45.08
6	南京	44.52
7	武汉	42.43
8	西安	41.73
9	上海	38.88
10	佛山	34.76
11	广州	34.02
12	成都	33.46
13	东莞	32.22
14	宁波	27.25
15	无锡	25.24
16	天津	23.40
17	长沙	23.22
18	南通	20.64
19	济南	18.50
20	郑州	18.37
21	青岛	17.74
22	福州	14.49
23	重庆	6.12
24	泉州	1.99

5. 公共配套环境指数

如表6所示，在万亿元 GDP 城市中，公共配套环境指数排名前5的城市是北京（79.63）、上海（75.91）、南京（75.34）、杭州（66.94）、济南

（63.83）。在公共配套环境领域，北京、上海等全国中心城市拥有无可比拟的优势。东莞的公共配套环境指数位居万亿元 GDP 城市的倒数第 1，表明东莞的医疗、教育、文化等各类公共服务资源与国内发达城市差距较大，这成为东莞提升城市竞争力和吸引力的主要软肋。

表6　万亿元 GDP 城市公共配套环境指数排名

排名	城市	公共配套环境指数
1	北京	79.63
2	上海	75.91
3	南京	75.34
4	杭州	66.94
5	济南	63.83
6	天津	55.17
7	深圳	45.68
8	青岛	44.60
9	苏州	42.55
10	广州	41.65
11	无锡	41.01
12	南通	39.93
13	成都	39.17
14	武汉	38.85
15	郑州	37.41
16	宁波	36.72
17	长沙	33.44
18	合肥	30.11
19	福州	29.35
20	西安	25.93
21	重庆	25.73
22	佛山	14.42
23	泉州	14.36
24	东莞	5.92

6. 营商环境综合指数

根据上述方法测算，在万亿元 GDP 城市中，营商环境综合指数排名前 5 的城市是北京（68.33）、上海（65.93）、深圳（55.37）、杭州（53.72）、南京（52.10）。营商环境综合指数排名与各城市的 GDP 排名大体一致，总体上反映了各城市在全国的层级地位。东莞营商环境综合指数居第 21 位，高于东莞的 GDP 排名（第 24 位），在一般地级市中，仅次于苏州、无锡，营商环境总体居全国地级市前列。

表 7　万亿 GDP 城市营商环境综合指数排名

排名	城市	营商环境综合指数
1	北京	68.33
2	上海	65.93
3	深圳	55.37
4	杭州	53.72
5	南京	52.10
6	广州	51.93
7	天津	49.11
8	武汉	47.97
9	济南	45.61
10	苏州	44.76
11	无锡	43.62
12	成都	41.87
13	宁波	41.65
14	青岛	41.55
15	合肥	40.52
16	郑州	39.58
17	西安	38.94
18	福州	36.73
19	长沙	31.17
20	重庆	29.76
21	东莞	28.92
22	南通	25.08
23	佛山	23.96
24	泉州	20.90

二 东莞营商环境存在的主要短板与不足

通过与国内万亿元 GDP 城市营商环境的比较分析，可以清晰地发现当前东莞营商环境的主要短板与不足。

（一）劳动力素质总体偏低

东莞作为全国最年轻的城市之一，具有年轻劳动力资源充足的显著优势，但与国内先进城市相比，东莞人力资源素质仍相对较低，对于高学历、高素质的高层次人才吸引力不足，人才的引进力度和政策落地成效不够彰显。根据 2020 年第七次全国人口普查数据，东莞大学文化程度人口占常住人口比重仅为 13.24%，远不及北京（41.98%）、上海（33.87%）等发达城市的水平，与同类型城市相比，也不及苏州（22.51%）、无锡（21.87%）等制造业城市。人口结构水平偏低、高层次人才不足，已成为制约东莞提升城市竞争力和层级的主要短板。

（二）土地资源瓶颈突出

土地资源是优质企业投资扩产的重要考虑因素。由于东莞多年以来的经济发展模式较为粗放，随着城镇化的快速扩张和土地空间的无序开发，目前东莞土地开发强度高达 48.5%，在国内主要城市中位居第 2，已逼近 50% 的生态极限，后续可利用的土地资源极其有限。同时，东莞土地利用效率偏低，由于早期缺乏统一的规划控制，各镇村用地面积形态分散，土地空间碎片化问题突出，多数镇街没有超过 500 亩的可承载大项目的连片集中建设地块。空间承载能力受限，空间布局较小，难以进行较大园区开发，难以满足骨干龙头企业的入驻需求，对于较大的投资项目难以提供落地载体空间。土地资源严重紧缺与优质企业新增土地需求旺盛之间的矛盾日益凸显，成为制约东莞市优化营商环境、招引优质企业的一个重要因素。

（三）投融资环境有待优化

企业的成长壮大和转型升级离不开金融资本的支持，一个地区投融资环境也是影响资本投资的重要因素。根据《东莞统计年鉴》的数据，东莞拥有数量可观的民间资本，到 2021 年底金融机构存款余额已高达 2.03 万亿元，但金融业的发展相对滞后，2021 年东莞金融机构法人单位 1134 家，仅相当于深圳的 7.78%，金融业增加值 697.43 亿元，仅相当于深圳的 14.72%，金融业占GDP 比重仅为 6.42%，远低于深圳的 15.45%。与上海、深圳等先进城市相比，东莞的股权投资基金、风投创投基金、融资租赁公司、小额贷款公司、融资担保公司等各类新型金融组织发展仍相对滞后，产业和金融的相互融合不足，财政投融资对金融资本、产业资本的引导、撬动和放大效应还未充分显现，民间资本未能得到有效的盘活和融通，对企业的融资支持力度不够。

（四）生产性服务业发展滞后

现代制造业与生产性服务业具有相互影响、相互促进的显著关系。制造业的转型升级很大程度上依赖于生产性服务业的发展水平。当前东莞生产性服务业的发展仍相对滞后。以专业市场为例，东莞专业市场的规模体量不小，但大多数专业市场的知名度和影响力仍较有限，缺乏如义乌小商品城、绍兴轻纺城等在全国乃至全世界都具有知名度和影响力的高端专业市场。根据中国社会科学评价研究院发布的"2021 年中国商品市场综合百强榜单"，东莞仅有信立国际农产品贸易城入选，列第 84 位。浙江金华的义乌中国小商品城位居榜首，金华有 4 个，宁波、杭州各有 6 个，嘉兴、绍兴、深圳、长沙、苏州各有 5 个专业市场入选全国百强。与浙江先进城市相比，东莞市专业市场的知名度、竞争力仍相对不足，对制造业的支撑作用不强。

（五）公共配套服务供给不足

东莞作为全国外来人口占比最高的城市之一，常住人口快速增长与东莞市基本公共服务资源建设相对滞后的矛盾日益突出。在教育领域，与同样外

来人口较多的深圳相比，东莞公办教育资源紧张。根据教育局调研数据，目前东莞义务教育阶段公办学位数为43万个，每万常住人口配置公办学位数仅有414个，随迁子女入读公办学校比例不足30%，而深圳约55%的公办学位面向随迁子女，并计划"十四五"期间新增公办义务教育学位74万个。在医疗卫生领域，东莞执业医师数量和床位数量较少，在万亿元GDP城市中位居倒数第1，医疗卫生服务质量不高。在交通领域，相比一线城市，东莞存在轨道交通建设资金压力巨大、拥堵加剧、出行结构失衡、公交竞争力减弱、出行品质不高等问题。同时，高水平的商业、文化、旅游、休闲等服务设施也较为缺乏，文化产业发展相对滞后。总体而言，与国内先进城市的高水平公共配套服务相比，东莞综合配套服务质量不高，对高端要素资源的吸引力明显不足，如果综合配套服务不提升，将严重影响高端要素资源向东莞汇集。

三　东莞优化营商环境推动企业高质量发展的对策建议

营商环境作为经济社会发展的检测仪和风向标，客观反映着每个城市的政府管理水平、市场发育状况和后续发展潜力。优化营商环境是推动企业高质量发展、激发市场主体活力、增强发展内生动力的关键之举。东莞要按照经济高质量发展的要求，根据高端产业资本、要素资源的实际需求，采取巩固强项、补齐短板、抓住重点、全面推进的策略，着力破解转型发展中的深层次问题和结构性矛盾，加快构建市场化、法治化、国际化营商环境，在营商环境竞争力上进入国内地级市前列，不断提升对境内外优质要素资源的吸引力，增强经济社会发展的动力和活力。

（一）完善重点产业优质企业扶持政策体系

1.加强对重点、新兴产业的统筹规划引领

与上海、深圳等先进城市相比，东莞存在专项规划相对滞后、行动计划不够明确细致、规划衔接及扶持政策融合不够等问题。为此，要进一步加强

对先进制造业、现代服务业和战略性新兴产业中长期规划的研究和制定。针对电子信息、高端装备等先进制造业领域，以及人工智能、大数据、新能源、新材料、新能源汽车、生物医药等战略性新兴产业领域，制定具有战略性、前瞻性、科学性的产业政策，明确各产业发展的指导思想、发展目标、具体任务和突破路径。对于现行产业政策衔接不紧密、宣传力度不够、扶持门槛过高、落地不够等问题，也应在市政府的统一领导下，相关职能部门进一步联合进行产业梳理、政策梳理，完善相应的科技、人才、财税、招商、投融资、重大项目、知识产权等功能性配套政策，加大产业政策与功能性配套政策的统筹协调和对接衔接力度，形成目标一致、协作配合的政策合力，更好促进产业政策的落地落实。

2. 制订领军优质企业培育计划

借鉴深圳"领航企业培育工程"，研究制订重点产业细分行业领军企业培育计划。遴选一批市场竞争能力和自主创新能力强、在细分行业处于"隐形冠军"地位的领军企业，制定先进制造业产业链重点企业目录，在政策措施上给予重点扶持，开展"一企一策"跟踪服务。引导企业深耕先进制造业各细分领域，提升专业化能力，统筹做好专精特新企业培育工作。推进市级专精特新企业遴选工作，建设国家小巨人、省专精特新企业的培育库。对于培育库重点企业，加大辅导力度，推动东莞市更多企业获得国家"小巨人"、省专精特新企业称号。鼓励企业争创国家制造业"单项冠军"示范企业、"单项冠军"产品和专精特新"小巨人"企业，对获得相关殊荣的企业，加大财政奖励力度，加快培育先进制造业细分领域"单项冠军"企业。引导领军企业通过延伸产业链条、扩展供应网络、细化分工协作和加强技术扩散等，带动中小企业共同发展，培育形成集中度高、分工细化、协作高效、竞争力强的新兴产业新链群。

3. 强化涉企平台服务能力

要全面贯彻落实中央、省、市各项暖企助企扶持政策，进一步加大各项扶持政策的宣传、贯彻、落实和督导力度，深入细致调研政策执行情况，提出有针对性的对策建议。要加强各部门平台间的数据信息互联互通，建立覆

盖倍增企业、非公重点企业、中小微企业的多层次诉求响应机制，及时回应解决企业诉求。要进一步完善"企莞家"平台，推动更多市直部门相关扶持政策集聚到"企莞家"平台，做强政策一站式共享；争取更多市直部门涉企数据整合至"企莞家"平台，打造全市"数据大脑"，为市委市政府相关决策提供数据支撑；抓好"企莞家"平台的宣传工作，引导更多企业用户登录企莞家，持续提升平台用户体验及丰富平台功能。加强对全市重点工业企业、外贸企业的经营风险预警监测，高度关注中小微企业面临的断贷欠贷、资金周转等关键问题，落实好专项再贷款、再贴息等政策，帮助企业积极争取无抵押优惠利率专项贷款，为企业提供灵活低息的融资贷款。

（二）加大高素质人才培育招引力度

1. 着力优化高端人才服务环境

加快建立与国际接轨的人才服务制度，完善高端人才的激励机制，构建创新价值导向的收入分配机制，赋予创新领军人才更大的人财物支配权和技术路线决定权，鼓励采用人力资本、技术入股、期权等多种形式的分配和激励机制。加大对高端产业人才的奖励力度，落实《东莞市产业发展与科技创新人才经济贡献奖励实施办法》的相关规定，对在产业发展与科技创新方面做出突出贡献的创新型人才加大奖励力度。支持园区、镇街按照"政府统筹、定向销售、公开透明"的原则，建设科技人才公寓，限价定向供应给高层次人才。切实保障企业人才子女义务教育阶段公办入学指标，优先保障优质企业人才子女入学需求。

2. 着力加强人才培养平台建设

随着我国高等教育的快速发展，内地相当一部分高校遇到发展制约，如地理位置缺乏吸引力、当地产业支撑不强、经济发展相对滞后等问题，其原有优势专业发展缓慢。东莞可凭借珠三角的地域优势和完善的制造业基地，围绕支柱产业布局，配合国内高校双一流建设，加强与国内知名高校对接，以学科建设为突破口，联合建立研究生培养基地，加大东莞市科技人才供给力度。同时，引导东莞市高校加强重点新兴产业的相关专业学科建设，支持高校围绕东莞产业发展需求合理调整学科专业设置，扩大重点新兴产业相关专业的招生比例。继续支持与境外知名职业院校、企业等合作，积极推进高技能人才国际培养计划，对开设国际课程班的公办高职院校、中职学校给予专项资金扶持。

3. 着力引进产业紧缺人才

企业高质量发展的关键是高端创新人才的集聚。要进一步优化创新创业环境，提升城市品质，加大对优质企业紧缺人才的扶持激励力度，增强东莞对高端人才的吸引力。要全面落实涉及人才引进的激励政策，把发展高端、新兴产业所需的高层次人才作为东莞市招才引智的重点对象，将符合要求的产业高端人才，纳入政府急需紧缺人才引进目录予以支持。积极开展国内外高端研发人才的信息收集，以龙头企业、产业园区为载体，建立一批海内外高层次人才创新创业基地，加快引进一批具有前瞻性、颠覆性、引领性的一流创新团队，为抢占产业发展制高点提供创新源泉和智力支撑。建立东莞市关键产业专家库，为本市制造业高质量发展和示范应用提供智力支持。推动有条件的职业技术院校建立新兴产业产教融合基地、实训基地，加快培养新兴产业应用人才。

（三）全面优化企业研发创新环境

1. 大力建设湾区科创中心

以松山湖高新区为核心，加快推动与中国科学院合作共建松山湖科学城，争取更多国家战略科技力量在东莞布局。加快建设散裂中子源二期、先进阿秒激光设施、南方先进光源等一批大科学装置，推动在新材料、量子物理、能源环境、生命科学等领域开展前瞻性基础研究，实现引领性原创成果重大突破。积极推进粤港澳大湾区大科学装置集群建设，推动松山湖科学城全面加强与深圳光明科学城对接，共同打造综合性国家科学中心先行启动区。探索建立跨区域协同发展机制，向港澳有序开放重大科研基础设施和大型科研仪器，为建设大湾区国际科创中心提供重要支撑。

2.完善科技创新企业孵化体系

加快实施孵化器筑巢引凤行动计划，围绕"前孵化器—孵化器—加速器—科技园区"的孵化链条，充分调动全社会力量积极参与孵化器建设，依托新型研发机构、重点产业园区和优势龙头企业，加快建设一批多形式多层次的科技创新型企业孵化器。对通过认定的国家级、省级和市级孵化器，加大补贴、奖励等扶持力度，同时对各类型、各档次的孵化器设立不同发展目标及相应的绩效奖励。探索建立面向孵化器的投资风险补偿机制，引导风险投资机构加大孵化投资力度。

3.引导扶持企业加大科技创新投入

全面实施企业研发准备金制度，引导企业普遍建立研发准备金，根据研发计划，提前安排资金，确保研发资金的有效使用，对企业研发投入和购买技术服务加大财政补助补贴力度，促进企业研发投入的持续稳定增长。全面实施"创新券补助"政策，引导企业加强与高等院校、科研机构、科技中介服务机构及科技服务平台的对接，激活科技服务市场，提高科研仪器设备使用效率，激发中小企业技术创新动力。深入实施科技特派员计划，帮助企业解决各类技术难题，推动企业加快提升自主创新能力。全面实施"机器换人"行动计划，积极开展智能制造示范项目，实施东莞首台（套）重大技术装备推广奖励，引导扶持企业加快设备引进更新、技术改造升级的步伐。

（四）加快发展生产性服务业

1.引导推进专业市场升级发展

围绕东莞市虎门福民时装城、黄河时装城、大朗毛织贸易中心、樟木头塑胶原料市场、大京九塑胶原料市场等具有规模效应、品牌效应的专业市场，以"补链""强链"的方式，吸引产业链上下游生产企业围绕专业市场集聚集中，打造更全面、稳定的产业集群。鼓励支持有条件的专业市场打造一体化公共服务平台，为商户提供公共服务。支持专业市场积极组织开展订货会、采购节、跨区域交流对接等活动，特别是运用数字技术开展"云采购""云展销"，为商户提供增值服务。依托专业市场大力发展现代物流、会展、金融保险、供应链管理、信息服务等生产性服务业，推动产业结构优化调整，构建现代化产业体系。

2.大力推进电子商务发展

东莞中小企业众多，产品门类齐全，亟须通过电子商务这一现代流通新业态，帮助企业拓宽购销渠道、提高流通效率、降低交易成本、提升附加价值。鼓励有条件有实力的大型企业和专业市场搭建数字平台，或与天猫、京东、拼多多等知名线上平台合作，开通线上商城或直播间，为中小企业、广大商户提供线上直播、线上销售、线上支付等商业活动，实现"线上引流+直播带货+实体批发"线下线上一体化销售服务。借鉴东莞市盟大集团打造"东莞优品""环球塑化""大易有塑"等数字化平台的经验，引导打造以交易为核心、线上线下一体化的产业数字科技服务平台，加快传统交易场景的数字化重构，发挥数字化平台"以大带小"作用，促进上下游企业协同发展，逐步形成集成服务、协同产业的平台经济生态。

3.大力发展港口物流、铁路物流

加快发展运输、仓储、货代、流通等物流企业，积极支持和鼓励企业通过参股、控股、承包、兼并、收购等方式，实现规模化扩张、专业化运作。依托虎门港，高起点规划、引进、建设一批港口物流项目，配套建设完善港航基础设施，吸引现代物流企业特别是著名航运和船务公司进驻虎门港，推动虎门港以港口物流为重点的现代物流业融入国内国际物流体系。加快推进石龙、常平国际铁路物流枢纽建设，将东莞打造成为华南地区重要的国家货运物流枢纽。以石龙建设"国家多式联运示范工程"为契机，不断完善海铁、公铁、江海联运等全程多式联运服务模式，推行"铁路+"多式联运"一单制"，强化多式联运全程运输组织。加快建设多式联运物流信息化平台，推动政府部门数据资源整合和开放共享，引导物流、商贸、生产等各类企业参与平台建设，促进货源组织、载运工具和物流服务等信息高效匹配，确保各环节的无缝连接。积极支持货运企业开展跨方式经营合作，培育壮大多式联运运营主体，大力拓展国际、国内货运中转业务，加快构建快速高效的集疏运体系、城市配送体系，推动传统铁路向现代物流枢纽转型升级。依

托国际铁路物流基地，规划建设铁路综合物流园区，布局特色产业物流中心和配送中心，促进铁路物流业与相关产业联动发展。

（五）提升公共配套服务质量水平

1. 加快形成公共服务供给新机制

充分发挥市场机制作用，把增加公共服务供给与增强经济动力、社会活力结合起来，引导社会资本积极进入文化娱乐、健康养老、环保治污等公共服务产业领域。加快发展多种所有制和多种运作管理模式的公共服务产业集团，推动要素资源向提供公共服务的企业机构集中。创新国有资产经营管理模式，鼓励国有企业机构利用自身品牌、技术、人力资源等各方面优势，通过委托管理、兼并重组、股权运作等方式，实现集团化、规模化发展。鼓励引导市内外知名龙头企业通过跨行业、跨所有制兼并重组进入公共服务行业。进一步完善配套支持政策，在税收优惠、行政事业性收费、规划用地、职称评定、科研立项等方面，确保民办服务机构与公办机构享受同等待遇。加快完善政府购买服务机制，制定政府购买公共服务标准、规范和指导目录，加强购买服务的招投标、预算管理和绩效评估，积极探索政府采购公共服务、向目标人群发放有价凭单、目标人群自主选择服务商等多种购买服务的方式。推动公共服务供给的多元化发展，加快形成政府投入保障有力、社会力量积极参与、各方积极性充分调动的公共服务供给新机制。

2. 加大公共服务有效供给

全面推进教育公平，继续保持市基础教育三年扩容的力度和进度，加大财政投入，增加九年义务制教育学位，继续扩大外来随迁子女入读公办中小学的比例，鼓励民办学校向特色化、优质化发展，满足一部分经济条件较好、有特色教育愿望的家庭需求，腾出更多公办学位，推动实现外来流动儿童入读公办学校"想读尽读"的愿望。加快整合全市医疗卫生资源，按照组团分区统筹发展格局，规划建设区域医疗中心，提高区域内重点专科、大型设备、高层次人才等优质资源的利用效率。鼓励以医疗联合体的形式，推进优质资源下沉基层。加快卫生人才队伍建设，充分利用东莞市特色人才特殊政策，引进一批医学领军人才、学科带头人和医学创新团队，大力开展精准医疗与重大疾病防治技术攻关、药品和医用材料研发、中西医结合研究等，提升医疗卫生现代化水平，努力让市民"大病不出市"。优化公共文化体育服务设施网络，着力提升公共文化体育场馆的管理运作水平，提升服务品质和供给效率。完善公共文化体育设施免费开放的保障机制，扩大文化体育场馆的免费开放范围，提高各级各类公共文化体育设施的开放率和使用率。利用"小山小湖"、边角闲置地块和景观岸线，建设一批方便市民休闲活动的社区公园，增加公共休闲空间。

3. 打造高品质的城市建设模式

统筹推进城市更新，完善城市建设计划滚动机制，高水平规划建设一批城市景观新地标、产业发展新载体、宜居生活新社区。加大土地资源统筹力度，大力盘活存量土地，加快推进"三旧"改造，整合低效利用土地，提高土地产出率，打破发展空间资源制约。推动各镇（街道）整合提升镇（街道）、村（社区）工业集中区，鼓励有条件的传统工业区由单一生产功能向城市综合功能转型，打造各具特色的创新创业街区、园区，提升对新产业、新业态的承载力。加快推进轨道交通建设，不断优化公共交通线路，建设完善城市绿道、慢行步道，加强与广州、深圳等周边城市的交通网络对接，构建与产业发展和市民需求相匹配的交通体系。

参考文献

龚晓菊、刘明凯：《从营商环境到宜商环境：湖北省优化成效测度与路径选择》，《经济研究参考》2023 年第 3 期。

李志军：《我国城市营商环境的评价指标体系构建及其南北差异分析》，《改革》2022 年第 2 期。

"中国城市营商环境评价研究"课题组：《中国城市营商环境评价的理论逻辑、比较分析及对策建议》，《管理世界》2021 年第 5 期。

申博、张宏钥：《京津冀营商环境统计测度研究》，《中国商论》2023 年第 2 期。

吴建祥、武文琴、陈慧敏：《陕西省营商环境水平测度与区域差异分析》，《科技和产业》2023 年第 3 期。

赵丹：《深圳法治化营商环境评估指标体系构建》，《特区实践与理论》2023 年第 1 期。

Abstract

Annual Report on High-Quality Development of Manufacturing Industry of Dongguan (*2024*) was compiled by the Dongguan Academy of Social Sciences. This book focuses on the central government's decision-making and deloyment, comprehensively and systematically collates and compiles valuable research on the high-quality development of Dongguan's manufacting industry in rencent years, reflecting in a relatively comprehensive manner the vivid parctice of Dongguan in building a modern industrial system and promoting the high-quality development of the manufacturing industry.

The General Report of this book is divided into four parts, which are the significant importance of leading the construction of Dongguan's modern industrial system with new quality productive forces, the development trend of Dongguan's new quality productive forces, the shortcomings in the construction of Dongguan's modern industrial system, and the ideas and countermeasures for Dongguan to cultivate and strengthen new quality productive forces to build a modern industrial system. This report believes that leading the construction of a modern industrial system with new quality productive forces is the only way to promote the high-quality development of Dongguan, the inherent requirement to solve the development dilemma of Dongguan, and the inevitable choice to cultivate and strengthen the development advantages of Dongguan. The development of Dongguan's new quality productive forces shows a major trend of gradually increasing innovation ability, accelerated construction of industrial systems, continuous optimization of industrial ecology, and increasingly rich resource elements. Meanwhile, from the perspective of new quality productive forces, there are still some issues in the construction of Dongguan's industrial system, such

as the need to further exert the leading role of innovation, further strengthen the cultivation of emerging industries, and further enhance the integration of technology and industry. Dongguan should accurately grasp the connotations, characteristics, and core requirements of new quality productive forces, constantly improve the policy system, innovation system, industrial system, and factor system for developing new quality productive forces, promote the construction of a modern industrial system through new-type industrialization, and strive to create a science and technology innovation manufacturing powerhouse with high-quality development.

The section on the industrial chain focuses on the issues of safety and stability of the Dongguan industrial chain, studying them from the perspectives of optimizing the resilience of the manufacturing industry chain and the safe development of the industry. This article argues that in terms of industrial chain resilience, the resilience of traditional industries in Dongguan is relatively good, while the resilience of high-tech manufacturing and advanced manufacturing industries is insufficient, and the resilience of the manufacturing trade chain is also weak. In terms of safe industrial development, the safe development index of Dongguan's manufacturing industry generally shows a fluctuating inverted "U" upward trend. Therefore, Dongguan should vigorously implement the action plan of mapping the industrial chain supply chain and the plan for building a secure chain, continuously improving the modernization level of manufacturing, enhancing the level of opening-up, and enhancing the value-added capacity of manufacturing, thus promoting the enhancement of safety and stability of the industrial chain.

The section on industrial development is based on the actual situation in Dongguan. It provides a detailed overview of the current development status of Dongguan's manufacturing industry from the perspectives of cultivating and expanding emerging industries and transforming and upgrading traditional industries. It also proposes countermeasures and suggestions for further development. Additionally, it conducts in-depth research on Dongguan's high-end equipment manufacturing industry and proposes strategies and countermeasures for its development. It believes that at present, the emerging industries in Dongguan are showing a good situation of "two-level support and multi-point blooming"; the six traditional advantageous industries in Dongguan occupy a significant position in the city's total industrial output value, and their output value and profits are showing a steady growth trend. At the same time, there are also prominent issues in the development of emerging industries, such as insufficient independent core technology reserves, low profitability, insufficient competitiveness, and potential safety hazards in the industrial chain and supply chain. The traditional advantageous industries also need further improvement in key areas, such as industrial cluster development, enhancement of enterprise competitiveness, and policy support. Therefore, Dongguan should promote the high-quality development of emerging and traditional industries by further improving the industrial planning policy system, intensifying resource coordination and integration, optimizing the government business environment, and enhancing industrial innovation and competitiveness. Dongguan's high-end equipment manufacturing industry has prominent features, such as many leading backbone enterprises, strong strength in sub-sectors, and continuous emergence of "hidden champions." However, it also faces urgent issues, such as scattered industrial chain support, lack of professional talents, insufficient key core technologies, and tight resource elements, such as land and capital. Dongguan should promote the high-quality development of the high-end equipment manufacturing industry by further improving the industrial chain, strengthening joint research on key core technologies, fully gathering high-end resources, and strengthening support for resource elements.

The section on technological innovation comprehensively sorts out the practices and achievements of Dongguan in promoting technological innovation and suggestions for building an innovation system. It also conducts in-depth discussions on cutting-edge issues, such as the organization mode of major innovative science and technology projects, the joint construction of an innovation community between Songshan Lake Science City and Guangming Science City, and proposes ideas and countermeasures. It believes that Dongguan is currently showing a trend of steady improvement in innovation investment, increasing dominance of innovative entities, rapid development of innovative economy, continuous gathering of innovative resources, significant improvement in innovation capability,

and deepening of the reform of the scientific and technological system in the field of technological innovation. It has the main characteristics of focusing on planning policy guidance, focusing on the integration of science and technology industries, focusing on pilot demonstration, and focusing on building major platforms. However, there are still some shortcomings, such as the need to improve source innovation capabilities, break through core technologies in key areas, enhance the leading role of major platforms, and strengthen the ability to transfer and transform scientific and technological achievements. Dongguan should further improve its technological innovation system by perfecting its policy system, investment system, carrier system, industry-university-research integration system, scientific and technological talent system, and scientific and technological achievement transformation system. In recent years, Dongguan has played an important role in promoting the concentrated research on core technologies, rapid aggregation of innovative talents, and optimization and adjustment of industrial structure through the organization and implementation of major scientific and technological projects. However, there are still some issues to be addressed, such as the need to improve the overall guidance of project guidelines, strengthen the flexibility of project monitoring, expand the diversity of project support, and enhance the scientific nature of project acceptance indicators. Dongguan should learn from the experience of advanced cities, establish a municipal-level special scheduling mechanism, consolidate research and development projects in key areas, focus on industrialization goals, innovate organizational service models, and gradually explore and establish a scientific and technological project organization model with Dongguan characteristics. Songshan Lake Science City and Guangming Science City are the first-started areas of the Guangdong-Hong Kong-Macao Greater Bay Area Comprehensive National Science Center. The two science cities have the preliminary foundation for building an innovation community, but they also face practical difficulties such as homogeneous competition that makes it difficult to form common innovation goals, poor circulation of innovative elements, and inadequate regional coordination mechanisms. The two science cities should establish a normalized coordination and communication mechanism as soon as possible, build an integrated and coordinated construction and management mechanism, strengthen the guarantee mechanism for the supply of innovative resources, and promote the construction of an innovation community.

The section on digital transformation comprehensively sorts out the current status of the integration of digital economy and real economy in Dongguan, and puts forward suggestions on promoting the resilience upgrade of Dongguan's industrial chain and the digital transformation of industries with digital technology and digital capabilities. It believes that although Dongguan has achieved remarkable results in developing the digital economy, there are still prominent issues such as lagging industrial digitalization, weak support for digital industrialization, insufficient digital infrastructure construction, and a shortage of talents in the digital economy. Therefore, Dongguan should promote the deep integration of digital economy and real economy by improving the working mechanism, efficiently promoting digital transformation, improving policies for cultivating entities, stimulating the vitality of enterprises' digital transformation, optimizing the ecological system, and strengthening support for all factors. A questionnaire survey on the digital capabilities of manufacturing enterprises in Dongguan showed that the digital technology capabilities, digital reconstruction capabilities, and digital organizational capabilities of Dongguan's manufacturing enterprises are relatively prominent, while their digital strategic capabilities and digital management capabilities are average. There are issues such as weak enterprise digital strategy leadership, a weak digital foundation, low integration of digital and real economies, and an incomplete digital talent training mechanism. Dongguan should further strengthen the leadership capabilities of digital strategies, build a highland for digital talents, deeply promote industrial digitization, create a digital collaborative ecosystem, and enhance data security and sharing capabilities.

The section on industrial parks addresses the prominent issue of land resource scarcity in Dongguan and proposes implementation strategies for the transformation of inefficient township and village industrial parks. It also presents ideas and countermeasures for the construction of new-type industrial communities. Furthermore, in line with the requirement to accelerate the deep integration of advanced manufacturing and modern service industries, it focuses on the high-quality development of human resources service-oriented industrial parks in

Dongguan and proposes relevant ideas and strategies. Through a comprehensive survey of Dongguan villages (communities), this article has constructed a spatial identification system for inefficient town-level and village-level industrial parks in Dongguan. It studied and classified 683 villages (communities) in Dongguan, and proposed countermeasures and suggestions for improving the quality and efficiency of inefficient town-level and village-level industrial parks in terms of strengthening top-level design, improving policy systems, innovating implementation paths, and implementing action plans. In terms of the construction of new industrial communities in Dongguan, on the whole, the number of Dongguan's industrial communities is increasing, comprehensive service-oriented parks account for a large proportion, and the output efficiency of the base is relatively high. However, there are also problems, such as relatively simple industrial structure, short industrial chain, imperfect supporting facilities, and lack of talents. The development model of new industrial communities should be built around industrial space, living space, cultural space, and transportation space, and the organizational form of new industrial communities should be constructed in accordance with a diversified, multi-dimensional, and modularized model. In terms of construction, it is necessary to strengthen unified planning, focus on spatial function creation, strengthen the integration and complementarity of industrial chains, and optimize the office supporting environment. In recent years, the Dongguan Human Resources Service Industrial Park has effectively supported the development of Dongguan's manufacturing industry by implementing a series of plans. However, in its development, it faces problems such as weak talent attraction, insufficient policy and financial support, small-scale industrial agglomeration, insufficient economic and social benefits, and insufficient enthusiasm for creating national-level parks. Dongguan should focus on the goal of creating a national-level human resources service industrial park, improve diversified investment mechanisms, formulate and improve service standards and evaluation systems, introduce and cultivate high-end service institutions, support the transfer and transformation of achievements, and improve functional facilities to promote the deep integration of modern service industries and advanced manufacturing industries.

The section on enterprise cultivation summarizes the experiences and practices of Dongguan in promoting the cultivation of "Specialized, Refined, Unique and Innovative" enterprises as well as innovative enterprises. It proposes countermeasures and suggestions for further development, and conducts in-depth research on the relationship between the business environment and the high-quality development of enterprises, providing opinions and suggestions on promoting the high-quality development of enterprises. It believes that in recent years, Dongguan has achieved remarkable results in cultivating (RSUI) enterprises, but there are also problems such as a small number of "little giants" enterprises and severe constraints on factor resources. To promote the high-quality development of (RSUI) enterprises, we should increase the cultivation of "little giants" enterprises, increase the supply of industrial space, increase support for technological research and development, increase talent cultivation and introduction, increase support for enterprise financing, make full use of the capital market, promote the integrated development of industrial chains, improve enterprises' modern governance capabilities, and create a strong atmosphere for development. At the same time, this section conducts research on the cultivation of gazelle enterprises and innovative enterprises in Dongguan and believes that there are problems such as gradually decreasing marginal benefits of enterprise increments, insufficient energy accumulation in the innovation system, insufficient service awareness at the grassroots level, and increasing competition pressure between cities. It is proposed to strengthen top-level design, promote "high" and "new" by focusing on research and development, build a gradient cultivation system, strengthen technology-oriented investment promotion, and plan the implementation path and methods for Dongguan to cultivate an innovative enterprise system in the new stage of development, helping traditional advantageous industries to transform and upgrade and strategic emerging industries to develop rapidly. To study the impact of the urban business environment on enterprise development, an evaluation index system for the urban business environment is constructed, and a comparative study is conducted on cities with GDP exceeding one trillion yuan nationwide. It is believed that Dongguan has major problems and shortcomings such as low labor quality, shortage of land resources, need for optimization of investment and financing environment, lagging development of producer services, and insufficient

public supporting services. Dongguan should improve the policy support system for high-quality enterprises in key industries, strengthen the cultivation and attraction of high-quality talents, comprehensively optimize the R&D and innovation environment, accelerate the development of producer services, and make up for the shortcomings of public supporting services, thereby accelerating the construction of a market-oriented, law-based, and international business environment to better promote the high-quality development of enterprises.

Keywords: New Quality Productive Forces; Manufacturing Industry ; High-quality Development; Dongguan

Contents

I General Report

Abstract: New quality productive forces is an intrinsic requirements and important focus for promoting high-quality development. Dongguan is a major manufacturing city, and leading the construction of Dongguan's modern industrial system with new quality productive forces is of great significance. Basing on the analysis of the development trend of new quality productive forces in Dongguan, this article believes that from the perspective of new quality productive forces, the construction of Dongguan's modern industrial system still faces issues, such as the need to further unleash the role of innovation leadership, strengthen the cultivation of emerging industries, and deepen the integration of technological and industrial sectors. This article proposes countermeasures and suggestions from the aspects of industrial policy system, industrial innovation system, industrial structure system, industrial factor system, etc. .

Keywords: New Quality Productive Forces; Modern Industrial System; Dongguan

II   Industry Chain Section

B.2   Research on Enhancing the Resilience of Manufacturing
Industry Chain and Supply Chain in Dongguan

Deng Chunyu / 023

Abstract: The calculation of the resilience intensity and development index of Dongguan manufacturing industry chain and supply chain shows that the overall lack of resilience of Dongguan manufacturing industry, and the industries with resilience account for 33.33% (excluding tobacco industry). Since 2017, the resilience index of Dongguan manufacturing industry has shown a trend of slow increase in volatility. Only furniture manufacturing industry, metal products industry, culture and education, industrial beauty, sports and entertainment products manufacturing industry, and general equipment manufacturing industry have continued to be resilient and showed an upward trend. Since 2018, only electronic and communication equipment manufacturing among high-tech manufacturing industries, and only high-end electronic information manufacturing among advanced manufacturing industries have continued to be resilient, but with a downward trend. The resilience of Dongguan's manufacturing trade chain is not strong, and there are fewer processing and manufacturing commodities with export resilience from 2020 to 2022. In 2022, only 40.35% of goods will be export resilient. Dongguan should optimize the resilience of the manufacturing industry chain and supply chain, and implement the industrial chain and supply chain mapping action and safety chain construction plan at present, and actively respond to the security risks of the industrial chain and supply chain.

Keywords: Manufacturing; Industrial and Supply Chain Resilience; Dongguan

B. 3 Research on Improving Safety Development

Ability of Manufacturing Industry in Dongguan

Wang Jingjing / 041

Abstract: Based on the five-dimensional analysis method of "self-control, innovation, operation, openness and dependence", the total index of safety development of Dongguan manufacturing industry from 2017 to 2022 and the five force sub-indexes of "self-control development, innovation development, operation development, openness development and dependence development" are calculated. Since 2017, the safety development index of Dongguan manufacturing industry has generally shown a fluctuating and inverted U-shaped upward trend, and continued to decline significantly from 2020 to 2022 due to the impact of the epidemic and the international trade policies of the United States, Japan and the European Union of "building high walls and small circles". The index values of the "five forces" are "dependence, self-control, innovation, openness and operation." The development force index of "dependence, self-control, innovation and openness" in the "five forces" shows an upward trend of volatility to varying degrees. However, the operation development force index has continued to decline in volatility since 2017, which has a serious impact on the safe development of the manufacturing industry. The specific measures to promote the continuous improvement of the safety development ability of the manufacturing industry are as follows: first, strengthen the operation and management of enterprises, improve the value-added ability of the manufacturing industry, and strengthen the self-control of the safety development of the manufacturing industry; Second, we will expand the scale of advanced and high-tech manufacturing and raise the level of manufacturing modernization. Third, we will adjust and optimize the distribution of international import and export markets and raise the level of opening-up. Fourth, we will increase government investment in R&D, stimulate the vitality of enterprises' R&D investment, and give full play to the leverage role of the government in innovation and development.

Keywords: Manufacturing; Industrial Security; Dongguan

东莞蓝皮书

Ⅲ Industrial Development Section

B . 4 Research on the Development of Strategic Emerging

Industries in Dongguan *Zhang Zhimin* / 055

Abstract: In recent years, Dongguan has introduced and implemented a series of relevant industry plans and support policies to promote the development of strategic emerging industries. This has formed a good situation where the two pillar industries of new generation information technology and high-end equipment manufacturing lead the development, and emerging industry clusters such as software and information services, new materials, new energy, semiconductors and integrated circuits, biopharmaceuticals, and high-end medical devices are blooming in multiple places. However, there are also prominent issues, such as insufficient reserves of independent core technologies, low profitability, insufficient competitiveness, and certain security risks in the industrial and supply chains. Therefore, it is necessary to establish a foundation for the development of strategic emerging industries in Dongguan, continuously improve the industrial planning policy system based on the trend of industrial technology development, establish seven strategic emerging industry bases with high standard layout, strive to create a business environment conducive to the accelerated growth of high-end emerging industries, and vigorously enhance the independent innovation and industrial competitiveness of Dongguan's strategic emerging industries.

Keywords: Emerging Industries; Industrial Clusters; Core Technology

B . 5 Research on the Transformation and Development of

Traditional Advantageous Industries in Dongguan

Zhou Lei, Wang Siyu / 072

Abstract: Dongguan's six major traditional advantageous industries—food and beverages, textiles and garments, furniture, molds, toys, and papermaking—hold a significant position in the city's industrial output value. Since 2018, despite facing challenges from domestic and international market competition, these industries have successfully achieved steady growth in output value and profits by implementing key measures such as "machines replacing humans," "doubling plans," and intelligent transformation. However, there is still room for further development in key areas such as industrial cluster development, enhancement of enterprise competitiveness, and policy support. This report provides a detailed analysis of these areas and puts forward a series of countermeasures and suggestions. These include strengthening industrial planning guidance, resource coordination, implementing the "Prominent Enterprises, Renowned Brands, and Eminent Entrepreneurs" project, and optimizing the government service environment. The aim is to promote higher-quality development and larger-scale expansion of Dongguan's traditional advantageous industries.

Keywords: Traditional Advantageous Industries; Industrial Transformation and Upgrading; Doubling Plan

B.6 Research and Promotion Strategies for the Development of High-end Equipment Manufacturing Industry in Dongguan

Special Task Force of the Financial and Economic Committee of Dongguan Municipal People's Congress

Dongguan Municipal People's Congress Representative

Financial and Economic Professional Group / 086

Abstract: As the foundation of a strong country, the high-end equipment manufacturing industry is the backbone of the modern industrial system and occupies a core position in the industrial chain. It not only determines the comprehensive competitiveness of the entire industrial chain, but also represents the advanced level and strength of the country's industrial manufacturing. The report

conducts a systematic analysis of the development status and problems of Dongguan's high-end manufacturing industry through on-site inspections, departmental discussions, online surveys, and other methods, and proposes targeted policy recommendations. It is believed that Dongguan has a favorable geographical, innovative, policy, and cultural environment, which is conducive to the development of high-end equipment manufacturing industry. However, it also faces challenges such as incomplete industrial supporting facilities, shortage of professional talents, lack of key core technologies, and increasing constraints on resources such as land and capital. Dongguan should continuously improve the industrial chain, strive to create a better research environment, intensify talent introduction and training efforts, optimize the allocation of factor supply, and actively promote pilot demonstration projects to drive the high-quality development of the high-end equipment manufacturing industry.

Keywords: High-end Equipment Manufacturing; Industrial Chain; Business Environment; Factor Supply

IV Scientific and Technological Innovation Section

B.7 Research on Strengthening the Construction of Innovation System and Promoting High-quality Economic Development in Dongguan　　　　　　　*Zhang Chulan* / 101

Abstract: Improving the system of technological innovation is an important strategic task proposed by the the Party's 20th National Congress. Currently, Dongguan is in a critical period of transforming its development mode and promoting high-quality economic development. Strengthening the construction of innovation system has a great significance to Dongguan. This article argues that Dongguan's technological innovation is showing a trend of steady improvement in R&D investment, increasing dominance of innovative entities, rapid development of innovative economy, continuous accumulation of innovative resources, and significant enhancement of innovative capabilities. However, it also faces challenges such as the need to improve source innovation capabilities, breakthroughs in key technologies in critical areas, the need to leverage the leading role of major scientific and technological platforms, and the need to enhance the ability to transfer and transform scientific and technological achievements. Therefore, it is necessary to further strengthen the construction of policy systems, investment systems, carrier systems, industry-university-research systems, talent systems, and achievement transformation systems for technological innovation, in order to promote the achievement of high-level technological self-reliance and self-strengthening.

Keywords: Scientific and Technological Innovation System ; High-quality Development ; Dongguan

B . 8　A Practical Exploration of Organizing Mode of Major

Innovative Science and Technology Projects in Dongguan

Kong Jianzhong / 119

Abstract: Since 2009, Dongguan has organized and implemented major science and technology projects in an orderly manner, playing an important role in promoting the focus of core technologies, the rapid gathering of innovative talents, and the optimization and adjustment of industrial structure. This report to major science and technology project organization mode as the main line, comprehensive combing summary over the years our city major science and technology projects to carry out the situation, analyze the problems and the insufficiency, learn from advanced city experience, put forward from the municipal special scheduling mechanism as the focus, strengthen key areas of research and development projects for the basic point, the foothold, innovation organization and management mode for the breakthrough point, optimize the service guarantee system for support dimension, gradually explore to establish the characteristic of Dongguan science and

technology project organization mode, promote the development of science and technology innovation can assign high quality.

Keywords: Major Science and Technology Projects; Organization Mode; Dongguan Practice

B.9 Research on Building an Innovation Community Together with Songshan Lake Science City and Guangming Science City

Jiang Yanjun, Kong Jianzhong / 136

Abstract: Building an innovation community has been an important model of regional collaborative innovation in recent years, which is of great significance for solving major original and fundamental scientific and technological problems. The pilot launch area of the Greater Bay Area Comprehensive National Science Center spans two cities, and the construction of an innovation community between Songshan Lake Science City and Guangming Science City is beneficial for the Greater Bay Area Comprehensive National Science Center to better fulfill the major innovation mission entrusted by the country. The search found that Songshan Lake Science City and Guangming Science City have the preliminary foundation for building an innovation community, but there are also practical difficulties, such as the lack of a normalized communication mechanism, insufficient coordination in top-level planning, large gaps in policy support, and inconvenient transportation connections. In order to build a comprehensive national science center innovation community in the Greater Bay Area, Songshan Lake Science City and Guangming Science City should establish a normalized coordination and communication mechanism, strive to grant equal policy support to both cities, promote the joint construction of a globally influential science and technology innovation highland, promote the joint construction and sharing of public service resources between the two places, accelerate the creation of an efficient and fast transportation system, and provide low-cost landing space.

Keywords: Comprehensive National Science Center; Songshan Lake Science City; Guangming Science City; Innovation Community

Ⅴ Digital Transformation Section

B . 10 Research on the Current Situation and Countermeasures
of the Integration and Development of Dongguan's
Digital Economy and Real Economy

Liu Cheng / 149

Abstract: After the 18th National Congress of the CPC, The General
Secretary attaches great importance to the development of the digital economy, at
present, the development of digital economy has risen to the national strategy, and
promoting the deep integration of digital economy and real economy is the main
line of China's digital economy development. This article is based on the level of
prefecture level cities, analyzingthe the Current Situation and Countermeasures of
the Integration and Development of Dongguan's Digital Economy and Real
Economy, and proposing countermeasures and suggestions. At present, Dongguan
has achieved remarkable results in the development of digital economy, but there
are still prominent problems, such as lagging industrial digital development, weak
support for digital industrialization, insufficient digital infrastructure construction,
and shortage of digital economy talents. This paper proposes that, first, we should
improve the working mechanism and effectively promote digital transformation,
second, improve the main body cultivation policy, stimulate the vitality of
enterprises' transformation, and third, optimize the ecological system. Strengthen
support for all factors.

Keywords: Integration of Digital Economy and Real Economy; Digital
Economy; Digital Industrialization

东莞蓝皮书

B.11 Research on the Mechanisms and Paths of Digital

Technology Promoting the Upgrade of the Resilience

of Dongguan's Manufacturing Industry Supply Chain

Lu Min, Luo Tianlong / 166

Abstract: In the face of unprecedented difficulties and complexities brought about by global changes not seen in a century, Dongguan's manufacturing industry chain resilience index still shows a trend of growth. Amidst the digital wave, the transformation and upgrading of Dongguan's manufacturing industry chain has been accelerated, driven by technological innovation and enhanced by intelligent remodeling. However, challenges such as slow progress in digital transformation, weaknesses in essential digital and core technologies, difficulties in data sharing and monitoring, and insufficient support capabilities for digital technologies hinder the enhancement of the resilience of Dongguan's manufacturing industry chain through digital technology. Digital technologies can enhance the resilience of the manufacturing industry chain by digital remodeling, optimizing the allocation of input factors, integrating chain resources, improving emergency collaborative capabilities, fostering new business formats and models, and deepening green innovation. Stabilizing, supplementing, strengthening, and expanding the chain are key tasks in leveraging digital technology to enhance the resilience of Dongguan's manufacturing industry chain. It is recommended to strengthen the construction of digital infrastructure, optimize the allocation of digital resources, develop an ecosystem based on "chain leaders + specialized and innovative" entities, and enhance the training of digital technology talents.

Keywords: Digital Technology ; Manufacturing Industry Chain; Resilience Enhancement

Abstract: This report constructs a corporate digital capability model by studying the current status of the development of digital capabilities in manufacturing enterprises in Dongguan. Through questionnaire surveys, the article examines the digital capabilities of enterprises in Dongguan. It is believed that there are a large number of manufacturing enterprises in Dongguan that have undergone digital transformation, with good policy measures and increasingly complete support for digital transformation. Manufacturing enterprises in Dongguan possess strong digital technology capabilities, digital reconstruction capabilities, and digital organizational capabilities, but they are relatively weak in digital strategy, digital management, and digital business capabilities. Dongguan should further strengthen the leading capabilities of digital strategies, build a digital talent hub, deeply promote industrial digitization, create a digital collaborative ecosystem, and enhance data security and sharing capabilities.

Keywords: Digital Capabilities; Digital Transformation; New Quality Productivity; Manufacturing Enterprises; Dongguan

Ⅵ   Industrial Parks Section

Abstract: Industry is the fundamental driving force and cornerstone of

Dongguan's urban development. Over the past four decades of reform and opening-up, the rapid expansion of urban space has supported the high-speed development of Dongguan's industries. However, it has also left Dongguan facing challenges, such as insufficient incremental space, limited potential for tapping into existing resources, and difficulties in landing quality projects. There are a large number of inefficient industrial spaces that no longer meet the new requirements for high-quality development, which urgently need to be revitalized, utilized, and upgraded. Therefore, how to identify inefficient industrial land and achieve precise transformation has become the key content of improving the quality and efficiency of township and village industrial parks. Relying on coordinate crawler and GIS spatial analysis technology, this article utilizes urban big data resources such as three-dimensional remote sensing, statistical data of regulated enterprises, and land change surveys to comprehensively analyze the current situation of land and economic benefits of township and village industrial parks in Dongguan. It initially identifies and classifies inefficient township and village industrial parks in the city, and proposes countermeasures and suggestions for improving their quality and efficiency by strengthening top-level design, improving policy systems, innovating implementation paths, and implementing action plans. This effectively expands and optimizes the industrial spatial layout, providing spatial guarantees for the high-quality economic development of Dongguan in the era of stock, and also providing innovative ideas and useful references for the governance of inefficient industrial land in other highly urbanized areas.

Keywords: Town-owned and Village-owned Industrial Parks; Inefficient Industrial Iand; Space Guidelines; Dongguan

B.14　Research on the Construction of New Type of Industrial

　　　　Communities in Dongguan City　　*Xie Fei, Hu Qingshan* / 218

Abstract: The construction of new-type industrial communities should focus on the industrial chain, integrate various resources, and create a new urban space that integrates industry and city, with ecological livability, providing a good environment for industrial development, and thus achieving industrial upgrading, urban sustainable development, and improvement of residents' quality of life. This article conducts theoretical research and empirical analysis on the new-type industrial communities in Dongguan. Overall, the number of industrial communities in Dongguan is increasing, with a relatively high proportion of comprehensive service parks and high output efficiency of the base. However, there are also problems such as relatively simple industrial structure, short industrial chain, incomplete supporting facilities, and lack of talents. Dongguan should build a new-type industrial community development model centered on industrial space, living space, cultural space, and transportation space, and construct a new-type industrial community organization in a diversified, multi-dimensional, and modular manner. In the construction aspect, we should strengthen unified planning, focus on spatial function creation, strengthen the integration and complementarity of industrial chains, and optimize the office supporting environment.

Keywords: New Type of Industrial Community; Integration of Industry and City; Dongguan

B.15 Research on High-quality Development of the Human Resources Service Industrial Park in Dongguan City

Han Yaodong, Xu Xing and Zhang Xiaoyang / 233

Abstract: National human resources service industrial parks represent the highest standard of China's human resources service industrial parks. Creating and successfully becoming a national human resources service industrial park is an important goal for achieving high-quality development of human resources service industrial parks. This article selects the Dongguan Human Resources Service Industrial Park as the research object, takes the creation of a national human resources service industrial park as the basic evaluation criterion for high-quality

development, compares it with the two national human resources service industrial parks in Guangzhou and Shenzhen in the Guangdong-Hong Kong-Macao Greater Bay Area, as well as the Foshan Human Resources Service Industrial Park, which is also a provincial-level industrial park and has also proposed to build a national industrial park in the region. It analyzes the advantages and disadvantages of Dongguan in building a national human resources service industrial park. It is believed that in recent years, the Dongguan Human Resources Service Industrial Park has strongly supported the development of Dongguan's manufacturing industry through the implementation of a series of activities, but it faces problems such as weak talent attraction, insufficient policy and financial support, small-scale industrial agglomeration, insufficient economic and social benefits, and insufficient enthusiasm for creating national-level parks. Dongguan should focus on the goal of creating a national human resources service industrial park, improve diversified investment mechanisms, formulate and improve service standards and evaluation systems, introduce and cultivate high-end service institutions, support the transfer and transformation of achievements, and improve functional facilities to promote the deep integration of modern service industries and advanced manufacturing industries.

Keywords: Human Resources Service Industrial Park; High-quality Development; Dongguan

Ⅶ   Enterprise Cultivation Section

B.16   The Idears and Suggestions for Dongguan to Accerlate
the Development of "Specialized, Refined, Unique and
Innovative" Enterprises

Chen Haocheng, Li Jianzhen and Liu Jie / 252

Abstract: Specialized, Refined, Unique and Innovative (SRUI) Enterprises are an important pillar of China's manufacturing industry and a crucial factor in ensuring the safety and stability of industral chains and supply chains. They are of great importance in advancing new-type industrialization, developing new-quality productive forces, and promoting high-quality economic development. Basing on careful summary of the measures taken by Dongguan in recent years to foster the development of (SRUI) enterprises, this article analyzes the current status and characterstics of the development of (SRUI) enterprises in Dongguan. It identifies the shortcomings in the development of (SRUI) enterprises, such as a relatively small number of "little giant" firms, as well as significant constraints in resource allocation. Dongguan should take measures such as increasing the cultivation efforts for "little giant" firms, expanding the supply of industrial space, enhancing the support for technological research and development, intensifying the introduction and cultivation of talents, strengthening the support for enterprise financing, fully utilizing the capital market, promoting the integrated development of industrial chains, improving the modern governance capabilities of enterprises, and creating a strong development atmosphere, to accelerate the high-quality development of (SRUI) enterprises.

Keywords: SRUI Enterprises; "Little Giant" Firms; Resource Support; Dongguan

B.17 Research on the Cultivation of innovative Company in Dongguan

Kong Jianzhong, Wang Jingwen / 265

Abstract: Standing at the new starting point of "double ten thousand", Dongguan has put forward the urban positioning of "scientific and technological innovation + advanced manufacturing", actively constructing an innovative enterprise cultivation team of "small and medium-sized technology-based enterprises - high-tech enterprises-gazelle enterprises-top 100 enterprises", leading the city to accelerating its progress towards a strong city in science, technology,

and manufacturing. This report comprehensively sorts out and analyzes the work effectiveness and existing deficiencies in cultivating and developing innovative enterprises in Dongguan since 2019, and believes that there are problems such as the gradual decrease in the marginal benefits of enterprise increment, insufficient energy accumulation in the innovation system, insufficient service awareness at the grassroots level, and increasing competition pressure among cities in Dongguan's cultivation of innovative enterprises. It is necessary to strengthen top-level design, promote "high" and "new" by focusing on research and development, build a gradient cultivation system, strengthen full-chain technology investment attraction, and other dimensions, to plan the implementation path and methods for Dongguan to cultivate an innovative enterprise system in the new development stage, and help traditional advantageous industries upgrade and strategic emerging industries develop rapidly.

Keywords: Gazelle Enterprise; Echelon Cultivation; Integrated Development; Innovative Enterprises

B.18　Research on the Measurement of the Business Environment
　　　and Its Impact on the High-quality Development of
　　　Enterprises in Dongguan　　　　　　　　*Zhang Zhimin* / 281

Abstract: The paper constructs a business environment evaluation index system that includes factor resource environment, market transaction environment, government service environment, technological innovation environment, and public supporting environment, and selects 24 cities in China with GDP exceeding one trillion yuan for comparative measurement. Through measurement, the current comprehensive index of Dongguan's business environment ranks 21st, higher than its GDP ranking (24th). However, compared with developed cities in China, such as Beijing, Shanghai, and Shenzhen, there is still a significant gap, with main problems and shortcomings, such as low labor quality, scarce land resources, need to optimize investment and financing environment, lagging development of productive service industry, and insufficient public supporting services. In accordance with the requirements of high-quality economic development and the actual needs of high-end industrial capital and factor resources, we should improve the support policy system for key industries and high-quality enterprises, strengthen the cultivation and attraction of high-quality talents, comprehensively optimize the research and development innovation environment, accelerate the development of productive services, fill the gaps in public supporting services, and accelerate the construction of a market-oriented, legal, and international business environment, reshape new advantages in the business environment, and enhance the driving force and vitality of economic and social development.

Keywords: Business Environment; Supporting Services; Dongguan

社会科学文献出版社

皮书

智库成果出版与传播平台

❖ 皮书定义 ❖

皮书是对中国与世界发展状况和热点问题进行年度监测，以专业的角度、专家的视野和实证研究方法，针对某一领域或区域现状与发展态势展开分析和预测，具备前沿性、原创性、实证性、连续性、时效性等特点的公开出版物，由一系列权威研究报告组成。

❖ 皮书作者 ❖

皮书系列报告作者以国内外一流研究机构、知名高校等重点智库的研究人员为主，多为相关领域一流专家学者，他们的观点代表了当下学界对中国与世界的现实和未来最高水平的解读与分析。

❖ 皮书荣誉 ❖

皮书作为中国社会科学院基础理论研究与应用对策研究融合发展的代表性成果，不仅是哲学社会科学工作者服务中国特色社会主义现代化建设的重要成果，更是助力中国特色新型智库建设、构建中国特色哲学社会科学"三大体系"的重要平台。皮书系列先后被列入"十二五""十三五""十四五"时期国家重点出版物出版专项规划项目；自2013年起，重点皮书被列入中国社会科学院国家哲学社会科学创新工程项目。

权威报告·连续出版·独家资源

皮书数据库
ANNUAL REPORT(YEARBOOK)
DATABASE

分析解读当下中国发展变迁的高端智库平台

所获荣誉

● 2022年，入选技术赋能"新闻+"推荐案例
● 2020年，入选全国新闻出版深度融合发展创新案例
● 2019年，入选国家新闻出版署数字出版精品遴选推荐计划
● 2016年，入选"十三五"国家重点电子出版物出版规划骨干工程
● 2013年，荣获"中国出版政府奖·网络出版物奖"提名奖

皮书数据库

"社科数托邦"
微信公众号

成为用户

　　登录网址www.pishu.com.cn访问皮书数据库网站或下载皮书数据库APP，通过手机号码验证或邮箱验证即可成为皮书数据库用户。

用户福利

● 已注册用户购书后可免费获赠100元皮书数据库充值卡。刮开充值卡涂层获取充值密码，登录并进入"会员中心"—"在线充值"—"充值卡充值"，充值成功即可购买和查看数据库内容。
● 用户福利最终解释权归社会科学文献出版社所有。

数据库服务热线：010-59367265
数据库服务QQ：2475522410
数据库服务邮箱：database@ssap.cn
图书销售热线：010-59367070/7028
图书服务QQ：1265056568
图书服务邮箱：duzhe@ssap.cn

社会科学文献出版社 皮书系列
SOCIAL SCIENCES ACADEMIC PRESS (CHINA)
卡号：141823448394
密码：

S 基本子库
SUB DATABASE

中国社会发展数据库（下设 12 个专题子库）

紧扣人口、政治、外交、法律、教育、医疗卫生、资源环境等 12 个社会发展领域的前沿和热点，全面整合专业著作、智库报告、学术资讯、调研数据等类型资源，帮助用户追踪中国社会发展动态、研究社会发展战略与政策、了解社会热点问题、分析社会发展趋势。

中国经济发展数据库（下设 12 专题子库）

内容涵盖宏观经济、产业经济、工业经济、农业经济、财政金融、房地产经济、城市经济、商业贸易等 12 个重点经济领域，为把握经济运行态势、洞察经济发展规律、研判经济发展趋势、进行经济调控决策提供参考和依据。

中国行业发展数据库（下设 17 个专题子库）

以中国国民经济行业分类为依据，覆盖金融业、旅游业、交通运输业、能源矿产业、制造业等 100 多个行业，跟踪分析国民经济相关行业市场运行状况和政策导向，汇集行业发展前沿资讯，为投资、从业及各种经济决策提供理论支撑和实践指导。

中国区域发展数据库（下设 4 个专题子库）

对中国特定区域内的经济、社会、文化等领域现状与发展情况进行深度分析和预测，涉及省级行政区、城市群、城市、农村等不同维度，研究层级至县及县以下行政区，为学者研究地方经济社会宏观态势、经验模式、发展案例提供支撑，为地方政府决策提供参考。

中国文化传媒数据库（下设 18 个专题子库）

内容覆盖文化产业、新闻传播、电影娱乐、文学艺术、群众文化、图书情报等 18 个重点研究领域，聚焦文化传媒领域发展前沿、热点话题、行业实践，服务用户的教学科研、文化投资、企业规划等需要。

世界经济与国际关系数据库（下设 6 个专题子库）

整合世界经济、国际政治、世界文化与科技、全球性问题、国际组织与国际法、区域研究 6 大领域研究成果，对世界经济形势、国际形势进行连续性深度分析，对年度热点问题进行专题解读，为研判全球发展趋势提供事实和数据支持。

法律声明